Hans Adolf Halbey
Bilderbuch: Literatur

Hans Adolf Halbey

Bilderbuch: Literatur

Neun Kapitel
über eine unterschätzte Literaturgattung

© 1997 Beltz Athenäum Verlag, Weinheim
Herstellung: Iris Müller
Satz und Lithos: Satz- und Reprotechnik GmbH, Hemsbach
Umschlaggestaltung: Bayerl & Ost, Frankfurt am Main unter Verwendung der Abbildungen aus dem vorliegenen Band
Druck: Druckhaus Beltz GmbH, Hemsbach
Bindung: Druckhaus „Thomas Müntzer" GmbH, Bad Langensalza
Printed in Germany
ISBN 3-889547-113-5

Inhaltsverzeichnis

Vorwort   6

Einleitung   9

I.   Das Besondere des Bilderbuchs innerhalb
      der Literatur   11

II.   Die offene und die geschlossene Form im
      Bilderbuch   31

III. Das Künstlerische im Bilderbuch   49

IV.   Metasprache im Bilderbuch   75

V.   Erzählhaltung und Anmutung   130

VI.   Interaktion von Sprache und Bild   149

VII. Das Viktorianische im Bilderbuch der
      Gegenwart   183

VIII. Zeitgeist im Spiegel der
      Bilderbuch-Illustration   197

IX.   Ansätze zu einer Theorie der Bilderbuch-
      Literatur   203

Literaturverzeichnis   215

Verzeichnis der im Buch genannten und
ausführlicher behandelten Bilderbücher   241

Vorwort

Mit dem Titel dieser Veröffentlichung »Bilderbuch: Literatur« möchte ich hervorheben, daß das Bilderbuch zur Literatur gehört und nicht in einen davon abgetrennten Sonderbereich.

Ganz bewußt nimmt der Untertitel Bezug auf die 1968 erschienene und von Alfred Clemens Baumgärtner herausgegebene Publikation »Aspekte der gemalten Welt. 12 Kapitel über das Bilderbuch von heute«. Ist doch dieses Werk das erste deutschsprachige Buch, das ausschließlich dem Bilderbuch gewidmet ist und dieses zum erstenmal unter verschiedenen wissenschaftlichen und anderen Aspekten betrachtet. Was das Bilderbuch betrifft, ist der von Baumgärtner in seiner Einleitung festgestellte Befund, daß Kunstgeschichte und Kunstwissenschaft das Bilderbuch »bisher ebenso vernachlässigt [haben] wie die Literaturwissenschaft die Kinderliteratur«, leider auch heute noch gültig. Die Kinderliteratur hingegen hat seitdem wesentlich mehr wissenschaftlich fundierte Beachtung und Wertung erfahren, nicht zuletzt durch die vorbildliche Arbeit des Instituts für Jugendbuchforschung an der Johann Wolfgang Goethe-Universität in Frankfurt/Main und weitere intensive Bemühungen in Hamburg, Köln, Oldenburg und Würzburg Die Tatsache indes, daß es ein solches Institut an nur einer einzigen Universität gibt (von dem mehr auf die historische Aufbereitung der Jugendliteratur ausgerichteten Institut an der Kölner Universität abgesehen) und in Frankfurt voll integriert ist in die Germanstik (!), bezeugt hinreichend, wie sehr noch immer die Literaturwissenschaft die Kinder- und Jugendliteratur (im Folgenden KJL genannt) übersieht. Vorlesungen und Seminare über das Bilderbuch an deutschen kunstwissenschaftlichen Universitäts-Instituten sind auch heute noch Utopie, wie ja die Buchillustration in diesen Instituten, wenn überhaupt, oft nur am Rande mitbehandelt wird. Dieser Befund ist um so unbegreiflicher, als das Kind in den letzten Jahrzehnten mehr und mehr in das Blickfeld pädagogischer, entwicklungspsychologischer und soziologischer Untersuchungen gerückt ist, besonders im Bereich der Kunstpädagogik.

Baumgärtner nannte auch Gründe für die »mißliche Lage auf dem Gebiet der Bilderbuchforschung und Bilderbuchbeurteilung«: »Beim Bilderbuch handelt es sich um ein überaus komplexes Gebilde, das an den Betrachter die verschiedenartigsten Ansprüche stellt. Ihnen allen kann ein einzelner dann meist gar nicht entsprechen. Wer etwas vom Bild versteht, wagt sich, als Spezialist, oft nicht an den Text, und wer Texte zu bewerten sich zutrauen dürfte, schreckt nicht selten vor der Grenzüberschreitung ins Bildnerische zurück; das Zusammenspiel von Bild und Text gar ist Neuland. Wenn das Bilderbuch zudem noch im Hinblick auf das Kind und sein Aufnahmevermögen verstanden und bewertet werden soll, kommen unübersehbare Schwierigkeiten hinzu« (Baumgärtner, Aspekte …, 8f., 9).

»Bilderbuch: Literatur« nimmt somit die von Baumgärtner und den Mitarbeitern in »Aspekte …« gegebenen Anstöße und Anregungen auf und versucht, trotz der genannten Schwierigkeiten den weiten und vielgestaltigen Bereich der »gemalten Welt« (für Kinder) um weitere Aspekte, Einsichten, Forschungsergebnisse und Anregungen zu bereichern, fast im Sinne einer Standortbeschreibung in der Bilderbuchlandschaft gegen Ende des 20. Jahrhunderts. Eindringlich richtet sich dieses Buch gegen die immer noch weit verbreitete Auffassung von Kinderliteratur als einer Ausgrenzungsliteratur, die »nur für Kinder« geschaffen sei. KJL ist in erster Linie Literatur, und die Frage nach dem Alter der Zielgruppen ist nur im Hinblick auf spezifische Eigenarten von Literaturgattungen und entsprechend spezifische Methoden der Bewertung relevant. Jeder

Mensch jeden Alters ist als Literaturrezipient gleich ernst zu nehmen.

In der Einleitung werden Aufbau und Methodik des Buches, die Gliederung und die Zielrichtungen, auch Ausgrenzungen und Einschränkungen des riesigen Stoffs dargelegt und begründet. »Bilderbuch: Literatur« will kein Katalog guter Bilderbücher sein, noch will und kann es über Neuerscheinungen referieren und diese beurteilen oder Anregungen zum Kauf dieser und jener Titel geben. Die Auswahl der hier exemplarisch behandelten Bilderbücher richtet sich allein nach deren Aussagewert zu den verschiedenen Kapiteln und Aspekten. In diesen Kapiteln sollen jedoch zahlreiche Hinweise und Kriterien geboten werden, die über ein tieferes Verständnis des Bilderbuchs und seine genauere Einschätzung hinaus Maßstäbe zur Erkenntnis und Beurteilung von hoher künstlerischer und pädagogischer Qualität setzen können.

Einleitung

Die Titel und Untertitel der Kapitel lassen sofort erkennen, daß es hier methodisch nicht um eine stringente historische oder strukturelle Abhandlung geht, sondern vielmehr darum, das Bilderbuch von verschiedenen, mitunter auch miteinander korrespondierenden Blickwinkeln aus zu betrachten, analog zur Methodik zu Baumgärtners »Aspekte …«.

Was nun Ausgrenzungen und Einschränkungen anbetrifft, so sind solche schon vom Stand der Forschung her geboten: So ist die Geschichte des Bilderbuchs eingehend dargestellt im großangelegten Werk »Das Bilderbuch«, herausgegeben von Klaus Doderer und Helmut Müller (1973); einen hervorragenden Katalog bemerkenswerter Bilderbücher, dazu noch in chronologischer und typologischer Ordnung, bietet der Katalog »Die Bilderwelt im Kinderbuch, Kinder- und Jugendbücher aus fünf Jahrhunderten« (zur gleichnamigen Ausstellung der Kunst- und Museumsbibliothek und des Rheinischen Bildarchivs der Stadt Köln), herausgegeben von Albert Schug (1988), und schließlich behandelt das auf vier Bände angewachsene »Lexikon der Kinder- und Jugendliteratur«, herausgegeben von Klaus Doderer (1975–1982) in reichem Maß nahezu alle Aspekte des Bilderbuchs und seiner Autoren und Illustratoren. Das hier im Anhang gebotene Literaturverzeichnis läßt erkennen, in welchen Büchern und Aufsätzen zu weiteren Teilaspekten Auskunft zu finden ist.

Das vorliegende Buch beinhaltet auch keinen Forschungsbericht, wenngleich an geeigneten Stellen die entsprechende Forschung behandelt und gegebenenfalls beurteilt wird. Ohne Zweifel wäre ein umfassender Forschungsbericht zum Thema »Bilderbuch« gegen Ende dieses Jahrhunderts dringend fällig; die vorliegende Arbeit kann nur Bausteine dazu liefern.

Dem Kenner der Materie wird schon in den Kapitel-Bezeichnungen deutlich, daß viele Teilaspekte des Bilderbuchs hier nicht behandelt werden, etwa die Motivforschung oder kunstpädagogische und soziologische Aspekte.

Die Themen der Kapitel ergaben sich vor allem aus den Arbeitsschwerpunkten des Verfassers und aus der Arbeit mit den Studierenden in zwanzigjähriger Lehrtätigkeit im Bilderbuch-Seminar am Institut für Jugendbuchforschung in Frankfurt/Main (Lehrauftrag 1971–1990), in der besonders eingehend über die Bilderbuch-Rezeption geforscht wurde (hier im Kapitel »Metasprache«). So sind zahlreiche Studierende an den dargelegten Gedanken, Überlegungen, Thesen und Forschungsergebnissen durch Referate, Diskussionen, Magisterarbeiten und Dissertationen wesentlich beteiligt. Ihnen sei für ihre engagierte Mitarbeit herzlich gedankt! Natürlich können ihre Namen, schon aufgrund unterschiedlicher Dauer ihrer Mitarbeit, hier nicht genannt werden. Wo indes Bezug auf ihre Arbeiten genommen wird, sind diese selbstverständlich mit Namen und Charakter zitiert.

Auf einen wissenschaftlichen Apparat wurde um des leichteren Lesens willen verzichtet; notwendige Zitate stehen direkt im Text mit in Klammern gesetzten Namen, Stichworten der Titel, wo nötig, und Seitenzahlen; diese Zitate beziehen sich alle auf das Literaturverzeichnis im Anhang. Einschübe von mir sind in eckige Klammern gefaßt.

Noch eine Anmerkung zum Zitieren: In diesem Buch gibt es verhältnismäßig viele wörtliche Zitate. Ich bin der Auffassung, wenn in einem Fachgebiet nur wenige Wissenschaftler gearbeitet und publiziert haben, so sollten ihre Beiträge auch weitgehend beachtet und, wo nötig, teilweise wörtlich zitiert werden.

I. Das Besondere des Bilderbuchs innerhalb der Literatur

Das Besondere des Bilderbuchs ist vor allem seine Doppelnatur, indem es (in den meisten Fällen) Bilder und Texte zugleich anbietet, wobei die Bilder zweifelsohne den größeren Aufforderungscharakter und die tiefere Wirkung und Nachhaltigkeit haben. Auf das Betrachten und »Lesen« der Bilderbücher komme ich später zurück.

Eine weitere Eigenart, besonders des Kleinkinder-Bilderbuchs, ist die verschieden mögliche Benutzungsform: Es wird genauso gern betrachtet, wie es als Spielzeug benutzt wird, etwa als Tunnel für die Eisenbahn oder als Wände für den Tierstall; das Leporello in seiner vielfältigen Nutzungsmöglichkeit ist da besonders beliebt. Doch bei aller Freude am haptischen Umgang mit dem Buch, bei allem Spielen sind die Bilder und die vorgelesenen Texte immer präsent und meist sinnvoll in das Spiel integriert.

Es gehört auch zum Charakter des Bilderbuchs, daß es, besonders im frühen Kindesalter, der Vermittlung durch ältere Geschwister, Eltern oder Erzieher bedarf. Bewußt oder unbewußt beeinflußt der Vermittler ganz entscheidend den Grad der Zuneigung zum Buch, die Freude daran und die Wirkung. Vom vielschichtigen Kommunikationsprozeß wird an anderer Stelle zu sprechen sein.

Befremdlich ist, daß das Bilderbuch grundsätzlich unter dem Begriff der KJL subsumiert wird, obwohl es von der KJL, wie sie aufgrund der vermehrten Textmengen und verminderten Bildanteile bis zu bilderlosen Texten allgemein bezeichnet wird, als eigene Gattung völlig verschieden ist. Davon wird in diesem Buch unter verschiedenen Aspekten die Rede sein.

Und schließlich ist es höchst seltsam, daß das Bilderbuch von der Literatur- und Kunstwissenschaft in unverantwortlicher Fehleinschätzung so gut wie gar nicht wahrgenommen und von Eltern und Erziehern in seiner pädagogischen Funktion und Wirkung meist unterschätzt wird.

Fehleinschätzung

Man hat den Eindruck, daß Kunstwissenschaftler und Kunstwissenschaftlerinnen, wenn sie Eltern sind, das Bilderbuch nur als Unterhaltungsmittel im Umgang mit den eigenen Kindern nach Feierabend und im Urlaub ansehen und benutzen; dann gehen sie wieder »zum Dienst« in Forschung und Lehre und befassen sich ernsthaft mit großer Kunst. Das gleiche gilt für die Forschenden und Lehrenden in der Literaturwissenschaft (von wenigen Ausnahmen abgesehen). Horst Künnemann (Von fröhlicher …, 555) sagt es treffend: »Noch immer hockt die Kinder- und Jugendliteratur am Katzentisch der Gelehrsamkeit« (1969). Das hat sich, was die KJL anbetrifft, wesentlich zum Positiven hin geändert; das Bilderbuch hingegen, »das auf Sorglosigkeit abonnierte Medium« (Thiele, Theoret. Positionen, 1993, Ms. S. 15), hat sich bis heute nur wenig vom Katzentisch hinweg bewegen können. Daß es sich überhaupt fortbewegen konnte, ist vor allem den Arbeiten von Baumgärtner, Thiele, Künnemann, Ries, Grünewald, Tabbert, Dinges und einigen anderen Wissenschaftlern zu danken, wobei ich einen gewissen Anteil auch für mich beanspruche.

»Die Forschungslage zur wissenschaftlichen Erschließung der spezifischen Gattung Bilderbuch als einer eigenen ästhetischen Form muß im gesamten deutschsprachigen Raum als desolat bezeichnet werden« (Thiele, Bilderbücher verstehen, 8). Doch im gleichen Jahr 1991 setzt Thiele (ebenda, 9) hoffnungsvolle Zeichen: »Das Bilderbuch ist im Begriff, das Image des infantil-naiven Unterhaltungsmedi-

Einladung zur 9. internationalen
Bilderbuch-Ausstellung des
Klingspor-Museums,
Wilfried Blecher 1964/65

ums abzulegen und sich als eigene Buchgattung mit einer spezifischen Erzählstruktur durchzusetzen.« Noch im Jahr 1993 verweist Thiele (Theoret. Positionen, 3) auf »die Verweigerung der Kunst- und Literaturforschung, das Bilderbuch ebenso in wissenschaftliche Zusammenhänge zu stellen wie das Kunstwerk oder den Roman«. Auf die bedeutsame Ausnahme, das Frankfurter Institut für Jugendbuchforschung, wurde bereits hingewiesen, wenngleich seit Ende meines Lehrauftrags im Jahr 1990 (seit 1971 Thema »Bilderbuch«) das Bilderbuch nicht mehr im Lehrangebot erscheint.

Auf die Nichtbeachtung der KJL durch die etablierte Literaturwissenschaft weisen auch Brunner (91) und Baumgärtner hin, letzterer stellt darüber hinaus fest, »daß sich sowohl die Pädagogik, als auch die Literaturpädagogik ›bisher auch nicht im entferntesten in dem Ausmaß um das Jugendbuch gekümmert hat, wie es eigentlich seine Bedeutung für den Heranwachsenden fordert‹« (zit. b. Oksaar, 96, aus Baumgärtner, Perspektiven …, 71). Noch einmal Baumgärtner, 1979 (Jugendbuch und Literatur, 9f.): »von den Buchhändlern eher im Seitenfenster ausgestellt, von den Rezensenten zumeist nur vor Weihnachten wahrgenommen [das hat sich inzwischen bei etlichen Zeitungen sehr positiv verändert] und von der Literaturwissenschaft so gut wie völlig ignoriert, führt es [das Jugendbuch] … eine Existenz am Rande … Die Lage ist, nach allem, eindeutig: Jugendliteratur galt und gilt weithin als Phänomen, das mit Literatur im eigentlichen Sinn wenig oder nichts zu tun hat.«

Eine der bekanntesten deutschsprachigen Kinderbuch-Autorinnen, Christine Nöstlinger, schreibt: »Die Kinderliteratur wird nicht ernstgenommen, weil die Kinder nicht ernstgenommen werden. Solange Kinder als ›Unmündige‹ gelten, wird die Kinderliteratur unmündig bleiben« (zit. b. Bertrand-Rettig, Tome II, 150). Dem Urteil einer anerkannten Autorin soll das eines hervorragenden Bilderbuch-Autors und -Illustrators folgen; es stammt von Wilhelm Schlote (362): »An dieser Stelle muß ich sagen, daß ich es für frevelhaft halte, eine Mauer zwischen Kinder- und Erwachsenenbüchern zu ziehen. Ein gut gestaltetes Bilderbuch ist und muß immer auch ein gut gestaltetes Erwachsenenbuch sein, d.h. es muß den Wertmaßstäben grafischer Qualität standhalten und gerecht werden. Man kann und darf Kindern nicht mindere Kost vorsetzen als Erwachsenen! Kinder zu verführen – und das ist mittlerweile eine psychologische Binsenwahrheit – ist das Einfachste auf der Welt! Der ›Frederick‹, ein Bilderbuch von Lionni z.B., ist sprachliche und grafische Poesie. Und Poesie ist für Kinder und Erwachsene gleichermaßen gut und lehrreich – also ein Klassiker der neuesten Kinderbuchliteratur!«

Daß die KJL selbst in wissenschaftlichen Bibliotheken erst ab 1950 offiziell Beachtung und Eingang fand, berichtet Heinz Wegehaupt (Kinderliteratur, 331ff.): »Ende November 1950 wird auf Anweisung von Hauptdirektor Prof. Dr. Horst Kunze [Deutsche Staatsbibliothek Berlin, Ost] vom Direktor der Erwerbungsabteilung eine Anweisung zur ›Bearbeitung der Kinder- und Schulbücher‹ im Entwurf vorgelegt. Damit konnte nun endgültig die Grundlage für eine Kinder- und Jugendbuchabteilung geschaffen werden« (ebenda, 340). Horst Kunze gehört zu den wesentlichen Promotoren von Forschung und Sammlung im Bereich der KJL.

Nach diesen Urteilen zur Lage der KJL, nur eine Auswahl aus vielen ähnlichen, werden der Impetus und das Ziel dieses Buchs mit dem Titel »Bilderbuch: Literatur« um so deutlicher. Der Doppelpunkt zwischen beiden Begriffen will sagen, daß das Bilderbuch in erster Linie und grundsätzlich Literatur ist, also auch mit literaturwissenschaftlichen Methoden erforscht und beschrieben werden kann, und daß es eben nur eine eigene Gattung unter den vielen anderen der Literatur (Roman, Novelle, Erzählung, Ballade, Gedicht etc.) darstellt. Dazu noch einmal Baumgärtner (Jugendbuch und Literatur, 14): »Jugendliteratur – das hat sich bei unserem historischen Rückblick erwiesen – ist das Ergebnis eines Aussonderungsversuchs der Jugendlektüre aus dem Gesamtbestand der Literatur unter pädagogischen Gesichtspunkten, wobei anzumerken ist, daß sich das, was hier für den literarischen Sektor angeführt wurde, etwa zur selben Zeit in der gesamten Lebenswirklichkeit der Jugend vollzog – die Aufhebung ihrer totalen Integration in die geschlossene Gemeinschaft der Generationen.« Hierzu einige Anmerkungen von Hans-Heino Ewers: »Die Kinder- und Jugendliteratur ist nach dieser Auffassung keine eigene, sondern eine besondere Ausrichtung der Allgemeinliteratur. Aus der kinderliterarischen Kommunikationssituation erwachsen keine ästhetischen Gebilde eigener Art; von ihr her lassen sich lediglich die Auswahl, die besondere Kombination vorgegebener ästhetischer Strukturelemente erklären. Mit der hier entwickelten Auffassung soll der Adressatenbezug von Kinder- und Jugendliteratur beileibe nicht eskamotiert werden. Er findet lediglich eine andere Bewertung, gilt nicht mehr als zentrale Konstitutionsbedingung kinder- und jugendliterarischer Texte. Ein solches Verständnis erlaubt und legitimiert es, Kinder- und Jugendbücher auch als Literatur zu lesen, was um so lohnender ist, je mehr sich neben dem spezifisch kinder- bzw. jugendliterarischen ein allgemeinliterarischer Anspruch geltend macht. Ja, dem im emphatischen Sinne literarischen Kinder- und Jugendbuch, zu dem sich in den letzten zwei Jahrzehnten immer mehr Autoren bekannten, darf gar nicht anders begegnet werden« (Ewers, Anmerkungen, 238ff., zit. b. Bertrand-Rettig, Tome I, 14).

In seiner Dankesrede zur Verleihung des Volkacher Talers im November 1994 sagte Gerhard Haas

»Valek und Jarosch«,
Janosch, 1960

15

unter Bezug auf sein »wissenschaftliches Vergnügen an Hermann Hesse«: »Im übrigen enthält es eben gerade darin, daß es *nicht* der Kinder- und Jugendliteratur entnommen ist, zugleich auch meine hartnäckig immer wieder vorgetragene These, es mache keinen grundlegenden Unterschied aus, ob jemand Hermann Hesse oder Astrid Lindgren zum Gegenstand seiner interpretatorischen Arbeit wähle, denn beides ist Teil *einer* Literatur und *einer* Wissenschaft vom Text! Wenn bei der Kinderliteratur noch Aspekte anderer Disziplinen dazukommen, so ändert das an diesem ceterum censeo nicht einen Deut« (Haas, Von der Lust, 5).

Bedeutung

Was ist nun die Funktion, die Bedeutung des Bilderbuchs für den noch jungen Menschen? Friedrich Justin Bertuch (1792–1830) sagt in seinem »Bilderbuch für Kinder«: »Ein Kinderbuch ist für die Kinderstube ein ebenso wesentliches und doch unentbehrliches Meuble als die Wiege, die Puppe oder das Steckenpferd. Diese Wahrheit kennt jeder Vater, jede Mutter, jeder, der Kinder erzogen hat, und von Locke an bis Basedow, Campe und Salzmann empfiehlt jeder vernünftige Pädagoge, den frühesten Unterricht des Kindes durch's Auge anzufangen, und ihm soviel gute und richtige Bilder und Figuren, als man nur kann, vor das Gesicht zu bringen ...« (zit. b. Künnemann, Das Bilderbuch, 101).

Aus der Entwicklungspsychologie ist bekannt, daß die in frühester Kindheit erfolgten Lernprozesse von entscheidender Bedeutung für die weitere Entwicklung sind (Oerter, 1968, 55), und das Bilderbuch hat einen wesentlichen Anteil an den frühen Lernprozessen, sowohl durch seine Bilder als auch durch die Texte, die oft nur einmal vorgelesen werden und schon fest im kindlichen Gedächtnis haften.

»Die Psychologie hat uns gelehrt, daß das Bild gleichsam vor dem Wortverständnis das Vorstellungsvermögen des Menschen erreicht, des kleinen Menschen und auch weiterhin des Erwachsenen. … Erst wenn das Kind nach der Phase des aktiven Probierens und Handelns gemäß dem Prinzip von Irrtum und Versuch zu der Fähigkeit gekommen ist, sein Handeln planmäßig auf ein gewünschtes Ziel einzusetzen und vorausschauend die Wirkung seines manuellen, aktiven Tuns abschätzen kann, ist mit der Stufe der konkreten anschaulichen Intelligenzentwicklung die eigentliche Zeit des Bilderbuches angebrochen – etwa mit 2 Jahren« (Dinges, Chance, 69f.). Es ist klar, daß die erste bewußte Zuwendung zum Bilderbuch bei Kindern individuell verschieden ist, etwa zwischen 1 1/2 bis 2 1/4 Jahren. »Für die Erfassung des Bilderbuchs sind maßgeblich die Fähigkeit zu differenzierter Wahrnehmung und zur Konzentration, das Gedächtnis, der Erfahrungshorizont des Kindes und seine sprachliche Kompetenz« (Dinges, ebenda, 72). Natürlich gilt auch der umgekehrte Satz, daß das Bilderbuch zur Ausbildung dieser Fähigkeiten wesentlich beiträgt. Darin liegt der eminent pädagogische Wert des Bilderbuchs, auch sein literaturpädagogischer Wert. Ottilie Dinges stellt fest (ebenda, 73), daß das Bilderbuch zwar den kindlichen Bedürfnissen und Interessen entsprechen soll, aber dennoch als »gutes Bilderbuch jeweils einen Schritt über den aktuellen Entwicklungsstand des Kindes hinausführen darf«. Alle Forscher sind sich darin einig, daß das Bilderbuch die Sprachentwicklung des Kindes fördert, über die Sachinformation hinaus auch die Kreativität, und daß gute Bilderbücher Kinder auch ästhetisch zu sensibilisieren vermögen.

Auf die pädagogischen Probleme mit Hilfe empirischer Befunde geht Hein Retter (Beurteilung, 9f.) ausführlich ein: Im Abwägen der Chancen des Bilderbuchs neben dem Fernsehen sieht er das Geheim-

[Handschriftliche Randnotizen:]

Mit etwa 2 Jahren haben Kinder die Fähigkeit entwickelt ihr Handeln planmäßig auf ein gewünschtes Ziel einzusetzen und die Wirkung ihres tuns abzuschätzen.

Ottilie ~~Chance~~ Dinges

differenzierte Wahrnehmung

Konzentration

Erfahrungshorizont

Sprachentwicklung

Kreativität

17

nis seiner Anziehungskraft in der Tatsache begründet, daß von einem Bild Interesse geweckt wird und es zum Verweilen einlädt; daß die Reihung der Bilder (mit oder ohne Text) dem Betrachter die Möglichkeit läßt, die Verweildauer selbst zu bestimmen; daß das gemalte Bild Ausdrucksqualitäten ästhetischer Art bietet, die durch andere Medien nicht erreicht werden können (im Gegensatz zum Film): »Denn das Unterbrechenkönnen der Bildbetrachtung, das Zurückblättern, das nochmalige Sichvergewissern von schon aufgenommenen Eindrücken – mit einem Wort: die Nichtfestgelegtheit des Ablaufes – ist die Stärke des Bilderbuches.«

Nicht festgelegter Ablauf

Bildmagie

Es kommt noch etwas ganz Wesentliches hinzu: nämlich die Bildmagie, die daraus resultiert, daß für das Kind die gegebene Realität und die imaginierte nahtlos ineinander übergehen; die gemalte Hexe ist eine wirkliche Hexe, die man fürchtet und haut und die man mit dem Zuklappen des Buches wieder bannen kann. Ein überzeugendes Beispiel dafür lieferte unsere Tochter im Alter von etwa vier Jahren: Sie kam nach dem Spielen mit der Freundin zu mir ins Klingspor-Museum, damit ich sie dann mit nach Hause nehmen konnte. Weil sie noch etwa zehn Minuten warten sollte, schlug ich ihr vor, im Zimmer mit der Bilderbuch-Sammlung, gleich nebenan, zu warten und sich Bilderbücher anzusehen. Sie erstarrte und sagte: »Da geh ich nicht rein, da ist der Schneider!« Nur langsam begriff ich, daß sie (noch Daumenlutscherin) den Struwwelpeter-Schneider meinte, der aus dem Buch hätte herauskommen und ihr die Daumen abschneiden können. Das Beispiel zeigt auch die Macht der Verweigerung des Kindes im Hinblick auf eine ungeliebte Szene im Buch; beim Fernsehen käme die Verweigerung der schrecklichen

»Der Struwelpeter«,
Heinrich Hoffmann, 1985

Szene zu spät. Und auch darin liegt eine magische Macht des Bilderbuchs, daß man sich das geliebte Bild, wann immer gewünscht, sofort zurückholen kann, um lange dabei zu verweilen. Dabei spielt die künstlerische Qualität des Bildes eine besonders große Rolle. Monika Born (13) schreibt zur Eigenständigkeit von Bild und Text: »Als Faustregel gilt, daß Bilderbücher umso gelungener sind, als Bilder und Texte je von hoher Qualität sind, stimmig miteinander verbunden und von je eigener narrativer Qualität.«

Im Abschnitt »Das symbolische Spiel« schreibt Piaget (Die Psychologie, 76): »... beim Erwachsenen wie beim Kind bleibt das Bedürfnis nach einem Zeichensystem, das sich nicht auf Begriffe, sondern auf Gegenstände als solche und auf die ganze vergangene Wahrnehmungserfahrung erstreckt: dem Bild ist diese Rolle zugedacht, und seine Beschaffenheit als Symbol (im Gegensatz zum ›Zeichen‹) ermöglicht es ihm, eine mehr oder weniger adäquate, wenn auch gleichzeitig schematisierte, Ähnlichkeit mit den symbolisierten Gegenständen zu erlangen.« (Zur Magie siehe: Piaget, Das Weltbild, 127–137; ebenda, 132: »Die Verbindung zwischen Realismus und Magie zeigt sich zweitens im Verwachsen des Zeichens mit der Wirklichkeit.«)

Der die Erwachsenen immer wieder verblüffende spielerische Umgang der Kinder mit Realität und Irrealität kommt ganz besonders in den Kinderspielen zum Ausdruck, in denen die Kinder spontan, ohne Regeln und Muster, und in voller Kreativität verschiedene Rollen übernehmen und dann diese Rollen nicht nur »spielen«, sondern sich in die Rollenfiguren verwandeln, solange das Spiel läuft. Insofern ist auch das Bilderbuch ein Teil der für das Kind so wichtigen Spielwelt; und die überragende Rolle in der Spielwelt kommt der Phantasie zu. Dazu Jens Thiele (Augenschmaus, 38): »Immer wieder ist es der Begriff der Phantasie, der in die Waagschale geworfen wird, wenn es um die Verteidigung der lebensfernen Bild- und Textentwürfe geht. Phantasie aber ist eine produktive Kraft in uns, sie ist das Potential an erdachter, vorgestellter und gewünschter Veränderung in unserem Leben. Phantasie drängt auf Veränderung gegebener Bedingungen; sie führt vorübergehend von der Realität weg, strebt aber danach, diese mit neuen Ideen zu füllen, mit neuen Augen betrachten und mit neuen Taten leben zu können. Phantasie reibt sich an der Realität. Dieses dialektische Verständnis von Phantasie scheint mir nicht das Anliegen der Idyllen-Produzenten zu sein.« An anderer Stelle spricht Thiele von einem »diffusen Begriff von Phantasie, der die Wirklichkeit des Kindes in einen imaginierten Raum verbannt und von seinen Alltagserfahrungen abtrennt. Aber solche Trennungen fanden und finden nicht im Kopf des Kindes statt und sind auch nicht wünschenswert; Phantasieangebote sollten immer wieder zurückspiegeln auf die Realität, damit beide, Vorgestelltes und Reales, in eine produktive Verbindung treten können« (Theoret. Positionen, 7). »Dies ist ja das merkwürdige Mißverständnis: daß Phantasie etwas mit Lebensferne zu tun haben müßte« (ebenda, 15). Über die Phantasie beim Lesen sagt Malte Dahrendorf: »... wenn ich lese, kann ich nicht handeln, lebe ich nicht ›wirklich‹, trete ich aus der Wirklichkeit heraus, gebe mich einer Art ›Spiel‹ hin, hantiere ich mit bloßen Möglichkeiten. Diese Aussetzung oder Außerkraftsetzung der Realität ist nicht so zu verstehen, daß man sich damit bloß über die ›schale Wirklichkeit‹ erhöbe oder sich über sie hinwegtröstete, sondern daß man dadurch gerade neue Handlungsmöglichkeiten für die Wirklichkeit entdeckt und in der Phantasie durchspielt« (zit. b. Bertrand-Rettig, Tome I, 15).

»Die Kinderspiele sind in demselben Sinne fiktiv wie die Kinderbücher. Die Kinderspiele wiederholen die Strukturen der Erwachsenenwelt, aber diese

Wiederholung zielt nicht auf ein korrektes Funktionieren dieser Welt, sondern auf die Möglichkeit, eingreifen zu können in einen Ablauf, der den Kindern fremd ist. In diesem Sinne spielen die Kinder die Erwachsenen, und das bedeutet, daß sie mit den Details etwas anderes vollziehen als die Erwachsenen selbst. Das Kind deutet die Erwachsenenwelt als eine Spielzeugwelt. Auch dies stellt eine Antwort auf das Mißverhältnis zwischen der Erwachsenen- und der Kinderwelt dar: eine zu große, zu undurchsichtige Welt wird auf eine kleine Form reduziert. In ihr vermag plötzlich eine Kindergestalt mehr als der Erwachsene, wird eine nicht betretbare Zone geöffnet, läßt sich etwas, das die Kinder in der Wirklichkeit nicht verändern können, in den Griff bekommen« (Peukert, 88f.). (Zum Spiel siehe auch: Hansen, 68ff.) »Kinder«, so schreibt Walter Benjamin (47), »wenn sie Geschichten sich ausdenken, sind Regisseure, die sich vom ›Sinn‹ nicht zensieren lassen.«

Bei Kenneth Marantz (10) ist zu lesen: »A picture book ought to be appreciated as an art object because its expressive potential goes well beyond the mere narrative. More like a film than a painting, its aesthetic force derives from the continuity of images, from the relationships of the pages as they are turned. Each book is, ultimately, an object to be handled, experienced, and reexperienced – an entity loaded with associational possibilities and visual delights.« Zum Pädagogischen sei noch Sybil Gräfin Schönfeld zitiert (Süddeutsche Zeitung, Nr. 148, vom 29./30. Juni 1991, S. V): »Wer die Bilderbücher nicht achtet, wer seinem Kind nicht anhand der Bilderbücher zeigt, wie unbeschreiblich reich und bewunderungswürdig unsere Welt auch ist, macht ihnen das Lesenlernen und Lebenlernen schwer.«

»Rolands Knappen«,
A. Schrödter, 1882–86

»Lesen«

Wenn Ortwin Beishart (25) schreibt: »Mein Thema ist die Sprache in Bilderbüchern, sind die Bilderbücher als Literatur«, so kann diese durchaus berechtigte Reduzierung seiner Überlegungen auf die Sprache leicht falsch verstanden werden, als sei es die Sprache, seien es die Texte, die Bilderbücher zu Literatur machen. Für das noch nicht lesefähige Kind ist indes das Betrachten von Bildern ein Lesevorgang. Es tastet sich lesend von Zeichen zu Zeichen, von einer Bildvokabel zur nächsten, von einer wiedererkannten Gegenstands- oder Figurenform zur anderen. Sehr gut ist dazu die Feststellung von Hildegard Krahé (17): Das Kind »soll beobachten, raten, unterscheiden, kombinieren, Zusammenhänge erkennen und sich in andere hineinversetzen können. Auf einen Nenner gebracht: Das Kind soll sich im Bilderlesen üben«. Maria Lypp (Einfachheit, 9) versteht unter »einfach« den niedrigen Grad »der Anforderung an das Decodierungsvermögen seiner Leser«. Für Reinert Tabbert (Maurice Sendak, 11) ist die Kunst des Bilderbuchs »eine besondere Spielart der Kunst des Erzählens. Anders als das Märchen, die Novelle oder der Roman erzählt das Bilderbuch Geschichten nicht allein mit Worten, sondern mit Worten und Bildern zugleich, darin dem Film oder dem in Szene gesetzten Theaterstück ähnlich«. Jens Thiele (Das Bilderbuch in der Medienwelt, 72) spricht nach einem Bildervergleich ausdrücklich von der »Sprache des Bilderbuchs«. Leo Lionni nannte in einem Vortrag in Bratislava seine eigenen Bilderbücher »picture story books«, und er forderte, daß Worte und Bilder zu neuer Kommunikationsform integriert sein müssen. Von Maurice Sendak gibt es die Aussage: »A true picture book is a visuel poem« (Lanes, 109). Hans ten Doornkaat (56) führt sogar den Begriff »Bildtext« ein: »Das Bilderbuch verfügt als parallelsprachiges Medium über die Möglichkeit, die Akzentuierung sowohl im Bild- wie im Sprach-text vorzunehmen.« In der Möglichkeit, auf verschiedenen Ebenen und in unterschiedlichen Text-Bild-Kombinationen zu lesen, sieht er die besondere Chance der Gattung Bilderbuch (ebenda, 65).

Vielleicht ist die Tatsache, daß sich nur sehr wenige Kunsthistoriker mit Illustrationen und noch weniger Wissenschaftler mit dem Bilderbuch befassen, darin begründet, daß sich in der Geschichte der Wissenschaften die Spezialisierung auf einzelne und immer engere Bereiche so zugespitzt hat, daß sich auch einengende Alternativen herausgebildet haben: entweder Kunst oder Literatur. Um etwa eine Illustrationsfolge zu Werken von Kafka verstehen und beschreiben zu können, muß man in beiden Feldern – der Kunst und der Literatur, hier speziell der von Kafka – zu Hause sein.

Kommunikation

Es wurde eingangs auf die Bedeutung des Vermittlers im Umgang mit dem Bilderbuch hingewiesen. »Bilderbücher wirken nicht wie die ›elektrische Großmutter‹ Schallplatte oder wie das Fernsehen als todsichere Beschäftigung, die die Kinder für Stunden fesselt und lahmlegt – und somit der Mutter die gewünschte Entlastung bringt« (Dinges, Chance, 79). Ottilie Dinges zitiert (ebenda, 9) Margarita Beitl, die dem Erzieher empfiehlt, das Kind »durch Impulse zum Schauen, Denken und Sprechen« zu animieren und »das eigentliche Entdecken dem Kind« zu überlassen. »Kinder sehen sehr viel. Sie können mit einem ganzen Stapel von Bilderbüchern in kürzester Zeit ›fertig‹ werden. Zum Schauen und Betrachten kommen sie erst, wenn sich jemand zu ihnen setzt und mit ihnen über die Bücher spricht« (Beitl, ebenda).

Die Vermittler – Eltern, Geschwister, Erzieher – übernehmen eine große pädagogische Verantwortung, wenn sie ein Bilderbuch oder mehrere für das Kind auswählen und es ihm in gemeinsamer Betrachtung vertraut machen. Sie dürfen das Kind weder überfordern noch es zu sehr sich selbst überlassen. Auf jeden Fall haben sie es in der Hand, das Kind dabei, je nach seiner Eigenart, zu fördern oder zu manipulieren. Die häufig an mich gerichtete Frage, was ein gutes Bilderbuch sei, beantworte ich meist wie folgt: »Es muß Ihnen gefallen, und Sie müssen prüfen, zu welchem Zeitpunkt Sie Ihrem Kind welches Buch nahebringen wollen.« Wenn,

»Wo die wilden Kerle wohnen«, Maurice Sendak, 1967

beispielsweise, Eltern abends ausgehen wollen, das Kind also für einige Zeit allein ist, dann könnte es schlimme Folgen haben, wenn man dem Kind zur Unterhaltung Sendaks »Wo die wilden Kerle wohnen« in die Hand drückte. Das gleiche Buch würde jedoch bei der ersten Betrachtung zusammen mit einem Elternteil sofort zu einem Lieblingsbuch aufsteigen, was ja auch millionenfach belegt ist. Ein Kind, ein Buch, ein Vermittler – das alles muß zur

24

rechten Stunde zusammenkommen, und diese rechte Stunde kann sich nur aus der jeweiligen Eigenart des Kindes und aus der jeweiligen familiären Situation ergeben.

Hier sollte einmal auf das Kommunikationssystem hingewiesen werden, wie es sich im Umgang mit dem Bilderbuch ergibt. Im Mittelpunkt steht das Medium, also das Bilderbuch. Über dieses Medium sendet der »Sender« (Autor, Illustrator) seine Botschaft an den »Empfänger« (Rezipienten), das Kind. Das kann direkt geschehen, also ohne den Vermittler, wenn das Kind das Buch allein entdeckt und betrachtet. Im günstigeren Fall geht die Botschaft über den Vermittler zum Empfänger, wobei eine bewußte und unbewußte subjektive Beeinflussung (Veränderung, Verzerrung) der Botschaft nicht ausgeschlossen werden kann. Im Fall der Vermittlung ist jedenfalls eine für das Kind sehr wichtige Rückkopplung (Feedback) vom Empfänger zum Vermittler möglich, die beim Alleinbetrachten des Buchs in Richtung Sender nicht möglich ist, ausgenommen bei Dichterlesungen oder »Werkstattgesprächen« mit Künstlern. In meinem Frankfurter Seminar haben wir dieses Kommunikationsmodell zur graphischen Anschauung gebracht: a)

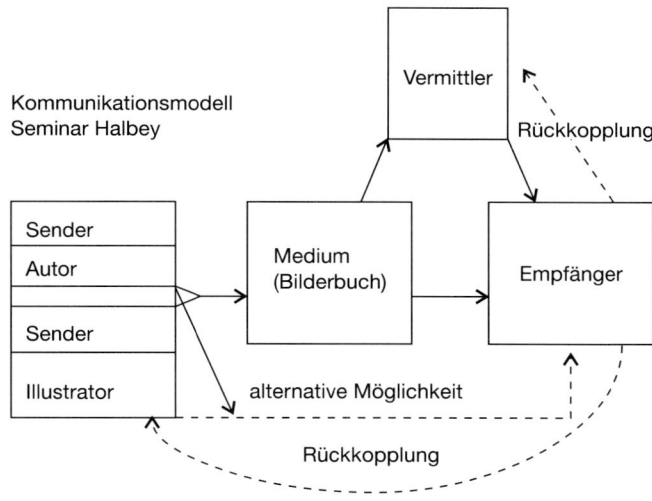

Kommunikationsmodell
Seminar Halbey

Unter anderer Themenstellung ist das von Manfred Berger (Kriterien, 50) vorgelegte graphische Kommunikationssystem entstanden, wobei – zu Recht – der situative und der soziale Kontext mit in Betracht gezogen sind. b)

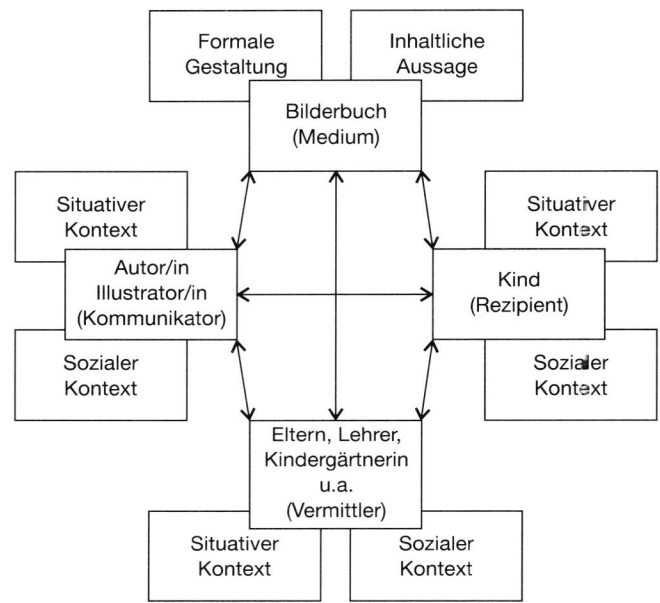

»Die Wirkung von Bilderbüchern korreliert also mit der Bezogenheit des Inhalts auf die soziale Wirklichkeit des Rezipienten, mit seiner Nützlichkeit und praktischen Verwertbarkeit« (Berger, ebenda). Dazu sei hier Bergers zusammenfassende Schlußbemerkung (ebenda, 57) zitiert: »Es wurde aufgezeigt, daß Bilderbücher außer der Absicht, ihre Rezipienten zu unterhalten, immer auch pädagogische Intentionen verfolgen. Ob gewollt, ob bewußt oder unbewußt fließen Einstellungen und Auffassungen der Bilderbuchgestalter/innen über die Beschaffenheit der Welt, der Gesellschaft, über Natur und Bestimmung des Menschen oder andere Faktoren in das

26

literarische Sujet ein. Außerdem ist das Bilderbuch als Mittel gesellschaftlicher Kommunikation und sozialer Interaktion sowohl in seiner Entstehung, Verbreitung und Verwertung, als auch in seinen Formen und Inhalten von Bedingungen abhängig, die die Gesellschaft vorgibt. In gleichem Maße, wie in der Gesellschaft Kräfte wirksam sind, die die bestehenden Verhältnisse aufrechterhalten bzw. verändern wollen, werden im Bilderbuch Normen, Werte, Rollenmuster und Verhaltensweisen vermittelt, die auf die Erhaltung eines Status quo bzw. dessen Veränderung ausgerichtet sind.«

Der Begriff »Kommunikation« in Verbindung mit den aufgezeigten Systemen weist eindeutig darauf hin, wie wichtig und nachhaltig prägend das »Miteinander« im Umgang mit dem Bilderbuch ist. In Konkurrenz zum bequemen Fernseh-Konsumieren, das ja bei mehreren Personen immer das »Miteinander« zum »Nebeneinander« macht, hat das Bilderbuch einen ausgesprochenen Aufforderungscharakter für das »Miteinander«, dessen das Kind so sehr bedarf, zeitlebens auch der Erwachsene.

Typologie

Es ist keine Besonderheit des Bilderbuchs, daß es in so vielen verschiedenartigen Typen, Gattungen oder Klassifizierungsarten existiert. Das gilt auch für Romane, Novellen, Erzählungen und jegliche weitere Literatur. Es sind beim Bilderbuch allerdings sehr viele, voneinander grundverschiedene Erscheinungsformen feststellbar, so daß etliche Wissenschaftler versucht haben, eine »Typologie des Bilderbuchs« aufzustellen, und auch in meinem Frankfurter Seminar haben wir uns ein Semester lang mit diesem Thema intensiv befaßt.

Typologische Ordnung oder Klassifizierung hat eigentlich nur Sinn in Auswahllisten, Ausstellungskatalogen, Angeboten. Und da gehen die Ansichten über die Ordnungskriterien oft weit auseinander. Man kann natürlich leicht nach einem schnell greifbaren System ordnen, etwa: Kleinkinder-Bilderbuch, Reim-, Rätsel-, Märchen-, Fabel-, Traum-, Abenteuer-, Tier-, Zoo- oder Foto-Bilderbuch. Ursula Schmitz (36) ordnet wie folgt: Elementar- (Kleinstkind-], Szenen-Bilderbuch; Realistisches, Phantastisches, Tier-, Sach-, Märchen-Bilderbuch; Religiöses Bilderbuch. Dem müßten weitere Themen hinzuzufügen sein, etwa Geschichte, Brauchtum, Gesellschaftliches, Politisches, Naturkundliches, Aufklärung, Stadt und Land, Technik und Verkehr, Sachbilderbuch, Umwelt und vieles andere mehr.

Ohne Frage ließe sich eine Klassifizierung vornehmlich nach literarischen Gesichtspunkten vornehmen: Kinder-Reime (Volks- und Kunstreime), Sprachspiele; Kettengedicht, Lyrik; in der Prosa: Erzählung, Märchen (Volks- und Kunstmärchen, Märchen-Parodien), Fabel, Legende, Mythen, Ballade, Sprüche, Volksweisheiten; Comics.

In unserem Seminar haben wir nach anderen Aspekten gruppiert: der bildkünstlerische Aspekt; der literarische, der informationstheoretische, der psychologische (besonders bezogen auf rezeptionspsychologische Stufungen), der Identifikations-Aspekt (Rollenverständnis), der soziologische und der medizinische Aspekt. Alle Aspekte umklammernd, wurde auch der marktbezogene merkantile Aspekt diskutiert. Hermann K. Ehmer (Prolegomena, 3) stellt als »Typisierungsversuche auch die Klassifikationen der Informationsästhetik zur Diskussion; hier werden visuelle Informationen unterschieden in Objektmitteilungen (Zeichen *für* etwas), Existenzmitteilungen (Zeichen *von* etwas), Formmitteilungen (Zeichen teilen nur sich selbst mit, sie bedeuten ›nichts‹) und – speziell im Hinblick auf das Phänomen der Abstraktion – die Unterscheidung in

›ideeierende‹ und ›formalisierende‹ Abstraktion«. Es könnten noch weitere Typisierungsvorschläge genannt werden, etwa Künnemanns Einteilung nach Funktionen (Das Bilderbuch, 108f.) oder der von Schlote (363): »Ich teile Bilderbücher in zwei Gruppen ein:

1. das didaktische Bilderbuch
2. das freie Bilderbuch.

Beim didaktischen Bilderbuch – gemeint sind alle Bücher: vom Spielbuch bis zum Schulbuch – soll ein oder sollen mehrere Lernprozesse mit Hilfe bestimmter grafischer oder sprachlicher Mittel eingeleitet werden. … Beim freien Bilderbuch handelt es sich um die künstlerische Aussage eines Malers/Grafikers oder eines Poeten – im glücklichen Falle stammen Zeichnung und Wort aus einer Feder. Diese künstlerische Aussage entsteht unabhängig von der Zielgruppe Kind. (Wer glaubt, ein Leo Lionni, Tomi Ungerer oder ein Mordillo denke bei seiner Arbeit an Kinder, der irrt gewaltig!)«

Hinzuweisen ist hier auch auf die Typenbildung von Ulrich Hann (51–232) nach Oberbegriffen wie »Sachwelt«, »Sozialwelt« und »Zeitwelt«.

Ich habe diese Typisierungs- und Klassifizierungs-Vorschläge nur deshalb aufgeführt, um damit die in solchen Ausmaßen wohl kaum vermutete Komplexität des Begriffs »Bilderbuch« zu verdeutlichen. Im übrigen halte ich es, was die Typologie angeht, mit Gerhard Haas (Kinder- und Jugendliteratur, 174, 9): »Problematisch kann dabei die Beibehaltung der traditionellen Gruppierungsbegriffe erscheinen. Ohne Frage sind sie in systemlogischem Sinne nicht kohärent: Tierbuch definiert sich von der Art der handelnden Figuren aus, Mädchenbuch von der Geschlechtsspezifik der Adressaten her, das Abenteuerbuch ist durch Art und Ort des Geschehens bestimmt, und die Phantastischen Erzählungen – um nur diese Beispiele zu nennen – grenzen sich durch die Art des Realitätsbezugs von anderen Kinderbüchern ab. Ein neues Klassifizierungssystem bedarf jedoch noch so vieler Vorarbeit, daß darauf nicht gewartet werden konnte.«

Bei allem Nachdenken über das Bilderbuch sollte man im Kopf behalten, was Michael Ledig schreibt (zit. b. Bertrand-Rettig, Tome I, 21): »Kindheit ist nichts Naturwüchsiges oder dauerhaft Festgeschriebenes, sondern eine von den Erwachsenen qua Definitionsgewalt ausgehende Zuschreibung und damit auch Festlegung der Kinder auf ihre Rolle in der Gesellschaft. Kindheit ist somit weder als statisch noch als determiniert zu sehen, im Gegenteil, sie unterliegt allgemeinen Veränderungen, die von gesamtgesellschaftlichen Entwicklungen abhängig sind.«

II. Die offene und die geschlossene Form im Bilderbuch

Schon lange habe ich mich mit der offenen und geschlossenen Form im Bilderbuch befaßt und 1969 darüber publiziert (Halbey, Die offene ...); daraus soll das Folgende zitiert werden:

»In zahlreichen Vorträgen, besonders in Vorlesungen an der Deutschen Buchhändlerschule in Frankfurt am Main, habe ich zum Thema der künstlerischen Qualität in Bilderbüchern zwei Kontrast-Begriffe zur Diskussion gestellt: die ›offene Form‹ und die ›geschlossene Form‹. Fern von der Absicht, Schablonen-Begriffe in die Gespräche um Bilderbücher zu bringen, geht es mir vielmehr darum, aus der Bildanalyse gewonnene Unterscheidungsmöglichkeiten innerhalb der Bildgestaltung zu erarbeiten und zugleich die Wirkung der verschiedenen Bildformen auf Kinder zu prüfen.

Aus meinem Aufsatz ›Das Bilderbuch in Deutschland im 20. Jahrhundert‹ möchte ich den vorletzten Abschnitt zitieren, um dann die beiden Bildformen an einem besonders geeigneten Beispiel genauer zu erläutern: ›Die offene Bildform nämlich, eine der wesentlichsten Bildmöglichkeiten der neuen Kunst ab 1910, erscheint im deutschen Bilderbuch erstmals nach dem zweiten Weltkrieg, also etwa vierzig Jahre nach ihrer ersten Entwicklung im ›Blauen Reiter‹, im analytischen und synthetischen Kubismus, bei den Fauves oder den Malern der ›Brücke‹. Damit ist jene Bildmöglichkeit gemeint, die das kreative Betrachten in die Gestaltung einbezieht. Der Maler ordnet Farben und Formen dergestalt in die Fläche ein, daß der Betrachter die eigentliche Bild-Aussage nur assoziativ in dem vom Maler erzwungenen Nachvollzug erfassen kann. Allzu lange hat man dafür den nicht ganz glücklichen Begriff der ›Abstraktion‹ bemüht, um eine polare Vokabel zum ›Gegenständlichen‹ oder ›Gegenstandsnahen‹ zu haben. Das Wort ›abstrakt‹ kann indes nur bei einzelnen Bildern und dann auch nur zusammen mit anderen beschreibenden Begriffen benutzt werden. Wenn beispielsweise der Maler August Macke aus einigen flächig aufgetragenen, formal klar bezeichneten Farbfeldern eine leuchtend vielfarbige ›Landschaft‹ zusammenfügt, so ist das Ergebnis keineswegs ein ›abstraktes‹ oder ›abstrahiertes‹ Resumé einer Landschaft, sondern, im Gegenteil, eine assoziativ konkretisierte Aussage über die Landschaft, die ja auf diese Weise über ihren bloß optischen Anschein weit hinausgehoben ist in die mit allen Sinnen erfaßbare Erfahrung einer Landschaft, etwa mit ihrer flimmernd heißen Luft in Tunis und mit allen dazu gehörigen schrillen Geräuschen – oder mit der feucht-kühlen Atmosphäre eines sommerlichen Laubwaldes im nördlichen Bereich. Gerade diese Form von assoziativ sich bildender Imagination haben die Maler um 1910 den malenden Kindern abgesehen, die ja grundsätzlich ihre oft knappen Bild-Vokabeln unter dem Bewußtsein der weiten Vorstellungsmöglichkeiten einsetzen und die Gesamtaussage nur in der kreativen Betrachtung entschlüsseln. Den Erwachsenen oft unverständlich, sind die assoziativen Elemente im Bild dem malenden Kind ganz selbstverständlich und somit – gleichsam ungemalt – mit vorhanden. Das Werk von Paul Klee ist überreich an solchen, von der kindlichen Malerei abgeleiteten Bildvorstellungen, dabei keineswegs auf das Kind bezogen, sondern vielmehr eben in der kreatürlich-naiven Malweise entstanden und empfunden, weshalb Kinder wiederum seine Bilder oft schneller und natürlicher verstehen als viele Erwachsene, denen eine kreative Betrachtung vom Intellekt erschwert ist‹ (Halbey, Das Bilderbuch in Deutschland, 29, 30).

Was hier gemeint ist, besonders im Hinblick auf das Bilderbuch, läßt sich an einer Vergleichsreihe darstellen. Der Vergleich ist vor allem deshalb gewinnbringend, weil man drei grundverschiedene

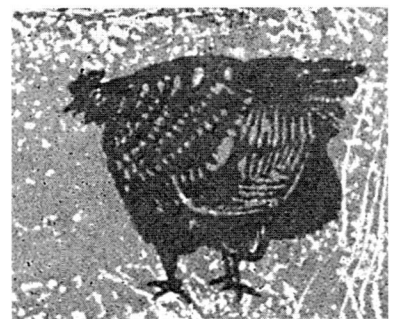

»Die glücklichen Eulen«, Klaus Winter und Helmut Bischoff, 1962

Bildmöglichkeiten am gleichen literarischen Vorwurf studieren kann. 1895 erschien in Amsterdam ein Bilderbuch unter dem Titel ›Uilen-Geluk‹ (›Tekst van Tine‹) mit Steinzeichnungen von Th. van Hoijtema. Es ist die Fabel von zwei Eulen, die glücklich im Dachgebälk einer Scheune sitzen, während das Federvieh auf dem Hof außer Picken und Trinken nichts anderes kennt als Streiten. Das gefiederte Volk zieht zu den Eulen, um zu hören, warum sie so glücklich sind. Diese erzählen, wie sie staunend die Schönheiten der einzelnen Jahreszeiten erleben und darüber glücklich sind. Dieses begreift aber das Federvieh nicht und setzt auf dem Hof das gewohnte Leben fort, mit Fressen, Saufen und Streiten. In den Jahren 1962 und 1963 erschienen in Deutschland und in der Schweiz zwei Neubearbeitungen dieses Stoffs: bei Georg Lentz ›Die glücklichen Eulen‹, neu erzählt und dargestellt von Klaus Winter und Helmut Bischoff (ab 1964 im Verlag Julius Beltz, Weinheim), und bei Artemis, Zürich und Stuttgart (1963), ›Eulenglück‹, übertragen und herausgegeben von Erwin Burckhardt, mit den Bildern von Celestino Piatti. Entsprechend der holländischen Vorlage ist der Text in ›Eulenglück‹ (Piatti) knapp und schildert gerade nur das Notwendige zur Kennzeichnung der Handlung. Winter und Bischoff dagegen haben ihre Neuerzählung im Sinne ihrer Bildfolge ausgeschmückt und – durch eingeschobene Fragen – spannungsreicher gestaltet.

Ein Textvergleich soll das verdeutlichen:

Bei Burckhardt/Piatti:

›In ihrer Nähe war ein Bauernhof
mit vielerlei Federvieh,
das nichts weiter im Sinn hatte
als Fressen und Trinken.‹

Bei Winter und Bischoff:

›Gegenüber der Scheune aber ist ein Hof mit Hühnern und allerlei anderem Federvieh. Alle schreien und zetern durcheinander, flattern und gackern ruhelos den ganzen Tag. Rote, blaue, braune, weiße; Enten, Hühner, Gänse, Puten, Hähne – nicht zu zählen – und ein Pfau.
Und was machen sie den ganzen langen Tag? – saufen!
Und was tun sie den ganzen lieben Tag? – fressen!
Und was geschieht danach, den lieben langen Tag? – sie streiten. So geht das immerzu.‹

Die unterschiedlichen Textformen weisen schon deutlich auf die ebenso weit voneinander geschiedenen Bildformen hin, und man wird nach genauem Studium der Bilder verstehen, daß Winter und Bischoff mit dem knapp informierenden Text der holländischen Vorlage nicht hätten arbeiten können, daß dieser aber Piattis Bildform genau entsprechen mußte.
Vergleicht man aber zunächst die Bilder von Th.

»Eulenglück«,
Celestino Piatti, 1963

Bald wird es Herbst.
Die Spinne, die, unter einem Blatt verborgen,
den herrlichen Sommer bestaunt hat,
breitet nun ihr Netz aus,
um die müden Blätter
noch ein bisschen zusammenzuhalten.

van Hoijtema von 1895 mit denen des Schweizer Malers und Graphikers Piatti von 1963, so läßt sich daraus eine für die Entwicklung der Bildauffassungen
innerhalb von sechzig Jahren außerordentlich wichtige Erkenntnis gewinnen: Der sachlichen Situati-
onsschilderung des ausgehenden neunzehnten Jahrhunderts steht eine moderne Bild-Komprimierung
gebrauchsgraphischer Natur gegenüber. Die in
leuchtenden, vielfach ungebrochenen Farben gehaltenen Bilder von Piatti mit den für ihn charakteristi-
schen umschließenden schwarzen Konturen redu-
zieren weite Bildvorstellungen wie streitende Hähne
oder Landschaften, besonders wie Sommer oder
Herbst, zu knappen Bildformeln. Das Sommerbild
mit den wenigen, die Sommervorstellungen assoziie-
renden Elementen ist geradezu auf ein Merk-Bild im
werbegraphischen Sinn reduziert, das sich in dieser
geschlossenen und im Gedächtnis des Betrachters
unwandelbaren Form fest dem Gedächtnis einprägt.
Es ist – ebenso wie das Herbst-Bild von Piatti – ein
typisches Beispiel der »geschlossenen« Form, wobei
mit dem Begriff »geschlossen« nicht die um-
schließende Kontur gemeint ist, sondern vielmehr

die in diesem Formenkanon abgeschlossene und im Erinnern nicht mehr wandelbare Form. Gerade von der Funktion des werbegraphischen Merk-Bilds, etwa des Plakats, her gesehen, ist Piatti einer der bedeutendsten Gebrauchsgraphiker Europas geworden. Seine Bild-Formeln in der angewandten Graphik wie auch in diesem Bilderbuch sind deshalb einprägsam ..., und eben auch die Kinder erfassen diese Bilder von Piatti sofort.

Das Gegenteil ist von den Bildern in Winter- und Bischoffs Ausgabe ›Die glücklichen Eulen‹ zu sagen. Nur auf wenigen Seiten gibt es leuchtende, ungebrochene Farben; vielmehr herrschen spröde, herbe Farbklänge vor, auf den ersten Anblick weniger ›gefällig‹, als man es gerade in Bilderbüchern gewohnt ist. Es gibt auch keine Bildformeln, die sich als Assoziations-Verdichtungen einprägen könnten. Dafür sind vielfältig variierte Graphismen eingesetzt, strukturierte Flächen und Tönungen, und auch die Tiere sind aus graphischen Einzelfeldern zusammengesetzt, so daß sich Bildvorstellungen erst im ›Lesen‹ aller dieser farbigen oder grau nuancierten Graphismen ergeben. Die Bilder sind also ganz und gar offen für das kreative Mitgestalten oder Vollenden. Das wird besonders deutlich an dem Herbstbild oder am schwarz-weiß gehaltenen Schlußbild des Buchs. Im Herbstbild erwecken die leuchtend roten Töne und Formen zunächst die Vorstellung von Feuer; langsam findet man sich auf der Seite zurecht, man erkennt einen Ackerwagen, ein mit dem Drachen spielendes Kind, ein tanzendes Paar, eine Gestalt im Baum – und so fügt man im Lesen die Einzelteile zur Gesamtvorstellung Herbst mit Tanz, Feuer, Ernte und Drachensteigen zusammen. Doch das Bild, wie man es nun nachvollziehend mit geschaffen hat, ist flüchtig, im Gedächtnis haften nur noch das Atmosphärische und allenfalls einige Details.

Wie ist nun die Wirkung auf die Kinder? Als beide Bücher im Entstehen waren – ich hatte vor Erschei-

nen Arbeitsproben von Piatti, über Erwin Burckhardt, gesehen und am Werden des Buchs von Winter und Bischof regen Anteil genommen –, drückte
ich meine Erwartungen wie folgt aus: Das Buch von
Piatti wird schnell seine Käufer finden, doch es wird
bei den Kindern ohne großen Nachhall bleiben; ich
glaube nicht, daß Kinder zum zweiten oder gar zum
dritten Mal in dieses Buch hineinsehen werden; denn
weil es so fest und geschlossen im Gedächtnis haften
bleibt, wird dem Kind der Reiz der immer neuen
Entdeckung fehlen. Winter und Bischoffs Buch dagegen wird nur zögernd seine Käufer finden; doch
alle Kinder, die es besitzen oder in eine Jugendbücherei kommen, werden immer wieder gern danach greifen. Soweit ich durch Gespräche mit Eltern
und Kindern, vor allem mit Jugendbibliothekaren
und Kindergärtnerinnen inzwischen informiert worden bin, ist meine Prognose richtig gewesen. Die offene Bildform der beiden Graphiker scheint die entschieden nachhaltigere und wirkungsvollere zu sein,

und der Reiz des Bildvollzugs mit Hilfe nur andeu-tender Bild-Elemente scheint dem des Spiels mit form-variierenden Bau-Teilchen oder vom Kind selbst zusammengesuchten Einzelheiten weitgehend zu entsprechen.

Es soll hier nicht für die eine oder andere Bildform als die dem Kind gemäße plädiert werden. Die Un-terscheidung der zwei polaren Ausdrucksmöglich-keiten kann eher dazu dienen, bei Entscheidungen über Bilderbuch-Illustrationen das Augenmerk deutlicher auf die jeweilige Funktion eines Bilder-buchs zu lenken. Piattis geschlossene Bildform, zum Beispiel, halte ich für falsch eingesetzt bei Fabeln, Märchen oder Stoffen, die schon von der Story her und in der Bildhaftigkeit der Erzählung die Phanta-sie der lesenden oder zuhörenden Kinder wecken und bewegen. Bilder zu solchen Stoffen sollten offen sein wie die Texte, sollten das eigenschöpferische bildnerische Denken der Kinder gerade nur anregen, in Bewegung setzen helfen. Richtig eingesetzt er-scheint mir Piatti dagegen in der Baseler Schulfibel nach der Ganzheitsmethode, nach der die Kinder vom Wortbild zum Wortverständnis geführt werden, wo also Wort-Bild-Identität pädagogisch bedeutsam ist; hier muß das Bild einprägsam und unwandelbar sein wie das aus Buchstaben zusammengefügte Wort selbst.« (Halbey, Die offene, 533f.)

»Klar umrissene, einfach strukturierte Bilder ohne allzuviel perspektivische Raffinesse entsprechen dem kindlichen Auffassungsvermögen am ehesten« (Ewert, 87). Jens Thiele (Getrennt, 12) zitiert Hein-rich Wolgasts bis heute folgenreichen Satz von 1894: »Das Kind muß genau sehen lernen, die Zeichnung muß daher scharfe Umrisse haben und darf keinerlei Unklarheit zeigen, die zu oberflächlichem Sehen ver-leiten kann.« Auch Margarita Beitl (Das Bucherle-ben, 344) folgt noch 1962 diesem Ausschließlich-keits-Anspruch, was die Bildform für das Kleinkind anbetrifft: »Das Bilderkennen hängt beim Kleinkind ausschließlich vom Umriß ab. Dies haben bereits W. Sterns Untersuchungen über die optische Bildauffassung festgestellt. Bei der sogenannten Entstehungsmethode zeigte sich, daß ein Kleinkind bereits aus wenigen andeutungsweisen Linien den Gegenstand, den der Erwachsene zu zeichnen beabsichtigt, erkennt. ... Klare Konturen vermag nur der Zeichner zu schaffen, indem er, wie Natha Caputo sagt, durch einen vereinfachenden, auf das Wesentliche bedachten Strich gewissermaßen zusammenfaßt. Das ist ein Stück Abstraktion und damit eine bedeutende Vorarbeit des Illustrators für das frühkindliche Wiedererkennen der dreidimensionalen Gegenstände im zweidimensionalen Bild.«

Noch einmal Thiele (Getrennt, 13): »Mit der Entdeckung der Kindheit als abzugrenzender Lebensphase, des Kindes als Individuum, der Kinderpsychologie und der freien Kinderzeichnung geriet das Kind um 1900 wie noch nie zuvor ins Blickfeld der Erwachsenen, der Wissenschaftler und Pädagogen. Es war nur folgerichtig, daß auch das für Kinder hergestellte Buch und seine Illustrationen das pädagogische, speziell kunsterzieherische Interesse erweckten. Klare Formen mit fester Umrandung, einfacher Bildaufbau, Verzicht auf starke Räumlichkeit, leuchtende, klare Farben – solche Forderungen an das Bild wurden auch durch die Veröffentlichungen zur Entwicklungspsychologie der Kinderzeichnung gestützt (Ricci 1887, Sully 1895, Kerschensteiner 1905, Stern 1910, Krötsch 1917), indem man zwischen den einfachen, ›naiven‹ und additiven Kinderzeichnungen und der kindlichen Wahrnehmungsfähigkeit einen engen Schluß zog, es wurde unterstellt, daß das künstlerisch ›naiv‹ zeichnende und malende Kind auch einfacher Bildangebote bedarf. Indem die Kindermalerei und -zeichnung zur Kunst erhoben wurde (›Das Kind als Künstler‹ hieß die Ausstellung des Hamburger Lehrervereins 1898), gewann die Kunsterzie-

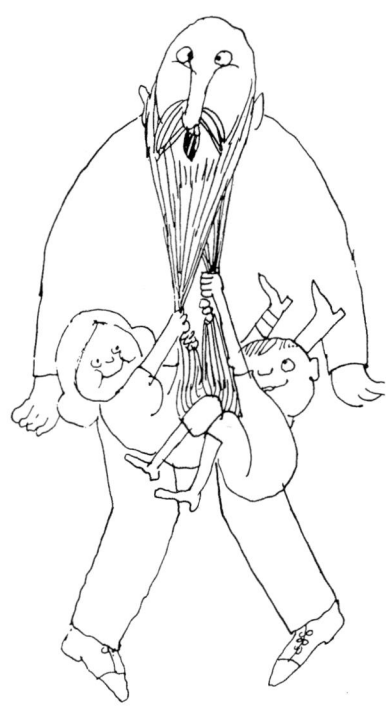

Tomi Ungerer, Böse Kinder misshandeln Onkel Fred: Zeichnung aus einer Gedichtanthologie von William Cole, »Beastly Boys and Ghastly Girls« (Garstige Knaben und grässliche Mädchen).

»Říkadla«, Josef Lada, 1961

»Kolo kolo mlýnské«,
Antonin Strnadel, 1969

hung ein weiteres Argument in ihrem Ruf nach Kindgemäßheit in der ›Kunst für Kinder‹. Bis in die Gegenwart hinein hält sich, auch in der kunstpädagogischen Fachliteratur, die Annahme, daß Kinder quasi naturwüchsig das konturierte, farbfrohe und überschaubare Bild benötigen – obwohl Wahrnehmung geschichtlich, kulturell und individuell geprägt ist.«

František Holešovský (Bild und …, 88) fragte schon 1968, »ob im Vorschulalter nur das klar konturierte, einfach strukturierte Bild seinen Platz habe, oder ob das Kind dieser Altersstufe auch schon kompliziertere, ›moderne‹ Gestaltung aufzunehmen und zu verarbeiten imstande sei«. Er führte Untersuchungen mit fünf- und sechsjährigen Kindern in zwei Brünner Kindergärten durch, indem er zwei besonders unterschiedliche Bildformen in Kleinkinder-Leporellos vergleichend einander gegenüberstellte und die Reaktionen der Kinder sammelte (darüber berichtet er ausführlich im o.a. Beitrag); es handelte sich um Leporellos von Josef Lada mit schwarz konturierten, klar überschaubaren und leuchtend farbigen Bildern (»Říkadla«) und um die von Antonin Strnadel mit wesentlich komplizierteren und innerbildlich bewegten Bildern (»Kolo kolo mlýnské«). »Es hat sich gezeigt, daß die Bilder von Strnadel nicht nur reicher, sondern auch anregender waren. … Im ganzen ist es uns gelungen nachzuweisen, daß die Bilder Strnadels für die Kinder der obersten Abteilung des Kindergartens durchaus angemessen sind und daß in der Reaktion der Kinder auf die Bilder von Lada und Strnadel kein Unterschied besteht« (ebd., 94).

»Unsere Erfahrungen mit kindlicher Bildwahrnehmung haben zu ganz anderen Ergebnissen geführt: Kinder sind durchaus in der Lage, differenzierte und subtile visuelle Informationen zu entschlüsseln, sich in komplexe Bilder hineinzusehen, sie zu deuten und auch zu kritisieren« (Thiele, Bilderbücher entdecken, 9).

Für den Bild-Stil im oben erwähnten Sinn (klare, fest umrissene Formen, kräftige Farbigkeit und ausgeprägte Flächigkeit) galten und gelten heute noch als exemplarisch die Bilderbücher von Dick Bruna.

Das zu Beginn dieses Kapitels beschriebene Begriffspaar »Offene und geschlossene Form« läßt sich vertiefend und präzisierend durch einen Vergleich darstellen und anwenden, was die Bildformen in Bilderbüchern für Kleinkinder anbetrifft: Etwa seit 1955 erschienen nach und nach die kleinen handlichen, meist quadratischen Bilderbücher mit festen Kartonseiten von Dick Bruna, die – eben wegen der noch immer einseitig geforderten klaren Bildsprache – große Anerkennung und Verbreitung fanden. Einmal abgesehen davon, daß die bewußt (und zu Recht) stark reduzierten Bildformen Brunas bei den Gesichtern der dargestellten Personen bedenklich nahe an das Kindchen-Schema (Punkt, Punkt, Komma, Strich, fertig ist das Mondgesicht) herankommen, so sind Brunas Bilderbücher im ganzen von großer Qualität und erfüllen jedenfalls *einen* Bild-Anspruch für Kleinkinder in vorbildlicher Weise. Es ist der Anspruch der kognitiven Funktion, den Bilderbücher für Kleinkinder zu erfüllen haben. Das Wiedererkennen eines realen und dem Kind bekannten Gegenstands im Abbild, das Konstatieren von Ähnlichkeiten ist mit emotioneller Befriedigung verbunden. Der Grund für die damit verbundene Lust ist der »Zuwachs an Welt«: »Die Bilder … prägen … durch ihre Suggestivkraft jene Gestaltungsqualitäten auf, die ihre fortschreitende Aufgliederung in einzelne Dinge und Dingbeziehungen erst möglich machen (Heidegger, Das stiftende Nennen des Seins)« (Hofmann, Bilderbuch, 60). Dazu Schmitz (Elementar-Bilderbuch, 39): »Da der abgebildete Gegenstand meist nicht genauso aussieht wie der dem Kind vertraute, trägt dieser Prozeß des Wiedererkennens auch

»Rotkäppchen«,
Dick Bruna, 1966

dazu bei, von der individuellen Erfahrung mit einem Gegenstand zu generalisierendem Erfassen zu führen.« Hansen (Die Entwicklung, 78) schreibt: »Dinge beim Namen nennen zu können bedeutet für das Kind, aber nicht nur für dieses, zugleich ein wenig Macht über die Dinge zu haben.« Es handelt sich um den seit der Urzeit der Menschheit bekannten Bildbann (Höhlenmalereien) und um den in vielen Märchen der Völker beschworenen Namensbann. Hansen (78f.) führt weiter aus: »Wie die Dinge des täglichen Lebens im Bewußtsein des Kindes vorwiegend von ihrem Bezug auf sein eigenes triebgebundenes Fühlen und Handeln ihre Bestimmung erhalten, so auch die Gegenstände auf Bildern, die das Kind zu sehen bekommt. Sie erkennen heißt für das Kind, sie in sein Beteiligtsein einzubeziehen. Und wie sich im Umgang des Alltags unter dem Gesichtspunkt effektiver Teilnahme keine Dingwelt aufbauen kann, die unabhängig vom eigenen Ich ihre Ordnung hätte, so auch bei ähnlicher Beschäftigung mit Bildern keine Bilderwelt, die Darstellung einer wirklichen Welt im Sinne des Erwachsenen wäre. Beide liegen außerhalb der Ebene, in der von wirklich oder unwirklich gesprochen werden könnte. Sie haben eine der Art nach gemeinsame Bestimmungsgrundlage in dem gefühls- und willensmäßigen Ansprechen des Kindes. Allerdings werden sie in der Abschattierung kindlicher Erlebnisqualitäten schon bald unterschieden. Das mit den Händen Hineingreifen und Dinge aus dem Bilde Herausholen-Wollen kommt nur im Anfang des Bilderkennens häufiger vor und wird im dritten Lebensjahr nur noch bei stärkster Beteiligung beobachtet. Das Kind hat zu Bildgegenständen bereits eine besondere Haltung. Es kann mit ihnen nicht in gleicher Weise etwas anfangen wie mit den greifbaren Dingen und Personen. Sie rücken in einen Sonderbereich, der für das Kind vor allem auch dadurch Abgrenzungen erhält, daß es miterlebt, wie bestimmte Dinge von Erwachsenen gezeichnet werden.«

Für ein Kind ist ein abgebildeter Hund wirklich. Er ist »eingesperrt« (im Buch) »Dennoch müssen wir annehmen, wie dies auch Karl Bühler in bezug auf den Wirklichkeitscharakter der Spielpuppe tut, daß Brigitte erschrecken würde, wenn der Hund tatsächlich herauskäme. Die Frage darf hier nicht so sehr auf Wirklichkeit und Nichtwirklichkeit abheben, sondern auf die Intensität des Ergriffenseins vom Bild und des Beteiligtseins am Bildgeschehen. Brigitte erlebt den Hund. Wo ihr das Buchblatt den letzten Zugang zum Hund verriegelt, hilft ihr die wunderbare Einbildungskraft weiter: Die Mutter hat den Schlüssel. ... Es ist, als ob die magische Kraft des Bildes da, wo sie der wirklichen Sicht zu weichen beginnt, fremd, schmerzlich und fast unheimlich anmutet. Hier darf wohl ein Vorspiel gesehen werden zu der Lösung vom magischen Denken, wie es beim Kind in der Hauptphase erlebt wird. Das Kleinkind bleibt aber nicht lange dabei stehen. Es ist so glücklich begabt, daß es die intellektuelle wirkliche Welt und die gemüthaft fantastische nebeneinander und wechselnd zu erleben vermag. Mit zunehmendem Alter bildet sich die intellektuelle Seelenschicht dominierend aus. ...

Psychologisch gesehen ist die Wirklichkeit, die das Kleinkind im Bild erfährt, eine psychisch und zugleich anschaulich erlebbare. Es besteht ein korrelatives Verhältnis zwischen Kind und Bilderbuch. ...

Es erlebt Wirkliches und Fantastisches wunderbar verwoben und weiß sich selbst mitten darin. Das steigert sein Lebensgefühl. Das Wunderbare ist für das Kleinkind das Natürliche und Wirkliche. Die nackte Wirklichkeit mutet es fremd an. Das Kind schützt sich vor ihr, indem es sie nicht begreift. Aber es gestaltet Bilder, beseelt sie mit seinem Gemüt und füllt sie mit den Werten, die es erleben möchte« (Beitl, Das Bucherleben, 348).

Zum Kognitiven als wichtiger Funktion des Kleinkinder-Bilderbuchs kommt natürlich neben dem informativen auch der affektive Begriffsinhalt, ganz besonders der Grad der jeweiligen Anmutung des betreffenden Bildes. Hofmann (Bilderbuch) spricht von den Anmutungsgehalten, von der Sphäre, die manche Dinge umgibt, die Erlebnisinhalte werden können. Das Kind nimmt das Bild nicht nur mit dem Auge wahr, es ist mit seiner ganzen Innerlichkeit beteiligt. (Über die Anmutung wird in einem gesonderten Kapitel gesprochen.)

Bei Oerter (Moderne Entwicklungs-Psychologie, 329) ist zu lesen: »Ein Reizmuster wird nun keinesfalls immer in der gleichen Weise kodiert. Je nach vorangegangener Erfahrung und je nach Vorhandensein von Ordnungsprinzipien fällt die Kodierung und damit der Wahrnehmungseindruck recht verschiedenartig aus. … Kinder, die sich aufgrund der vorausgegangenen experimentell manipulierten Situation in ängstlicher Stimmung befanden, erlebten die Gesichtszüge von abgebildeten Personen als böse und gefährlich, während eine andere Gruppe, die zuvor eine gelockerte, fröhliche Situation durchlebt hatte, die Gesichter positiv deutete.«

Zu Dick Bruna ist noch eine interessante Anmerkung nachzutragen: Beim Betrachten seines Bilderbuchs »Das Fischlein« (1968, C:1962) bemerkt ein Kind sofort eine große Träne am Auge des Fischleins, Symbol also für Weinen, Traurigsein (daß der Fisch im Wasser keine Träne sichtbar vergießen kann, spielt hier keine Rolle). Später erscheint in demselben Bilderbuch das gerade aus dem Wasser gerettete Mädchen, von dessen Ohren je ein dicker Tropfen herabhängt (Hinweis auf »ist noch naß«); das betrachtende Kind deutet die Tropfen jedoch als Tränen. Hier handelt es sich um eine typisch kindliche Konfabulation aufgrund vorher gemachter Erfahrungen.

Die polare Bildwelt zu Dick Bruna ist die von Lieselotte Schwarz, die schon ab 1957 die damals viel diskutierten, von pädagogischer Seite oft schroff abgelehnten Leporellos in steifem Karton für Kleinkinder veröffentlichte.

Mit Bruna gemein hat sie nur die ebenfalls leuchtenden Farben, indes von weitaus größerer Intensität; auch das Flächige hat sie mit Bruna gemein, jedoch läßt Lieselotte Schwarz den Herstellungsvorgang mit gerissenen Papieren oder Farbstrukturen bei gemalten Bildern erkennen, ihre Flächen sind somit belebt. Umreißende dunkle Konturen fehlen bei ihr ganz und gar, und man kann bei ihren Bildern nicht von klaren, schnell erfaßbaren Formen und Gegenstands- oder Personenbezeichnungen sprechen. »Im Verzicht auf naturgetreue Erscheinungsformen und in der Hinwendung zur Kinderkunst erfüllt die Künstlerin eine in der Kunsterziehung der Nachkriegszeit oft erhobene Forderung nach offenen, nicht einengenden Bildangeboten für Kinder« (Thiele, Künstler illustrieren, 148f.). Zum Bilderbuch »Dornröschen« von Lieselotte Schwarz (1967) schreibt Thiele (ebenda, 48): Sie »setzt ihre Motive in stark vereinfachten, fast archaischen Formen aufs Blatt, die den Charakter gerissener Farbpapiere erhalten. Sie bricht mit der Tradition der am Gegenständlichen, Detailhaften und Erzählerischen orientierten Märchenillustration und entwirft bis zur Abstraktion verfremdete Bildkompositionen, die ohne Kenntnis des Märchentextes z.T. nur schwer zu entschlüsseln wären. Wie in der Malerei von Kindern betont die Illustratorin Gefühle durch Form und Farbe: Die Bedrohung durch die dreizehnte weise Frau wird durch eine fast formatsprengende schwarze Figur mit roten Haaren ausgedrückt, die sich von oben über die zwölfte, gute Fee herabsenkt. Der Moment des Stichs an der Spindel wird durch eine stark bewegte Gebärdensprache verdeutlicht, und der 100jährige Schlaf Dornröschens wird bildnerisch glaubhaft vermittelt durch eine schwebende, diagonal gelegte Figur, die von stark vereinfachten Blumenformen umgeben ist. In der so gefundenen For-

»Dornröschen«,
Lieselotte Schwarz, 1967

mensprache kann die Künstlerin auch mit Perspektive und Blickwinkel frei umgehen bzw. auf räumliche Klärungen verzichten. Sie klappt die Bildfläche hoch, setzt architektonische Elemente wie Bauklötze aufeinander oder gibt keinerlei räumliche Orientierung mehr vor. Die Offenheit der Illustration ermöglicht dem Betrachter Spielraum für individuelle Interpretationen und Vorstellungen. Lieselotte Schwarz' Märchenbilder spiegeln Einflüsse der Kunstszene der 60er Jahre wider (Rückgriff auf expressive Malerei, Tendenz zur Abstraktion, tachistische Einflüsse), sie korrespondieren zugleich mit Vorstellungen der Kunsterziehung dieser Zeit, Kinder zum ›bildnerischen Denken‹ (Pfennig) zu erziehen, sie mit Fragen und Problemen bildnerischer Verfahren zu konfrontieren. Diese fachlichen Konzepte waren ja weitgehend an die tachistische Kunst gebunden. Daß sich diese künstlerischen und kunstpädagogischen Ideen auch im Bilderbuch niederschlugen, war nur folgerichtig.«

Es liegt ganz klar auf der Hand: Fern von kognitiver Funktion erschwert Lieselotte Schwarz durch starke Verfremdungen und Reduktionen das Erkennen von Personen und Gegenständen. Dennoch bietet sie Merkmale in ihren Bildern, die ein langsames Erkennen und Verstehen anregen und fördern. Dafür legt sie ein großes Maß an affektivem Beteiligtsein in ihre leuchtenden, meist warmen Farben und Farbkompositionen. Ganz entscheidend dabei ist die hohe künstlerische Qualität in den Bildern dieser Künstlerin, die immer (nicht nur in ihren Bilderbüchern) bei aller Reduktion und Abstraktion mit dem bildnerisch Angedeuteten in die Wesensmitte des Gemeinten trifft, in die »Herzlinie«, wie ich einmal zur Zeichenkunst von Hannes Gaab sagte. Und nicht von ungefähr ist Lieselotte Schwarz u.a. Bilderbuch-Malerin, weil ihre Malkunst ganz wesentlich aus ihrer inneren Nähe zur eigenen Kindheit gespeist ist. Eigene Untersuchungen und die meiner

Studierenden mit Kindern haben erwiesen, daß Kinder – im gemeinsamen Betrachten – nicht nur die meisten Personen und Gegenstände in den Schwarzschen Bildern bald erkannt und angesprochen haben, sondern sich auch tief beeindruckt von den Farben zeigten. Im Erinnerungsmalen kam nicht die von der Künstlerin vorgegebene Form zum Vorschein, sondern ihre Farbintension. Die gleiche Beobachtung machten wir in mehreren Untersuchungen von Winter/Bischoffs »Glücklichen Eulen« und Piattis »Eulenglück«: Piattis herbstlicher Blätterkranz, zum Beispiel, kam im Erinnerungsmalen fast bildgetreu aufs Papier; das andere Herbstbild hingegen fand seinen Erinnerungsniederschlag ausschließlich in erinnerten Farben und Farbbewegungen und -klängen, unterstützt durch einige wenige deutlicher erinnerte Bild-Vokabeln.

Entscheidend für die Bildbetrachtung und Bilderziehung des Kleinkindes ist ganz gewiß die Förderung beider wichtiger Komponenten – der kognitiven und der kreativen, was besagen will, daß in der Förderung der kreativen Komponente die Entfaltung der schöpferischen Phantasie mit einbegriffen ist, ganz im Sinn der großen Errungenschaft der »modernen« Kunst (seit Beginn des Kubismus), den Betrachtenden als mit- oder nachschaffenden Rezipienten in den Schaffensprozeß kreativ einzubeziehen. Was Phantasie für die Entwicklung des Kindes bedeutet, wird in einem anderen Kapitel näher behandelt.

Der Kunsterzieher Dietrich Grünewald äußert sich zu diesem Thema wie folgt (Zur Bildwahrnehmung ..., 107): »Bildwahrnehmung basiert auf dem Prozeß des vergleichenden Wiedererkennens: Die visuell unmittelbar oder medial erfahrene Wirklichkeit lagert sich in bedeutungsbezogenen Bildzeichen im menschlichen Gedächtnis ab, ein Repertoir, das neue Bildeindrücke im direkten Vergleich oder in kombinierendem Bezug erschließbar macht. Doch Bilder

Fritz Fischer, um 1962

bieten mehr als bedeutungsbegrenzte Zeichen, sie sind ein komplexes Gefüge, und wo es um mehr als ein flüchtiges Anschauen, ein (oberflächlich wiedererkennendes) Registrieren geht, wo die Bildaussage Mittel ist, die Welt und sich in der Welt zu erkennen, da muß die Bildwahrnehmung bewußt vollzogen werden. Solche kritisch-wertende Bildrezeption ist uns nicht angeboren; sie muß erlernt werden. Wie der Begriff zum veranschaulichenden Bild drängt, so drängt das Bild zum Begriff. Der Betrachter will sich im Wort, im Benennen dessen vergewissern, was er sieht. Doch die komplexe Bildaussage ist selten eindeutig, meist polyvalent, offen. Das birgt die Gefahr der Unverständlichkeit oder der Beliebigkeit, oft der nur partiellen, reduzierten Erfassung. Zugleich aber bietet das Bild die Chance des subjektiv bestimmten aktiven Rezeptionsprozesses, ist eng mit Fantasie, mit der Möglichkeit persönlicher Verwertung verflochten. ... Die emotionale Rezeption beeinflußt Quantität und Qualität der kognitiven Rezeption, den kombinierenden, erschließenden Arbeitsprozeß, der über das Bild hinaus seine Aussage analysiert und interpretiert.«

Es ist übrigens bezeichnend, daß im sonst so guten und wichtigen Buch von Wilhelm Hansen (Die Entwicklung des kindlichen Weltbildes) nur sehr wenig über die kindliche Wahrnehmung von Bildern zu finden ist, auch im Kapitel »Das Erleben von Bildern« (S. 321–325).

III. Das Künstlerische im Bilderbuch

Es ist ein großes Verdienst von Jens Thiele, daß er mit seiner Projektgruppe 1986 die Ausstellung »Künstler illustrieren Bilderbücher« in Oldenburg eingerichtet und den entsprechenden Katalog publiziert hat. Auf ihn wird sich in diesem Kapitel mehrmals zu beziehen sein. In seinem den Katalog einleitenden Beitrag »Getrennt von Kind und Kunst« geht Thiele auf die in dieser Ausstellung abwesenden Bilderbücher ein, nennt Merkmale dieser Bücher, zum Beispiel »die Typisierung ins Drollige, Komische, Niedliche« oder den »flächigen, buntfarbenen, plakativen Stil, der heute [1986] das Gros der Illustrationen für Kinder bestimmt und der bei Kunstpädagogen, Bilderbuch-kritikern und Kinderbuchverlegern als kindgemäß gilt« (10). »Die Festschreibung der Bilder auf Ein-fachheit als eine dem kindlichen Sehen angemessene bildnerische Kategorie hatte auch das Ziel, dem Kind einfache Vorstellungsbilder der Realität zu vermit-teln« (14). Er weist darauf hin, wie sich »die Abtren-nung von Bilderbuch und bildender Kunst ... im Lauf des 20. Jahrhunderts in dem Maße beschleunigt hat, in dem der freie Künstler den für ein Publikum sichtbaren Bezug zwischen Kunst und Leben un-kenntlich machte«, und daß »die freie Kunstszene weder die Kinder als potentielle Zielgruppe noch die Bilderbuch-Illustration als potentielles Betätigungs-feld wahrnimmt« (15). »Die Illustration für Kinder erweist sich in ihrem trivialen Zuschnitt, der dem Formbestand der Jahrhundertwende entspringt, und mit den pädagogisch-kunstpädagogisch belasteten Hypotheken als ein unbefriedigendes Konstrukt. Sie geht von einem rückständigen Bild des Kindes und kindlicher Wahrnehmungsfähigkeiten und -bedürf-nisse aus, indem sie die veränderten Bedürfnisse der Kinder in einer veränderten ästhetischen Umwelt ignoriert. Sie sitzt auch einem einseitigen, haus-backenen Vorstellungsbild vom Illustrieren auf, wo-

nach Illustration den Text in erzählerisch-anekdoti-
scher Weise wiederzugeben habe; ... So kann die
heutige Bilderbuchillustration vor allem eins leisten:
den Wunsch nach einfachen, eingängigen Bildmu-
stern befriedigen. Diese Funktion sei ihr zugestan-
den; sie könnte aber darüber hinaus potenter sein,
wenn sie die Vielschichtigkeit und Komplexität, aber
auch die Widersprüchlichkeit und Schwierigkeit der
bildnerischen Umsetzung von Realität für das Kind
sichtbar und spürbar machen würde. Sie würde
damit Kindern nicht nur ein ehrliches Bild der Wirklichkeit vermitteln, sondern ihnen auch die Chance
geben, an den gestalterischen Prozessen der Wirk-
lichkeitsaneignung teilzuhaben. ... Die Ausstellung
›Künstler illustrieren Bilderbücher‹ will in der Ge-
genwartsabteilung gerade solche Ansätze im Bilderbuch aufzeigen und auf die Notwendigkeit einer wi-
dersprüchlichen, sperrigen und unbequemen Illustration für Kinder aufmerksam machen« (15f.).

Das will auch dieses Kapitel über das Künstlerische im Bilderbuch vor dem von Thiele aufgezeigten
Hintergrund der Trivialität und Wirklichkeitsentfal-
tung. Peter Härtling sagte einmal in einer Rede (5):
»Es gibt eine Literatur für Kinder, deren Verlogen-
heit kränkend ist. Die Welt wird verschönt, verklei-
nert, bekommt Wohnstubengröße. In ihr geschieht
nichts Unerträgliches und wenn, dann springt immer
ein Held aus der Ecke, das Kind zu schützen. Man
kann Kinder nicht schützen. So nicht. Ein Kind geht
unverhohlen und durchaus vertrauensvoll mit der
Wirklichkeit um, aber das Mißtrauen ist ihm mitgegeben.«

Im Zusammenhang mit der Bildmagie wurde oben
Monika Born (13) zitiert: »Als Faustregel gilt, daß
Bilderbücher um so gelungener sind, als die Bilder
und Texte je von hoher Qualität sind, stimmig mit-
einander verbunden und von je eigener narrativer
Qualität.«

Das Künstlerische ist dann gegeben, wenn eine

Gestaltung in Form, Farbe und Komposition in hoher Qualität in sich stimmig ist und darüber hinaus ihrem Inhalt oder (bei abstrakter Kunst) ihrer emotionalen Intention überzeugend den angemessenen Ausdruck verleiht. Bei Maletzke heißt es: »Wie bereits angeführt, besteht ja das Wesen der Kunst gerade darin, daß durch eine einmalige, individuelle, konkret gestaltete Aussage ein überzeitlicher und überindividueller Wert, eine abstrakte und damit allgemeingültige Bedeutung, ein tieferer Sinn transparent wird. So auch beim künstlerischen Bild: Die vordergründigen Linien und Farben, die hier konkret und einmalig etwas darstellen, führen den Beschauer in Tiefen hinein, die immer allgemeiner und gültiger und wahrer werden. Bilder können also sehr wohl der Phantasie Raum geben, um so mehr, je mehr sie Kunstwerke sind. Umgekehrt hat die Phantasie um so weniger zu tun, je weniger Tiefe und Aussagekraft ein Bild hat, je vordergründiger und oberflächlicher es ist« (162f.).

Es soll im folgenden keineswegs ein Katalog künstlerisch qualitätvoller Bilderbücher geboten werden, das hat zum großen Teil schon der Katalog »Künstler illustrieren Bilderbücher« getan; sondern es sollen hier an Einzelleistungen die verschiedenartigen Aspekte und Möglichkeiten des Künstlerischen im neueren Bilderbuch aufgezeigt werden. Die Auswahl der Werke und Künstler ist keine Wertung. Sie richtet sich allein nach dem Grad der Verdeutlichung der verschiedenen Aspekte.

In meinem Beitrag »Wir fordern Qualität im Bilderbuch« (17f.) habe ich 1968 das Folgende geschrieben, das ich auch heute noch so vertrete:

»Man muß einmal an einer Jury-Sitzung um ›die besten Bilderbücher‹ teilgenommen haben, um die Schwierigkeiten bei der Beurteilung solcher Bücher recht ermessen zu können. Es geht dabei um bildkünstlerische Fragen, die nur stellvertretend zu lösen sind – für das Kind. In diesem Bemühen geben wir uns der Hoffnung hin, wir Erwachsenen könnten die Welt des Kindes erfassen oder gar bestimmen. Können wir das wirklich? Gewiß, wir tragen Erfahrungen und Beobachtungen zusammen und ziehen daraus Schlüsse, die uns grundsätzliche Verhaltensweisen der Kinder entziffern helfen – in der Kinderpsychologie und Pädagogik, und wir gewinnen viel dabei. Oder man befaßt sich spekulativ mit gewissen Erfahrungswerten und kommerzialisiert die primitivsten und immer deutlichsten Bedürfnisse, etwa in der Massenproduktion von Comic- und Groschenheften, und man gewinnt auch dabei sehr viel (Geld).

Und doch bleibt uns diese Gruppe der kleinen Menschen in einer schwer überbrückbaren Distanz im ganzen fremd und in Einzelfällen oft unbegreiflich, einfach deshalb, weil sie nicht fähig ist, über sich selbst etwas auszusagen. Marktgerecht ausgedrückt: eine reflexionslose Konsumentengruppe, die sich deshalb auch geschickt führen oder verführen läßt. Die einzige deutliche Reflexion vor einem Bilderbuch, die Freude des Kindes, ist eine wertlose Erfahrung; denn das Kind äußert meist die gleiche Freude vor einem guten Bilderbuch wie vor einem Comic-Heft oder Versandkatalog (als Quasi-Bilderbuch). Schlimmer noch: Es greift in der spontanen, ungelenkten Reaktion lieber zum schillernd sich anbietenden und vieles versprechenden Comic als zum guten Bilderbuch, das die Phantasie herausfordert. Der leichten Kost im gleißenden Gewand erliegen bekanntlich viele Kinder im Alter von 4 bis 84 Jahren, permanent oder in immer wiederkehrenden Rückfällen. Wer über Qualität in Bilderbüchern spricht, kann nicht deutlich genug auf den Unterschied zwischen ›kindisch‹ und ›kindlich‹ hinweisen. Kindlich ist das Verhältnis und die Denkweise des Kindes, kindisch dagegen ist der Erwachsene, der sich wie ein ›Als-ob-Kind‹ gebärdet. Der größte Teil der Werbung für Konsumgüter gibt sich ausgesprochen kindisch. Man preist Fußbodenpflege in primitiven Chören und verkündet kindhaft jubelnd das neue Lebensgefühl mit einer unvergleichlichen Zahnpasta. In der Plakatwelt kennt man den geradezu blöden ›Ei-wer-tommt-denn-da?‹-Stil. Daß sich dieser Stil in Sprache und Bild jährlich in allzu vielen Bilderbüchern niederschlägt, ist eine bedauerliche Tatsache.

Doch es bleibt noch etwas über die Tiefenwirkung zu sagen. Die Werbung würde sich nicht konstant und konsequent in Tiefenregionen kindischen Gebarens aufhalten, wenn sie sich ihres Erfolges nicht so sicher wäre. Und die Verkaufsziffern der in der gleichen Geschmacksniederung angesiedelten Bilderbücher sprechen ebenso überzeugend vom Erfolg. Daraus zu folgern, daß Konsumenten und Bilderbuchkäufer dumm und nur auf kindische Art zu ködern seien, wäre gewiß falsch. Wahr ist allerdings, daß Geschmack und Feinempfinden für Methoden der Werbung wirklich nicht verbreitet sind. Ebenso wahr ist auch, daß eine generell geübte höhere Form der Ansprache beileibe nicht auf Widerstand stößt. Immer steht das ›Gehobene‹ in Konkurrenz mit dem Mittelmäßigen und Schlechten, und es bleibt einem nur der Hinweis auf das Wort Wilhelm Buschs ›Der liebe Gott muß immer ziehen, dem Teufel fällt's von selber zu‹. Warum ist das so? Warum kommen die kindischen Bilderbücher immer leichter an als die guten? Weil der Mensch allgemein und mit sicherem Instinkt gern den Weg des geringsten Widerstands wählt. Auf Bilderbücher angewandt, bedeutet es spontane Abwehrbereitschaft gegen alles, was ›geistigen Anspruch‹ erhebt, was nach ›künstlerischer Sprache‹, nach ›gestaltetem Bild‹ aussieht. Wohlgemerkt: Das gilt für die Erwachsenen, die Bilderbücher kaufen und verschenken, für die Kinder hingegen nur dann, wenn sie zwischen dem Anspruchsvollen und Primitiven wählen können. Dann

Ludwig Richter, 1851

allerdings haben Comics immer den Vorzug, denn sie versprechen das meiste Bildmaterial und die geringste eigene Bemühung. Da aber alle Erziehung auf die Bildung der kindlichen Seele zielt, auf die Ausformung zum Bestmöglichen, trägt sie die Verantwortung für die Qualität der erzieherischen Mittel in sich. Das Kleinkind würde nie sprechen lernen, wenn die Großen mit ihm nur im Kleinkind-Gestammel reden würden. Es lernt Sprache am ausgeformten Vorbild der Großen, und es nimmt auch alle Unebenheiten und Verstümmelungen der Erwachsenensprache in seinen Wortschatz auf. Das kann so weit gehen, daß die ›Sprache des Unmenschen‹ schon im Kinderzimmer aufkeimt und mit den Vokabeln auch die Denkschemata in sich verankert. Man hat das vor wenigen Jahrzehnten bitter erfahren.

Wie mit der Sprache, so verhält es sich mit dem Bild. Das Denken des Kindes ist im ganzen noch grundsätzlich bildhaft. Metaphern der Spielwelt sind ausgesprochen bildhaltig; deshalb kommen auch die inneren Emotionen des Kindes am deutlichsten im Malen zum Ausdruck. Außerdem ist die Phantasie für das Kind eine Kraft von machtvoller Bedeutung, weil sie unbegriffene Zusammenhänge überbrücken hilft oder einander bedrängende Erlebnismomente auszugleichen vermag. In diesem Sinne ›phantastische‹ Bildgestaltung vermag nur der künstlerische Mensch zu geben. Allerdings kann auch nicht jeder Künstler ein für das Kind brauchbares und im geforderten Sinn gutes Bilderbuch schreiben oder malen. Es muß in ihm etwas lebendig sein, das ihn unmittelbar mit dem Kindsein verbindet und außerhalb der erlernbaren Kompositionsgesetze und der vorgedachten Bildaussage besteht: die unverbildete Fähigkeit, glauben zu können, ohne wissen zu wollen, warum; staunen zu können und der inneren Freude lebhaft und unmittelbar Ausdruck geben zu wollen. Wer davon etwas besitzt und diesen Besitz als Glück empfindet, wird darin die Kindheit lieben, seine eigene Kindheit als Quelle heutiger Glücksmomente und das Kindsein überhaupt. Diese Liebe vor allem wird das Kind in jeder Zeile und in jedem Bild seines Bilderbuches unbewußt, aber tief empfangen.«

Genske (47) sieht 1988, wie sich eine Tendenz bemerkbar macht, »die den Ausdruckswunsch des ›Kindes in einem Selbst‹ formuliert und so die Quelle eigener biographischer Erfahrung miteinbezieht«.

In den Bildern der Malerin Lieselotte Schwarz – nicht nur in denen, die in Bilderbüchern erschienen sind, diese Künstlerin hat nie anders als für sich selbst gemalt – lassen sich viele Bildvokabeln finden, die eindeutig auf Kindheitserinnerungen und -erfahrungen hinweisen, keineswegs immer in Verklärung einer heilen glücklichen Kindwelt, die aber doch auf die Sehnsucht nach Geborgenheit schließen lassen. Zu ihrer Kunst schrieb ich 1982: »Wenn Lieselotte Schwarz ein Bild, eine Zeichnung beginnt, so folgt sie herzklopfend den weiteren kompositorischen, farblichen und strukturellen Eingebungen und ist am Ende zutiefst überrascht, mitunter sogar befremdet von der ›Lesbarkeit‹ einzelner Bildteile und Symbole. … Im gesamten künstlerischen Oeuvre der Malerin ist die Wiederkehr von Symbolen und Zeichen, Requisiten der Kindheit und des ganzen Vorrats vorgebildeter Wirklichkeit, charakteristisch« (Zur Buchillustration, 19, 21).

Wie sehr Maurice Sendak bei seiner künstlerischen Arbeit aus den Quellen seiner Kindheit gespeist wurde, geht aus dem hier nachfolgenden Kapitel »Metasprache im Bilderbuch« hervor.

Es gehört zu den großen Glücksfällen, daß sich ein Bilderbuchkünstler von höchstem Rang, nämlich Leo Lionni, so eingehend zu seiner Kunst geäußert hat: »Manchmal ziehen die Worte das Bild nach, oft ist es umgekehrt, aber das Geben und Nehmen zwischen Wort und Bild geht fast simultan in der Abgeschlossenheit meines eigenen Geistes vor sich. Und so kann die Form den Inhalt direkt und überzeugend aussprechen. ... Ich male Bücher für den Teil in uns – in mir und meinen Freunden –, der sich nicht geändert hat, der noch kindlich ist« (Warum, 118). Und weiter Lionni (ebenda, 124): »Abschließend muß ich gestehen, daß ich in meinen eigenen Büchern Meinungen entdeckt habe, die ich weder erwartet noch vermutet habe. Das Erkennen dieser verborgenen Ansichten erschreckte mich keineswegs, es machte mich eher glücklich. Denn ohne vorsätzliche Absicht barg ich das in meine Bücher, was sie mich nun unweigerlich erkennen ließen: Meine Gefühle, meine Regungen, meine Gedanken. Jede Art von künstlerischer Arbeit ist unwillkürlich ein Bekenntnis, eine Autobiographie.« Der außerordentliche Erfolg und die Beliebtheit der Bilderbücher von Lionni sind unter anderem darin begründet, wie ernsthaft und verantwortungsbewußt er über seine Adressaten nachdenkt: »Das Kind muß fähig sein, sich mit den Gestalten in meinen Büchern zu identifizieren, sonst wird es von meinen Geschichten nicht ergriffen und muß sie, bestenfalls, als etwas Überflüssiges ansehen. Die Fähigkeit des Sich-Identifizierens, die Fähigkeit, Schmerz und Freude anderer zu empfinden, ist unsere höchste Gabe. Wenn sie uns verloren geht, werden wir grausam und gefährlich für andere und uns. Es ist wichtig, daß Kinder darin bestärkt werden, sich einzufühlen und sich in anderen wiederzufinden« (ebenda, 120).

Auch der Bilderbuch-Künstler Nikolaus Heidelbach verarbeitet in seinen Werken Momente der eigenen Kindheit; Heike Kraft (25) macht das schon an äußerlichen Merkmalen fest: »Ein weiteres Merkmal Heidelbachs ist sein ausgesprochenes Faible für das Malen von Tapeten. Mal Blümchenmuster, mal Karo, mal Streifen, Tapeten spielen immer eine große Rolle. Sie sind immer noch wichtiges Ausstattungsmerkmal eines Kinderzimmers. Mit ihnen sind so typische kindliche Erlebnisse verbunden wie im Dämmern liegen, Gesichter und Figuren imaginieren, die aus den Mustern der Tapete heraustreten. Zugleich werden Heidelbachs eigene Erinnerungen an die frühen 60er Jahre verarbeitet [er ist 1955 geboren], als Nierentisch, Tütenlampe und Heimtextilien im Stil eines späten Matisse ganz große Mode waren.« Tiefer blickend vermerkt Heike Kraft zu Heidelbachs Kunst: »Mit viel Gespür für die Ängste und Sehnsüchte der Kleinen wagt er einen psychologisch tiefen Blick in die Abgründe der Menschenseelen. Liebevoll und frech zugleich, voller Phantasie, schräg, aber sehr wohl dem Alltäglichen verhaftet, sind es Moritaten eines aufgeklärten Zeitgenossen, der lieber lacht als lamentiert« (ebenda, 21). »Das für manche Aufreizende liegt wohl eher darin begründet, daß es Kinder sind, deren Psyche Heidelbach auch eher dunkle Züge gibt. Das entspricht zwar durchaus der Realität und dem, was seit Freud Allgemeingut ist. Schmeckt aber denen nicht, die immer

»Prinz Alfred«,
Nikolaus Heidelbach, 1983

noch allzugern Kinder durch die rosarote Brille der Verniedlichung sehen« (ebenda, 26). Dazu noch einige Anmerkungen von Jens Thiele zu dem 1994 bei Beltz & Gelberg erschienenen Buch »Heidelbachs Kinderparadies« (Heidelbachs Kinderparadies): »Das Paradies liegt im bewaffneten Widerstand der Kinder gegen eine fremde, bedrohliche Welt, auch gegen sich selbst und die eigenen Gefühle. … Kindheit, das ist bei Heidelbach eher ein Balanceakt zwischen Abwehr der Gefühle und Sehnsucht nach Geborgenheit, dargestellt im Gewand des gepanzerten Kriegers. … Hier entdecken wir unter den gepanzerten Rüstungen aber auch Verletzlichkeit und Sensibilität von Kindheit, die Heidelbach, weil er sie nicht selbst aushalten kann, immer sogleich mit Komik und Ironie versieht. Komik als Schutz der Kinder oder des Illustrators? … Wer Heidelbachs Kindern in die Augen blickt, vergißt das Lachen, die Komik schlägt als Betroffenheit zurück und führt die psychischen Verletzungen vor Augen, die Kinder erleiden. … Heidelbachs Surrealismus macht den Schrecken hinter dem vertrauten Bild sichtbar. … Indem Heidelbach seine Methoden der Annäherung an Kindheit von lapidarer Beobachtung und genauer Zustandsbeschreibung über Traumsequenz zur fiktiven Befragung wechselt, entsteht ein Kaleidoskop von ständig gebrochenen Bildern. Heidelbachs Bilder des Widerstands sind aber weniger, wie man vorschnell meinen könnte, subversive Angebote für Kinder, sondern zuallererst solche der psychischen Not, der Kompensation und inneren Konfliktverarbeitung. … Er ist so etwas wie der Chronist heutiger Kindheit geworden, der aus wechselnden Perspektiven scharfe, ironische und sensible Blicke auf die Innenwelten der Kinder wirft.« (Siehe auch die Magisterarbeit zu Heidelbach von Annette Klickel und Scharioth, Realismus.)

Es kommt bei Heidelbach noch ein wesentlicher Aspekt hinzu: Die Kinder in seinen Bilderbüchern und auch in seinen Illustrationen zu Grimms Märchen haben fast immer ausgesprochene Erwachsenen-Gesichter, sie sind wissend, mißtrauisch, herablassend überlegen und dergleichen mehr. Auch die Kindergestalten von Maurice Sendak und Edward Gorey sind kleine Erwachsene (darauf wird im späteren Kapitel über das Viktorianische im Bilderbuch der Gegenwart näher eingegangen). Ebenso sind die Kinder in den Bilderbüchern von Tomi Ungerer viel älter, als ihr sonstiger Habitus vorgibt. Es ist hier wohl eine dem Künstler nicht ganz bewußte Transponierung seines Erwachsenen-Selbst in das Kind-Selbst auch im Gestalten mit im Spiel, obwohl seine Intention auf das Innere des erinnerten Kindseins gerichtet ist, das er ausloten will. Dieses Phänomen bedarf gewiß noch einer tieferen Untersuchung von psychologischer Seite.

Die Einsicht, daß das künstlerische Schaffen stark von Kindheitserfahrungen gespeist wird oder an das Kind »in sich selbst« gerichtet ist, haben die Einblicke in die Werke von Schwarz, Lionni, Sendak und Heidelbach deutlich werden lassen, und es ließe sich die gleiche oder ähnliche Einsicht aus den Œuvres etlicher anderer Bilderbuchkünstler gewinnen. Bei anderen Künstlern ist es eine gewisse unverstellte Naivität, die sie die Nähe zum Kindsein nicht verlieren läßt. Gerhard Oberländer, beispielsweise, mit seinen unbekümmerten Märchenillustrationen, die zugleich zeichnerische Lust und kindliche Ergriffenheit durch das Märchen erkennen lassen; auch der Berliner Maler Kurt Mühlenhaupt nähert sich in seinen Bildern mit Kindern in trister Stadtlandschaft der naiven Erzählform und -freude von Kindern. Von ihm wird später noch einmal zu sprechen sein. Zu diesen Befunden sind die »Anmerkungen …« von Anna Katharina Ulrich (75ff.) von Interesse: »Der Umgang mit der eigenen Kindheit ist für uns Erwachsene merkwürdig lückenhaft. Wir lassen in uns viel eher

»Schneewittchen«,
Gerhard Oberländer, 1958

die freundlichen Erinnerungen als die anderen zu. In entsprechender Art ergibt sich die Auswahl dessen, was wir ›kindgemäß‹ finden: Wir mögen es vorwiegend heiter und lehnen gern ab, was in die dunkleren Winkel unserer Kindheitserfahrungen leuchtet. Daß vielleicht gerade ein böses Märchenmotiv, ein furchterregendes Bild uns den Umgang mit dem Dunklen und Schwierigen möglich gemacht hat, ist uns nicht mehr bewußt. … Darum ist es wichtig, daß wir uns auf dem Rundgang durch die Bilderbuchszene persönlich ansprechen lassen, daß wir hören auf das Kind in uns, welches den Sinn der Bilder und Geschichten oft besser erfaßt als unser kritischer Erwachsenenverstand. … Das Anliegen, für Kinder zu gestalten, muß den Künstler sozusagen privat und als Laien betreffen. Er braucht Phantasie, braucht Zugang zu Kindern [nicht immer] und vor allem zum Kind in sich selbst.«

Wenn Klaus Flemming (Einleitung, 12) feststellt: »Das Bild wird in seinen Hauptkriterien erfaßt und evoziert blitzschnell die wichtigsten Botschaften, die ihm sein Autor mitgegeben hat« (im Gegensatz zur Literatur, Musik und zum Theater, deren Rezeptionsweisen der zeitlichen Abwicklung bedürfen), so kann sich das »blitzschnell« nur auf die Oberflächen-Botschaften beziehen; das Kapitel »Metasprache …«

wird zeigen, wie wenig von einer tiefer liegenden Botschaft schnell evoziert werden kann; bei einem Bilderbuch wie »In der Nachtküche« von Sendak – das zeigt das nächste Kapitel – ist es vielmehr so: »Das Subjekt verarbeitet Informationen als aktiver Konstrukteur von Bedeutungen« (Weidenmann, 10); er stellt fest: »Manche Funktionen von Bildern werden erst dadurch möglich, daß sie wie die Sprache Konnotationen auslösen können: Bilder können wie sprachliche Begriffe ›etwas anderes meinen‹ …, d.h. symbolisch und metaphorisch eingesetzt werden« (ebenda, 68).

Das Künstlerische im Bilderbuch ist demnach – unter vielem anderen – daran festzumachen, inwieweit die Bilder das betrachtende Kind so tief involvieren, daß es länger betrachten und also (natürlich unbewußt) tiefer eindringen will. Nur das Künstlerische in hoher Qualität vermag – bei aller Freude am Betrachten – das Verbleiben eines Rests von Unauflösbarem, Unverstehbarem zu suggerieren, ähnlich dem Märchen, das den Hörer/Leser immer in einer magisch anziehenden, aber nicht oder nur schwer überbrückbaren Distanz hält. Als Beispiele dafür stehen die Bilderbücher von Binette Schroeder mit ihren oft von magischer Lichtführung und irrealer Raum- und Farbgestaltung bestimmten Bildern, die den Betrachter in den Bann ziehen (»Lupinchen«, »Florian und der Traktor Max« und andere). Auch Wilhelm Schlote läßt den Betrachter seiner Bilderbücher oft im Un- oder Halbgewissen und evoziert damit besonders die von Kindern gern gewollte Wiederholungsbetrachtung. Auch Traumbilderbücher üben diesen Reiz aus gleichen Gründen aus (Grigoteit-Pippardt), man nehme nur das weltberühmte Bilderbuch »Wo die wilden Kerle wohnen« von Maurice Sendak. Das Künstlerische in diesem Buch liegt in der Art begründet, wie der Traum aus der Realität in die Irrealität entwickelt und nach der Kulmination wieder in die Realität zurückgeführt wird,

ohne aber den Darstellungsstil in den realen und irrealen Bereichen zu ändern.

»Trotz zahlreicher wissenschaftlicher Kontrover-
sen über Traumdeutung und -entstehung wird der
Traum nach wie vor, vor allem bei den hier ange-
sprochenen Rezipienten, den Kindern, als ein wichtiges Mittel angesehen, den Alltag mit allen Sorgen
und Problemen, Freuden, Ängsten und Wünschen
zu bewältigen« (Grigoteit-Pippardt, 9). Bei den
»Wilden Kerlen« hat ja Sendak sein Kindsein vor
Augen und bewältigt das Problem des von ihm erinnerten Kinds.

Auf die surrealistischen Motive in Bilderbüchern
des englischen Malers Anthony Browne (»Mein
Pappi, nur meiner!«) und der deutschen Malerin
Almut Gernhardt mit ihren »kühlen, fremden Stille-
ben« weist Rachel Kingman-Garduhn (111f.) hin
und bemerkt zu Browne, der auch Magrittesche Motive aufgreift und einsetzt: »Browne versucht, … die
Spaltung zwischen den äußeren Gegebenheiten und
der inneren Phantasiewelt und Gefühlslage des
Mädchens zum Ausdruck zu bringen.« – Und es
mache den Kindern und Erwachsenen Spaß, »die ku-
riosen Absurditäten im Bild zu suchen … und in
ihrer Komik zu benennen« (ebenda, 112). Almut und
Robert Gernhardt erzählen in ihren Bildern und Texten in dem Buch »Feder Franz sucht Feder Frieda«
eine Geschichte in der Geschichte. Das Spielen mit
verschiedenen Realitätsebenen ist elementarer Bestandteil der Kinderspiele und fasziniert deshalb
Kinder auch im Bilderbuch. Das schwedische Bilderbuch »Die Kinder im Dschungel« von Astrid Lindgren und Leif Krantz mit den Bildern von Ulf Löfgren ist ein hervorragendes Beispiel für den künstlerischen spielerischen Umgang mit Realitätsebenen:
Die Kinder malen sich den Dschungel, tragen aber
dabei einen Giraffenhals, den sie eben gemalt haben,
wie ein Bühnenversatzstück aus dem Buch heraus;
oder an anderer Stelle trinkt der gemalte Elefant aus

dem gemalten Dschungel heraus mit seinem Rüssel die Farbe aus dem Farbtopf, der außerhalb des gemalten Dschungels steht.

In diesen Zusammenhang gehört auch das textlose Bilderbuch »Zwergenspuk« des Japaners Mitsumasa Anno, in dessen perspektivisch »genau« gemalten Szenen eben doch nicht alles perspektivisch stimmt; auf der Basis von Eschers Verwirrbildern, der die Perspektive mit ihren eigenen Mitteln ad absurdum führt, geht auch bei Anno vieles total verquer. Annos ABC-Bilderbuch spielt mit diesen perspektivischen Absurditäten.

Solche genialen Bilderbücher mit dem Ausspielen einander widersprechender Realitätsebenen gibt es leider nur selten.

Ein Sonderfall in der neueren Bilderbuchkunst ist der Berliner Maler Kurt Mühlenhaupt, dem Heike Bürger-Ellermann (Formen …, 98–104) eine genau betrachtende, liebevolle Würdigung widmet. Zu Recht sieht sie ihn in der Tradition von George Grosz und dem Berliner Maler Otto Nagel und in deren sozialkritischem Engagement, doch »seine Personen sind nie ohne menschliche Wärme gemalt, seine realistischen Darstellungen haben darum auch ›nie einen Anstrich von agitatorischem Stil‹ [Künnemann, Lexikon]. Die Menschenliebe ist, wie betont, überhaupt sein eigentlicher Antrieb zum Malen – für Erwachsene wie auch für Kinder. Seine Gestaltungsweise ist keinem bestimmten Kunststil zuzuordnen, seine Sujets jedoch sind, wie die der neuen Sachlichkeit, in der sozialen Realität des Proletariats angesiedelt. … Die Szene mit den Kindern [in ›Sabine und ihre Puppe‹] erinnert an die Malweise der Expressionisten: körperliche Merkmale, Gesichtsausdruck, Bewegungen werden durch Überzeichnung hervorgehoben. Trotz dieser karitativen [gemeint ist ›karikaturistisch‹] Verzerrungen wirken die Personen nicht abstoßend. … sein Malstil ist … nicht zeitgemäß, sondern ein Rückgriff um einige Jahrzehnte

Aber da kamen mehr und mehr und
noch mehr Kalamangas, und alle sa-
hen so gefährlich aus. Woher kamen
sie bloß alle?

„Schaut euch den kleinen dummen
Ture an", rief Olle. „Da steht er und
macht reihenweise Kalamangas!"

„Hör auf, Ture, hör auf!" schrien Fia
und Anna.

„Hol schnell einen Eimer Wasser und
wasch ein paar wieder weg", sagte
Olle. „Wir wollen doch nicht in lauter
Kalamangas ersticken!"

Der Elefant hörte das Wort Wasser
und wurde durstig.

In diesem Eimer könnte Wasser sein,
dachte er. Und er saugte alles mit seinem Rüssel auf. Brrr, das schmeckt
nicht gut! Ich puste es wieder aus.

28

– seine Bildinhalte allerdings sind auch im Rückgriff
so aktuell wie je zuvor« (ebenda, 100f.).

Hier ist der Begriff »Stil« gefallen, nach dem man
schon mehrfach versucht hat, Bilderbücher zu klassifizieren (expressiver Stil, erzählerischer, realisti-

29

scher oder plakativer Stil, um nur wenige zu nennen).
Es wäre indes eine aufgesetzte Klassifizierung, die
vielleicht im Kunstunterricht Hilfe bieten könnte.

Zum Stil-Begriff äußert sich Lionni auf seine für
seine Kunst zu erwartende Weise: »Das Besessensein

von einem unveränderlichen Stil rührt oft vom Verlangen des Künstlers, eine Persönlichkeit darzustellen, die sich von den Kollegen unterscheidet. ... Ich strebe nicht nach dieser Art Stil. ... Stil ist eine Methode, geradewegs ins Herz jeder Situation zu gelangen und sie in ihrer unverwechselbaren Eigenart zu erkennen und zu schildern. ... Ein nur formaler, vom Inhalt unabhängiger Stil ... verkleidet die Schauspie-

»Friß mich nicht.

Ich bin die Raupe Stück-für-Stück.

Ich bin nützlich; denn ich messe Dinge.«

»Wenn das so ist«, sagte das Rotkehlchen,

»dann miß meinen Schwanz!«

ler immer wieder mit denselben Kostümen, ohne Rücksicht darauf, welches Stück aufgeführt wird und was ihre Rollen sind« (Lionni, Meine Bücher, 166f.).

Es ist ja wirklich charakteristisch für Lionni und erstaunlich für alle Betrachter seiner Bilderbücher, mit welch unterschiedlichen stilistischen Mitteln er seine Bilderbücher gestaltet; man kann sich kaum eine größere gestalterische Spannweite vorstellen, als

»Stück für Stück«,
Leo Lionni, 1963

die zwischen »Das kleine Blau …«, »Stück für Stück« oder »Swimmy«, und das trifft ebenso auf die weiteren Lionni-Bücher zu. Ob er collagiert, mit nassen Wasserfarben malt oder mit Kreide, wie auch immer, der Stil jedes einzelnen Bilderbuchs ist aus seinem Inhalt, aus der Geschichte heraus entwickelt oder besser: gefunden. Und doch erkennt man bei jedem neuen Bilderbuch von Lionni seine ganz persönliche Aura, nicht »Handschrift«. Lionni: »An meinen Büchern wie an meinem Werk überhaupt ist oft das Fehlen eines einheitlichen, persönlichen Stils kritisiert worden. Die meisten Illustratoren entwickeln einen Stil, der ihre Arbeiten sofort zu identifizieren gestattet, auch wenn die Signatur fehlt. Diese Technik, diese immer wieder verfügbare Form wird dann verwandt, einerlei welcher Inhalt vorliegt, und einerlei wie der Inhalt von Geschichte zu Geschichte wechselt« (ebenda, 166).

Leider gibt es viele begabte Bilderbuch-Illustratoren, auf die der von Lionni negativ gemeinte Begriff zutrifft, deren Bilderbücher nach und nach zu unverwechselbaren Markenartikeln, gewiß geliebt und erfolgreich, und manchmal auch noch auf andere Weise (T-Shirt-Aufdruck etc.) vermarktet werden.

Maurice Sendak sagt: »Stil zählt nur insoweit, als er die eigentliche Aussage des illustrierten Textes übermittelt« (im Gespräch mit Ute Blaich, FAZ vom 28.12.1974; siehe auch Grenner-Quint und Grünewald, Anmerkungen).

Jens Thiele (Dornröschen, 48) bezeichnet zu Recht die Kunst von Lieselotte Schwarz als »expressiv«. Nach Klassifizierungsvorschlägen, die sich an den Darstellungsweisen (malerisch, zeichnerisch, expressiv usw.) orientieren, würden z.B. zwei grundverschiedene Bilderbücher wie »Dornröschen« von Lieselotte Schwarz und »Meine Puppe Sabine« von Kurt Mühlenhaupt durch den Begriff »expressiv« zusammengebunden, was natürlich nicht geht.

»Ferdinand der Stier«,
Werner Klemke, 1974

Gewiß lassen sich Bilderbücher auch unter solchen Klassifizierungen zusammenbinden, etwa die unvergleichlichen, mit höchst lebendigen Strichen gezeichneten Bilderbücher von Hans Fischer (fis), beispielsweise in seinem Buch »Der gestiefelte Kater«, und die ebenso frei, spritzig und frech gezeichneten Illustrationen von Werner Klemke zu »Ferdinand der Stier« von Munroe Leaf. Beide Künstler haben in ihrem Zeichenstil etwas Gemeinsames, nämlich eine humorvolle Schein-Naivität, die Kindern suggeriert, sie könnten das genauso zeichnen. Auch an die frühen, fein-poetischen Zeichnungen von Janosch (»Valek und Jarosch«) soll hier erinnert sein.

Es gibt allerdings kunstgeschichtliche Stil-Begriffe, die einige Bilderbücher nicht nur dementspre-

»Der gestiefelte Kater«,
Hans Fischer (fis), 1966

Was nicht in der Geschichte steht: nämlich, dass es für einen Kater gar nicht einfach ist, in Stiefeln zu stehen, und auf zwei Beinen zu gehen. Das musste er zuerst lernen. Und er übte heimlich in der Nacht: zuerst das Stehen, und dann das Gehen — bis es ging!

chend klassifizieren, sondern auch etwas über ihre künstlerische Form aussagen: z.B. die von Käthe Steinitz gestalteten typographischen Bilderbücher (»Die Scheuche«, »Der Hahnepeter«) in der Nähe der DADA-Bewegung, wozu auch die Bücher der Květa Pacovská zu rechnen sind (Thiele, Entdeckungen).

Der erste Künstler, der mit einem im ersten Anschein völlig abstrakten Bilderbuch in die Bücherwelt einbrach und zunächst heftige Diskussionen auslöste, war Leo Lionni mit seinem Buch »Das kleine Blau und das kleine Gelb« (1962 bei Oetinger; 1959 als »little blue and little yellow« in den USA; vgl. Halbey, Das kleine Blau …). Lionni mit seiner nie versiegenden Phantasie und seiner Fähigkeit, die verwandelnde Kraft kindlicher Phantasie zu verstehen, hat mit den beiden Farbflecken als handelnden »Hauptfiguren« nichts anderes getan als das, was kleine Kinder beim Spielen tun: Sie nennen ein Stück Holz einen Dampfer, und dann *ist* es ein Dampfer. Und so haben Kinder sofort und problemlos personellen Umgang mit den »Kindern« Blau und Gelb. Wenn dagegen Warja Lavater-Honegger mit ihren zusammengefügten abstrakten Gebilden und Flächen Märchen »erzählt« (»Le petit Chaperon rouge«), so geht dieses intellektuelle Spiel weit über die Vorstellungskraft des Kindes hinaus. Die Schwäche dieser Bilderfolgen, von denen »William Tell« noch die beste ist, erweist sich darin, daß jeder Folge ein »Schlüsselbrett« zugefügt wurde, ein Decodierungs-Schlüssel, der die Bedeutungen der Gebilde auflistet.

Als die Pop-art en vogue war, erschienen die künstlerisch herausragenden Bilderbücher von Heinz Edelmann (z.B. »Andromedar SR!«), die mit ihren bizarren Formen und schrill-bunten Farben den Kindern wichtige Impulse zur Entfaltung ihrer eigenen Kreativität zu geben vermochten.

»little blue and little yellow«,
Leo Lionni, 1959

Auf den bedeutenden amerikanischen Bilderbuch-Künstler, der seine Bücher im Comic-Stil gestaltete, Dr. Seuss, komme ich im Kapitel »Interaktion von Sprache und Bild« eingehend zu sprechen. Doch um mit ihm auf den Realismus-Begriff überzuleiten, sei hier schon vermerkt, daß sein Realismus ein dialektischer ist: In dem Maße, wie seine Bildgestaltung im Comic-Stil von der Wirklichkeit weit ins Absurd-Irreale wegführt, in eben diesem Maße wird die Realistik seiner immer aktuellen Inhalte um so bewußter. Wie bei Brechtschen Theaterstücken soll die Verfremdung jeden direkten Bezug des Betrachters zur vorgeführten Wirklichkeit verhindern, um das Realistische im Inhalt als allgemeingültig begreiflich zu machen. Anders ausgedrückt: Ein Foto von verhungernden Kindern in Asien würde für einen betrachtenden Europäer die Betroffenheit unbewußt mildern, das Foto dokumentiert ja eindeutig, daß der Befund weit weg ist. Eine mit künstlerischen Mitteln verfremdete gleiche Aussage würde das Dokumentarische aufheben und ins Allgemeinmögliche transponieren.

»Der Katz mit dem Latz«,
Dr. Seuss 1979

„Ich biege die Haken um
und lasse die Dinger frei.
Und die nenne ich nun
Ding eins und Ding zwei.
Beißen tun sie nie,
so böse ist keins!"
Und siehe, da kamen sie,
da rannten Ding zwei und Ding eins!
So kamen sie angerannt
und zwitscherten: „Hallo!" und „Hei!"
„Gebt ihr uns nicht die Hand,
uns beiden: Ding eins und Ding zwei?"

Was den Realismus im Bild anbetrifft, so ist viel über die Bilderfolgen von Jörg Müller »Alle Jahre wieder saust der Preßlufthammer nieder oder Die Veränderung der Landschaft« und »Hier fällt ein Haus, dort steht ein Kran und ewig droht der Baggerzahn oder Die Veränderung der Stadt« (beide 1976) diskutiert worden. Müllers Bilder im Stil des Fotorealismus geben in Wahrheit fiktive, vom Bilderbuchmacher künstlich zusammengesetzte Stadtlandschaften wieder, sind also Ausschnitte einer Schein-Realität. Insofern sind sie in nächster Nähe zu den dialektisch realistischen Verfremdungs-Bildern eines Dr. Seuss zu sehen; da der Scheinrealismus keine bestimmte Stadt erkennen läßt, ist die geschilderte Situation auf jede Stadt übertragbar. Kaminski/Ram dazu: »Die Verlagerung eines Ausschnitts oder eines Problems aus der Wirklichkeit in eine andere Ebene, die des Textes oder auch des Bildes, ist ein ›künstlich‹ vorgenommener Eingriff. ... auch der gelungenste Versuch, Wirklichkeit so detailgetreu wie möglich zu vermitteln, ist immer ein Kunstprodukt, eine Fiktion« (zit. bei Bertrand-Rettig, Tome II, 284). Müllers Bilder sind wahre Kunstwerke, bei ihnen »setzt die Suggestivkraft der künstlerischen Form ein, die sich Jörg Müller von Anfang an zu eigen gemacht hat und auf höchst individuelle Weise perfektioniert hat: der Realismus« (Niehus, 6). Mit Müllers Bildern hat sich auch Hans ten Doornkaat intensiv befaßt, besonders mit einem der interessantesten deutschsprachigen Bilderbücher der jüngsten Zeit: »Aufstand der Tiere oder die neuen Stadtmusikanten«, das übrigens auch das Spiel mit verschiedenen Ebenen aufgreift: »Indessen ist diese Arbeit von Müller und Steiner – mehr noch als alle vorausgehenden – ein Beitrag zur Emanzipation der Gattung Bilderbuch. ›Der Aufstand der Tiere‹ stellt – das zeigt auch das Gros der Rezensionen – eine Ausformung dar, welche das Bilderbuch aus seinem Status als Vorschullektüre herauslöst und den grundsätzlichen Kunstanspruch der Bild-Text-Kombination sichtbar macht« (ten Doornkaat, PR, TV, Exit, 51). Noch ein Zitat von ten Doornkaat (ebenda, 64): »eines der wenigen absoluten Kriterien der Bilderbuch-Beurteilung: …: Stil und Thema erscheinen hier in seltener Kongruenz.«

Selbstverständlich spielt im Umgang mit den hier skizzierten Aspekten des Künstlerischen im Bilderbuch die Phantasie sowohl des Künstlers als auch der betrachtenden Person eine besondere, wenn nicht entscheidende Rolle. Von Christian Morgenstern stammt der gute Satz: »Ich habe noch nie eine Phantasie gehabt, die nicht eine – wenn auch noch so verborgene – Nabelschnur zur Wirklichkeit gehabt hätte« (Gesammelte Werke, 1973, 10. Aufl., 433; zur Phantasie siehe: Gudrun Liewald, 165–167ff.).

»Wo die wilden Kerle wohnen«, Maurice Sendak, 1967

Am Schluß dieses Kapitels sollen die Ausführungen von Joseph H. Schwarcz (Übertragung, 121) stehen: »Kunst ist gegenwärtig, wenn die Phantasie des Kindes durch den Illustrator angeregt und in bestimmte Richtungen geleitet wird, gleichzeitig aber ein Teil ihrer Kräfte für die vergnügliche Suche nach Intention und Bedeutung frei bleibt; wenn Gelegenheit entsteht für die bewegte Anteilnahme, durch die sich das Kunsterlebnis von der gleichgültigen Annahme von Information unterscheidet. … Wenn es dem Illustrator glückt, ein Bild zu schaffen, das auf seine Weise eine Stimmung enthält, die der entspricht, durch die die Metapher verursacht werden konnte – ohne sie überhaupt wiederzugeben –, so schlägt er gleichsam dem Kind vor, sich zu ihm zu gesellen an einem Zeitpunkt, zu dem der Dichter von einer Landschaft, einer Laune oder ähnlichem inspiriert wurde und auf welche er schöpferisch-interpretativ reagierte. Die Unbestimmtheit der ästhetischen Information lädt das Kind ein, mit dem Autor mitzuempfinden, lädt es zu einem emphatischen Erlebnis ein.«

»Peter und der Wolf«,
F. Neubauer und P. Sauer

IV. Metasprache im Bilderbuch

In diesem Kapitel wird nur ein Bilderbuch betrachtet und gedeutet, »In der Nachtküche« von Maurice Sendak, Zürich 1971 (im folgenden kurz »Nachtküche«), weil es wie kaum ein anderes geeignet ist, die vielschichtigen und vielfältigen Aspekte der Bilderbuch-Literatur darzustellen: das Verhältnis des Künstlers zu seinem Stoff und Buch; die Interaktion von Bild und Text; die Ikonographie und ihre vielfältige Dekodierungs- und Deutungsmöglichkeit; informations- und kommunikationstheoretische Überlegungen; Theorie und Empirie zur Rezeptionsästhetik; wahrnehmungspsychologische Aspekte; Metasprache.

»In the Nightkitchen«,
Maurice Sendak, 1970

Ein Kunstwerk besteht zunächst ausschließlich aus dem Produktionsprozeß und der Anschauung durch den Künstler, der es geschaffen hat. Ohne den anschauenden Künstler bliebe es – nach dem Schaffensvorgang – ein Stück bemalter Leinwand (oder welchen Materials auch immer) ohne Bezugsmöglichkeit zur Außenwelt. Auf das Buch bezogen: Ohne den Leser ist es ein totes Gebilde aus Papier, Pappe und Druckfarbe, so wie die Musik ohne den Hörer oder hörend Lesenden (abgesehen vom Komponisten) nicht existiert. »Das geschichtliche Leben des literarischen Werks ist ohne aktiven Anteil seines Adressaten nicht denkbar« (Jauß, 169); oder wie es Reinhard Brunner (75) formuliert: »Literatur wird als gesellschaftliches Phänomen erst real, wenn sie gelesen wird. ... Empirische Forschung findet sich im Bereich der Rezeption der Kinderliteratur und ihrer Auswirkungen auf die Einstellung und das Verhalten von Kindern und Jugendlichen sehr selten« (ebenda, 90). Immerhin haben Holesovský (in Baumgärtner, Aspekte ...) und Thiele (Die Reise ..., 191ff.) Untersuchungen zur Bilderbuch-Rezeption durch Kinder durchgeführt.

Indem es durch Vervielfältigung und Vertrieb eine

große Anzahl von Lesern (Betrachtern) erreicht, verliert das Buch sein zunächst gegebenes einziges Sosein und erfährt so viele Veränderungen, wie es Leser findet; denn jeder Leser fügt dem vorliegenden literarischen Werk etwas aus seinem Erfahrungsschatz hinzu, liest je nach seiner Veranlagung, Herkunft, Erziehung und Gefühlslage das Geschriebene etwas anders. »Das wirksame – ästhetisch rezipierte – literarische Werk ist eine Verschmelzung zwischen des Autors Intention und des Lesers Rezeption; eine autorzentrierte Interpretation verbietet sich damit von selbst« (Groeben, 82).

Somit ist die Autor-Leser-Beziehung eine ausgesprochen kommunikative. Der rezeptionsästhetische Ansatz geht über den darstellungsästhetischen hinaus und erfordert neue literaturwissenschaftliche Methoden. Auch die Kunstgeschichte hat begonnen, ihr bisheriges Selbstverständnis kritisch zu überdenken und zunächst der empirischen Forschung mehr Augenmerk zu schenken, wie es Hans Belting, Hans Robert Jauß folgend, sieht (Das Ende der Kunstgeschichte, 35): »Formengeschichte läßt sich mit ihrer Hilfe in einen historischen Prozeß eingliedern, in dem nicht nur Werke, sondern Menschen auftreten. … Produktion und Rezeption [bringen] gemeinsam eine geschichtliche Veränderung der Kunst zustande.« Bei Jurgensen (158) findet sich der Hinweis auf Fritz Strichs Literaturgeschichte, die sich »auf das Abhängigkeitsverhältnis von Entstehungsgeschichte und Wirkungsgeschichte eines literarischen Kunstwerks« besinnt. Auch Helmut Hartwig wies 1974 auf diese neuen methodologischen Ansätze hin: »Indem Rezeptionsästhetik nach den Formen und Bedingungen der Konsumtion von literarischen Texten fragt, stellt sie gegenüber der traditionellen Produktionsästhetik (Produzent, Dichter) und der Darstellungsästhetik (Produkt, Kunstwerk) den Konsumenten (Leser) in den Mittelpunkt ihrer Untersuchungen und hofft, auf diese Weise den Aneignungsprozeß von Literatur dort zu fassen, wo er am offenkundigsten mit dem allgemeinen Reduktionsprozeß der Gesellschaft verknüpft ist« (Kopie eines Schreibmaschinen-Manuskripts, S. 2, in meinem Besitz); Hartwigs Rezeptionsästhetik ist soziologisch orientiert, indem sie auf die kollektiven Aspekte im Umgang mit Literatur gerichtet ist. Der Umgang mit Sendaks »Nachtküche« ist indes mehr individualpsychologisch orientiert, was durchaus als Basis zur Darstellung einer kollektiven Rezeptionsaussage dienen kann.

So habe ich schon zu Beginn meiner Lehrtätigkeit über das Bilderbuch (ab 1971) die empirische Forschung in den Mittelpunkt meiner Seminare gestellt und mich mit den Studierenden über mehrere Semester allein mit der »Nachtküche« befaßt. Es ging bei diesen Untersuchungen unter anderem darum, jene Dimension der Literatur zu erfassen, die »unabdingbar zu ihrem ästhetischen Charakter wie auch zu ihrer gesellschaftlichen Funktion gehört: die Dimension ihrer Rezeption und Wirkung« (Jauß, 168). Jauß sieht auch noch 1987 in seinem 1970 erschienenen Buch »Literaturgeschichte als Provokation« »die Wendung von der Darstellungs- zur Rezeptionsästhetik, den Rückgriff auf die Erfahrung des Lesers als dialogische Instanz literarischer Kommunikation« (Jauß über Jauß, FAZ vom 5.8.1987). »Es gibt indes empirische Mittel, an die bisher noch nicht gedacht wurde – literarische Daten, aus denen sich für jedes Werk eine spezifische Disposition ermitteln läßt, die der psychologischen Reaktion wie auch dem subjektiven Verständnis des einzelnen Lesers noch vorausliegt« (Jauß, Lit., 174). Hartwig (s.o., S. 6) zitiert W. Lämmert, 1973: »Wirkungsgeschichte ist ... die Folge der Konsumtionsprozesse, zu denen die Rezeption eines Textes den Anstoß gibt.«

»Ein literarisches Werk, auch wenn es neu erscheint, präsentiert sich nicht als absolute Neuheit in einem informatorischen Vakuum, sondern prädisponiert sein Publikum durch Ankündigungen, offene und versteckte Signale, vertraute Merkmale oder implizite Hinweise für eine ganz bestimmte Weise der Rezeption. Es weckt Erinnerungen an schon Gelesenes, bringt den Leser in eine bestimmte emotionale Einstellung und stiftet schon mit seinem Anfang Erwartungen für ›Mitte und Ende‹, die im Fortgang der Lektüre nach bestimmten Spielregeln der Gattung oder Textart aufrechterhalten oder abgewandelt, umorientiert oder auch ironisch aufgelöst werden können« (Jauß, Lit., 175).

Um im folgenden Bildseiten aus der unpaginiert erschienenen Ausgabe der »Nachtküche« zitieren zu können, wird die im Seminar vorgenommene handschriftliche Paginierung benutzt: Medaillon S. 1; Doppelseite mit dem Innentitel auf der rechten Seite = S. 2/3; Doppelseite mit Impressum und Widmung = S. 4/5 und so weiter. Von den Untersuchungen mit den Kindern und Studierenden wird später ausführlich berichtet.

Zum rezeptionsästhetischen Aspekt kommen als besonders wesentlich die kommunikationstheoretischen und informationstheoretischen hinzu. Es wurde oben festgestellt, daß die Beziehung zwischen Buch und Leser eine kommunikative ist. Dabei handelt es sich um ein vergleichsweise einfaches, weil einlineares Kommunikationssystem insofern, als die Aussage des Senders manifest ist, die des Empfängers hingegen variabel sein kann, je nach Alter, Reife und Erfahrungsschatz. Viel komplizierter ist das Kommunikationssystem im Bereich der Bilderbuch-Literatur. Der Sender (Autor/Illustrator) erreicht durch sein Buch den Empfänger bis zum Lesealter nur selten direkt, meist über den Vermittler (in der Familie, im Freundeskreis, im Kindergarten). Das bedeutet, daß zwischen Sender und Empfänger eine die Kommunikation wesentlich beeinflussende andere Instanz wirksam ist, die die Botschaft aus eigener Einsicht, Erfahrung oder gefühlsbetonter Interpretation

78

bewußt oder unbewußt im Übermittlungsvorgang verändert. Höchst selten ist in diesem Kommunikationssystem eine Rückkoppelung des Empfängers zum Sender; das ist zumeist nur bei Autorenlesungen vor Kindern möglich. In dieser Erkenntnis ist die Entscheidung des Frankfurter Seminars begründet, bei den empirischen Untersuchungen zur »Nachtküche« grundsätzlich nur die Spontan-Reaktionen der Kinder beim ersten Anblick einer Bilderbuch-(Doppel-)Seite zu sammeln und jede Erklärung oder herausfordernde Frage an die Kinder zu vermeiden, um den Einfluß der Vermittler-Instanz weitgehend auszuschalten (zu Untersuchungen des Bild-Erfassens und -Verstehens allgemein vgl. Weidenmann, bes. S. 82f.; siehe auch das Kommunikationsmodell von Manfred Berger hier im 1. Kapitel).

Erschwerend für die Beurteilung oder Auswertung einer Kind-Buch-Beziehung kommt noch hinzu, daß ein Kind seine wirklichen Empfindungen nicht oder nur andeutend artikulieren und die in der Tiefe wirkenden Prägungen überhaupt nicht empfinden und deshalb auch nicht einschätzen kann. Erst die Psychotherapie oder -analyse vermag – oft sehr viel später – solche Wirkungen aufzudecken.

Die Frage nach der Kind-Buch-Kommunikation ist eng verknüpft mit informationstheoretischen Überlegungen. Der amerikanische Forscher David C. Davis beschäftigte sich kritisch eingehend mit der »Nachtküche« und stellte zunächst einige Überlegungen zum Codierungs-System des Autors an (Davis, 856ff.). Danach besteht die Botschaft des Autors aus vier Schichten: 1. Die Oberflächen-Information. In der 2. Schicht sind Symbole, Zeichen oder Codes ausgelegt, die bewußt bestimmte Assoziationen des Empfängers provozieren. In der 3. Schicht sind Symbole oder codierte Nachrichten vorhanden, die der Autor bewußt nur zu seinem eigenen Verständnis und dem weniger anderer niedergelegt hat.

»In der Nachtküche«,
Maurice Sendak, 1971

In der 4. Schicht, einer Tiefenschicht, sind Symbole
und codierte Nachrichten vorhanden, die der Autor
unbewußt mit eingebracht hat. Hier kann schon von
Metasprache geredet werden.

Dazu einige Gedanken von Maletzke (Psychologie, 55f.): »Bei dem Versuch, geistige Objektivationen in ihrer komplexen Struktur theoretisch zu bewältigen, erweist sich das Denkmodell der Schich-
tung als ein nützlicher Ansatz.« Als erste Schicht
sieht Maletzke die Schicht des Materialen, also den
materialen Träger der Aussage (Papier, Farbe); in die
zweite Schicht bezieht er den Inhalt (Handlung,
Stoff) und die Form der Aussage ein; die dritte
Schicht ist für ihn die des überzeitlichen, überindivi-
duellen, allgemeingültigen Sinnes und Gehaltes: »Sie
ist die zentralste, wesentlichste und anspruchsvollste
Schicht im Aufbau einer Aussage. Durch sie werden
über den konkreten Inhalt und über die einmalige
Formung des Materials hinaus überzeitliche, vom

Augenblick unabhängige Werte oder Ideen transparent. Diese Schicht bewirkt beim Rezipienten psychische Vorgänge ganz eigener Art, die wir als religiöse, moralische und ästhetische Erlebnisse bezeichnen. Nach weithin übereinstimmender Auffassung betrachten wir nur solche Objektivationen als Kunst, die diese hintergründige Schicht, die Schicht der ›metaphysischen Qualitäten‹ in sich enthalten.«

Auf die »Nachtküche« direkt angewendet: In der Oberflächenbetrachtung erkennt das Kind die drei gleichen Männer, die den Kleinen in den Teig einrühren wollen; nur Kinder, die schon wissen, welche Berufstracht Bäcker oder Köche tragen, können die Männer als Bäcker oder Köche ansprechen. Daß es sich dabei um den dreifachen Oliver Hardy aus den »Dick und Doof«-Filmen handelt, können nur Kinder assoziieren, die solche Filme oder Bilder davon schon gesehen haben. Allein hier zeigt sich deutlich, daß selbst in der Oberflächenschicht vielfältige Beschreibungs- und Deutungsmöglichkeiten gegeben sind, erfaßbar je nach dem Erfahrungsschatz des Rezipienten. In »Nachtküche«-Untersuchungen in Oswego im Staat New York während eines mehrwöchigen Workshops, den ich 1973 mit Lehrern und Lehrerinnen und Fachkräften aus Bibliotheken hielt, konnten nur ganz wenige Teilnehmer die drei Bäcker als Ollys ansprechen, die Laurel-Hardy-Filme waren dort für längere Zeit nicht im TV oder in Kinos gezeigt worden; man nahm sie eben als dicke Bäcker oder Köche, wobei hier auch ein Meta-Klischee mitwirkt: Ein guter Koch muß eben dick sein!

Was die 2. Schicht anbetrifft, so sind die Decodierungsmöglichkeiten erheblich schwieriger. Nur wer sich intensiv mit der Biographie des Autors befaßt, wird die Hinweise auf seinen Geburtstag, seine Eltern, Wohnungen und Schulen verstehen, die der Autor auf Packungen der seltsamen Nachtküche, mehr oder weniger versteckt, in die Bilder eingemischt hat. Auch daß der Autor höchstwahrscheinlich den Laurel-Hardy-Film »Die Leibköche seiner Majestät« (Erstaufführung 1945/52) gesehen hat, in dem nämlich Olly als Koch auftritt, kann herausgefunden werden. Und es gibt ein Comicheft mit Dick und Doof, »Die Torte«, wo beide Darsteller die Tracht der Bäcker tragen. Daß aber der eigentliche Anlaß, diese Dreifach-Figur in der »Nachtküche« so dominierend agieren zu lassen – und hier geht es in die 3. Schicht –, in einem kleinen Werbe-Coupon mit drei gleichen Bäckern und der Umschrift »We bake while you sleep« zu sehen ist, das hätte niemand herausgefunden, wenn es nicht Sendak selbst in einem Interview gesagt hätte (Lanes, 174, weitere Hinweise auf private Codes dort und auf den folgenden Seiten). Sendaks Biographie und seine eigenen Aussagen machen deutlich, daß der häufige Hunger des kränklichen Jungen und seine ständige Sehnsucht von Brooklyn hinüber in das glitzernd faszinierende Manhattan der Grund dafür waren, daß der Coupon eine so tiefe und bleibende Wirkung bei ihm auslöste. »So wurde die Nachtküche eine Art von ›Vendetta Book‹, Vendetta = Rachedurst, um zu den Bäckern zurückzugehen und ihnen zu sagen, ›daß ich nun alt genug bin, nachts aufzubleiben und zu wissen, was in der Nachtküche passiert‹« (Haviland, Questions, 270; von mir übersetzt).

Die nur selten und schwer decodierbaren Botschaften in der 3. Schicht haben zumeist und in diesem Fall ganz deutlich ihre Wurzeln in der Kindheit. Sendak sagte einmal: »Phantasie hat nur dann einen Sinn, wenn sie zehn Fuß tief in der Wirklichkeit verwurzelt ist« (Tabbert, Die wilden Kerle, 27). Andere Äußerungen Sendaks weisen auf seine für ihn so enorm wichtige Kindheit und seine Erinnerung daran hin: »My most unusual gift is that my child-self seems still to be alive and well … But I do seem to have knack of recreating the emotional quality of childhood« (Lanes, 265). »Whenever I get really close to it, I think ›no, it's from some deeper part of

myself than my head<« (Lanes, 249). In ihrem Beitrag
»Maurice Sendak« (im Magazin der FAZ vom
9.3.1989, H. 210) schreibt Sabina Lietzmann: »›Wenn
ich ein Buch schreibe, so schreibe ich es nicht bewußt
für Kinder, sondern für mich selber.‹ Aber wer ist er
selber? Ein altgewordenes Kind, das seine fürchterli-
chen Träume, seine bedrängenden Ängste erkennen
und auf eine wunderbare Weise darzustellen und auf-
zulösen gelernt hat?« (S. 22). Und: »So wird er zum
Bruder der ›tapferen Leute‹, der die eigenen Ängste
und Verluste durch immer neue Höhensprünge seiner Phantasie zu überwinden trachtet« (S. 16). Und
Umberto Eco sagte in einem Film über ihn in der
ARD am 2.3.1995: »Eigentlich ist man als Kind ein
unfertiger Erwachsener.« Hier kann auf das Phänomen des Kind-Erwachsenen in den Bilderbüchern
von Sendak überhaupt oder von Nikolaus Heidelbach hingewiesen werden, wovon in einem anderen
Kapitel genauer die Rede sein wird. Auch in Heidelbachs Bilderbüchern gibt es Reklame-Namen mit
versteckten literarischen Bezügen (Wickel, 40ff.).

Es gibt offensichtlich viele prägende Eindrücke in
Sendaks Kindheit, von einigen wird später zu sprechen sein. Aber ein vermutlich besonderer Eindruck
ist hier im Zusammenhang mit der Bäckertriplizität
angesprochen (jetzt in der 4., der Tiefenschicht): Aus
dem Buch von Selma Lanes über Maurice Sendak erfahren wir, daß der Vater, wie die Mutter aus Galizi-
en nach Brooklyn emigriert, ein Schneider war und
sein Geschäft bis 1928, dem Geburtsjahr von Maurice, mit zwei Partnern betrieb. Möglich, daß der kleine Maurice in frühester Kindheit von diesen Partnern erzählt bekommen hat, daß sie den Vater auch
noch später dann und wann besuchten (Ansatz zur
Vater-Triplizität?). In dieser Tiefe der Kindheit mag
der Grund dafür liegen, warum der hungrige Junge
gerade den Coupon mit den drei Bäckern so beach-
tete und nicht irgendeinen anderen, genauso werbe-
wirksamen Coupon, der für Essen oder/und Trinken

»Little Nemo«, Winso McCay

warb. Dann begegneten dem heranwachsenden Sendak die Comic-Serien »Little Nemo in Slumberland« des Winsor McCay aus den Jahren 1905–1910 in einer Ausstellung, und da muß er auf die drei total gleichen Clowns gestoßen sein, die bedrohlich auf den träumenden Knaben zuschreiten. Und ganz sicher kamen in des Großvaters Erzählungen aus dem Leben der Chassidim und aus dem Alten Testament, denen Maurice nach eigener Auskunft als Kind hingebungsvoll gelauscht hat, auch die drei »Männer« (Engel) aus der Abraham-Geschichte vor (»Angels were active participants in most of Philip's stories …«, Lanes 12). 1. Mose 18, V. 2 und 3: »Und als er [Abraham] seine Augen aufhob und sah, siehe, da standen drei Männer vor ihm. Und da er sie sah, lief er ihnen entgegen von der Tür seines Zeltes und neigte sich nieder zur Erde und sprach: Herr, habe ich Gnade gefunden …« und Vers 6: »Abraham eilte in das Zelt zu Sara und sprach: Eile und menge drei Maß feinsten Mehls, knete und backe Kuchen.« Schon als Kinder machten Jack und sein Bruder Maurice kleine Bücher, darunter eines mit der Geschichte von Abraham und Sarah (Saul Braun, 47).

»Ein Chassid fragte Rabbi Sussja: ›Es heißt von Abraham, da er den Besuch der drei Engel empfängt: Dann holte er Sahne und Milch und das Jungrind, das er hatte zurechtmachen lassen, und setzte es ihnen vor, er aber stand über ihnen unter dem Baum, derweil sie aßen. Ist es nicht wunderlich, daß der Mensch hier über den Engeln steht?‹ Rabbi Sussja erklärte: ›Der Mensch, der in der Weihe ist, erlöst die heiligen Funken, die in die Speise gebannt sind. Die Engel aber kennen diesen Dienst nicht, es sei denn, daß der Mensch sie belehre. Darum heißt es von Abraham, daß er über ihnen stand: er ließ die Weihe des Mahls auf sie nieder‹« (Buber, Erzählungen, 390). Auch Mickey ist hoch über den drei Köchen, denen er die Milch hinunter gießt (Nachtküche, S. 32).

Dieses war nur ein (versuchter) Gang in die Tiefe

84

der 4. Schicht, aber solche Gänge müssen versucht werden, wenn man einem Meisterwerk beschreibend und hermeneutisch gerecht werden will und man dabei an jene Kinder denkt, die in ihrer Tiefe Prägungen verborgen halten, die gerade beim Anblick der drei Bäcker hervorbrechen könnten – heilend oder störend. Je stärker und aussagetiefer ein Meisterwerk ist, um so tiefer ist auch die Wirkung auf den Betrachter, ob er das nun merkt oder nicht. »Manche Funktionen von Bildern werden erst dadurch möglich, daß sie wie die Sprache Konnotationen auslösen können: Bilder können wie sprachliche Begriffe ›etwas anderes meinen‹ …, d.h. symbolisch und metaphorisch eingesetzt werden« (Weidenmann, 68).

Zur kritischen und eingehenden Beschäftigung mit Bilderbüchern stellt Jens Thiele zu Recht die Forderung auf: »In ihrem Bestreben, Bild-Text-Konzepte als eindeutige, griffige Aussagen zu erfassen (weil Kinder angeblich eindeutige Aussagen benötigen), bleiben Kritiker und Rezensenten der Bilderbücher noch zu sehr an der Oberfläche der betrachteten ästhetischen Materie haften. Auch fehlende Zurkenntnisnahme der bezugswissenschaftlichen Theorien, die Methoden zur Erfassung der Tiefenstrukturen von Bildern bereitstellen (wie etwa Ikonologie, Semiotik und Psychoanalyse), begünstigt die Reduzierung auf die Erscheinungsebene. Aber die eigentliche Botschaft steckt oft hinter den Bildern, zunehmend auch im Medium Bilderbuch« (Thiele, Bilderbücher verstehen, 14; zur »Nachtküche« siehe auch Heike Strack, 46–63).

Der »Nachtküche« ist von etlichen Kritikern der Vorwurf gemacht worden, sie sei überladen mit nicht oder kaum decodierbaren Hinweisen, sie sei für Kinder nicht nur unverständlich, sondern sogar in einigen ihrer Botschaften schädlich. Hierzu ist zu bemerken, daß Sendak das Buch (wie auch vorher etliche seiner Bücher) ganz für sich selbst gemacht hat

(siehe oben) und daß er bald nach dem Tod seiner Eltern (1968) intensiv an der »Nachtküche« arbeitete.
1969 hat er mir in Bratislava erzählt, daß er gerade an
einem Buch über die Küche arbeite, das für ihn ganz
besonders wichtig sei. Aus Sendaks Aussagen, aus
seiner Biographie und aus der »Nachtküche« geht
deutlich hervor, daß dieses Buch eine kathartische
Wirkung auf ihn ausgelöst hat. Bei Dinges (Kinderlegende, 133) lesen wir: »Sendaks Auseinandersetzung mit der eigenen Kindheit war besonders
schmerzvoll, denn sie verwies ihn für viele Jahre auf
die Couch des Psychoanalytikers.« Sendak sagte aber
auch einmal, daß er nach Ablieferung eines Buch-
Manuskripts und der Bilder ganz traurig bei dem Gedanken sei, daß diese private Arbeit und Aussage nun
vervielfältigt in die Hände vieler Menschen gelange.
Aus dem Gespräch Sendaks mit Olivia Haviland
(Questions, 278) geht hervor, daß Sendak sehr lange
an einem Buch gearbeitet, das jeweilige Thema lange
und tief mit sich herumgetragen hat: »And then it's
over, and then it's finished, and the great shock comes
when it is printed. And that's much like giving birth,
and always a difficult birth.« Und wenn es dann gedruckt vorliegt: »It looks like all other things you've
done. And then it goes out into the world, and your
child, who was so private and who was living with
you for two years, now is everybody's child. Some
people knock him on the head, some kick it in the
rump, and others like him very much.« Sendak: »I
believe there exists a quiet, but highly effective, adult
censorship of subjects that are supposedly too frightening, or morbid, or simply not sufficiently opti-
mistic for boys and girls. This should be of little im-
portance to the creative artist whose prime concern
is exploring the riches of his own remembered childhood and presenting them transmuted into artistic
form for children. The artist can have – and should
have – no hope of satisfying the so-called mass audience« (Lanes, 269f.).

Noch einmal zurück zu den Bäckern: Die meisten Kinder in den empirischen Untersuchungen zur »Nachtküche« sagten beim Anblick der drei Bäcker (S. 11) jubelnd »Dick und Doof« (sofern sie die Filme kannten), auch dann, wenn ihnen nur die rechte Seite allein (also die mit den Bäckern) gezeigt wurde. Ja, sie bestanden auf »Dick *und* Doof«, auch wenn sie darauf hingewiesen wurden, daß Doof gar nicht im Bild sei. Dieses ist eine Determinante, d.h. Bildform und -bedeutung sind fest vorgeprägt, weil Dick und Doof immer gemeinsam agieren. Viele Kinder erkannten dann freudig den Doof im Gesicht des kleinen Micky auf der linken Bildseite. Eine weitere, stimmungsgemäße Determinante liegt darin, daß viele Kinder das Buch nur deshalb »lustig« fanden, weil Dick und Doof-Filme und beide Akteure nun einmal lustig und komisch sind; also muß das Buch, in dem ein kleiner Junge im Teig zu ersticken droht, lustig sein, was gewiß an der Intention des Autors ungewollt vorbeizielt. Es liegt hier also eine Bedeutungsveränderung im »Kommunikationskanal zwischen Künstler und Leser« vor, was zu einem »notwendigen (unvermeidbaren) Verkennen der Autorintention durch den Rezipienten« führt, was auch – nach Groeben – zum Bedeutungsverlust führen kann (Groeben, 81). Es wird davon später bei der Darstellung verschiedener Deutungsmöglichkeiten der »Nachtküche« zu sprechen sein.

Von farblichen Determinanten berichtet Holešovský: In dem Lied, das im Bilderbuch illustriert wird, hat der Jäger eine grüne Jacke an; also malten die Kinder im Erinnern an das betrachtete Buch eine grüne Jacke, obwohl der Illustrator den Jäger mit einer braunen Jacke versehen hatte.

Das Bilderbuch »Nachtküche« enthält – so viel wird hier schon deutlich – metasprachliches Material, das seiner ganz privaten Prägung wegen nur von wenigen Rezipienten aufgenommen werden kann, jedoch dem Ganzen der Bilderbuch-Sprache zugehört. Das betrifft erst recht Metasprachliches, das aus dem Unbewußten oder Unterbewußten in das Ganze eingeflossen ist. Dafür werden später noch Beispiele genannt.

»Der Begriff ›Metasprache‹ wurde aus Hermann K. Ehmers Beitrag ›Zur Metasprache der Werbung – Analyse einer DOORNKAAT-Reklame‹ entnommen. Er meint hier das System codierter ikonischer Nachrichten, das einer Bildbotschaft zugrunde liegt und in kritischer Analyse als eine der oberflächlich erkennbaren ›Objektsprache‹ unterlegte [also über sie hinausweisende] ›Metasprache‹ beschrieben werden kann. Unterlegt ist sie bewußt und manipulativ ausgeklügelt in der Werbung, in der die ›Objektsprache‹, also die leicht erfaßbare Oberflächen-Information, in Wahrheit eine Falle ist, um die Mitwirkung der Metasprache zu verstecken. Metasprache kann aber auch im künstlerischen Bereich bewußt, unter- oder unbewußt der Objektsprache unterlegt sein. Eine Bild-Text-Information ist grundsätzlich vielschichtig, je nach dem Grad künstlerisch sensibler und intellektueller Differenzierung, und die Vielschichtigkeit – also Oberflächeninformation und metasprachliche 1. oder 2. Tiefenschicht – betrifft den Sender in gleichem Maße wie den Empfänger« (Halbey, In der Nachtküche, 61).

Nach Barthes (Rhetorik, 111) empfängt der Betrachter »die sinnlich wahrnehmbare und die, dank der eigenen Bildung erkannte, ›kulturelle‹ Nachricht gleichzeitig. ... Das buchstäbliche Bild ist also ein denotiertes und das symbolische Bild ein konnotiertes.« Die Metasprache konstituiert sich somit aus den versteckten (codierten) Nachrichten, und wir legen »unser Wissen als Konnotation in das Bild hinein« (Ehmer, 165). Es ist die »Metasprache, die hinter der ›Objektsprache‹ steht« (Ehmer, 174) und – erweitert –, die der Rezipient in die Objektsprache hineinliest. Barthes weist darauf hin, daß die Zahl der Lesungen (lectures) ein und derselben Redeweise (lexie) je nach aufnehmendem Individuum schwankt; »indes variieren die Lesungen bzw. Betrachtungsweisen nicht willkürlich. Diese Schwankungen hängen von den unterschiedlichen in das Bild investierten Wissen (praktisches, nationales, kulturelles, ästhetisches Wissen) ab« (Rhetorik, 111). »In seiner Konnotation würde das Bild sich also aus einer Architektur von Zeichen zusammensetzen, die einer variierten Tiefe von Leseweisen (bzw. ideolectes) entnommen sind« (Barthes, ebenda, 112).

Wie sehr gerade die »Nachtküche« diese Überlegungen bestätigt und verifiziert, geht im Späteren aus den so unterschiedlichen, aber immer individuell begründbaren ideolectes hervor. Das Bilderbuch besteht aus dem dargebotenen Zeichenvorrat plus den unendlich möglichen privaten Lesarten. Rezeption ist somit grundsätzlich auch Kommunikation insofern, als der Rezipient mit dem Einbringen seiner Leseweise das Buch kommunikativ erweitert. »Die Sprache des Bildes ist nicht nur die Gesamtheit der gesendeten Wörter (z.B. auf der Ebene des Zeichenkombinators oder des Urhebers der Nachricht), sie ist auch die Gesamtheit der empfangenen Wörter: Die Sprache hat die ›Überraschungen‹ in der Bedeutung einzuschließen« (Barthes, ebenda, 112). Roland Barthes stellt fest, daß ein Mitteilungssystem, eine Botschaft ein Mythos ist (Barthes, Mythen, 85). »Der Mythos gehört in eine Wissenschaft, die über die Linguistik hinausgeht; er gehört in die Semiologie« (ebenda, 88). »Sie kennt nur eine einzige Operation: das Lesen oder Entziffern« (ebenda, 92). »Man sieht, daß im Mythos zwei semiologische Systeme enthalten sind, von denen eines im Verhältnis zum anderen verschoben ist: ein linguistisches System, die Sprache (oder die ihr gleichgestellten Darstellungsweisen), die ich *Objektsprache* nenne – weil sie die Sprache ist, deren sich der Mythos bedient, um sein eigenes System zu errichten – und der Mythos selbst, den ich *Metasprache* nenne, weil er eine zweite Sprache darstellt, *in der* man von der ersten spricht« (ebenda, 93).

Hierzu noch einige Bemerkungen von Trabant: »Der Betrachter eines ikonischen Zeichens muß außer den Abbildungskonventionen auch bestimmte Erfahrungen mit dem Zeichenproduzenten teilen, um zu einer adäquaten ›Lektüre‹ des ikonischen Zeichens zu kommen« (Trabant, 21). In der »Nachtküche« könnte man die drei Bäcker als »Abbildungskonvention« bezeichnen; die zusätzliche Erfahrung kommt über die Laurel-Hardy-Filme: drei Bäcker gleich dreimal Hardy; eine vollkommen adäquate Lektüre wäre wohl nur *dem* Rezipienten möglich, der auch quasi drei Väter hatte oder irgendwie beeindruckend mit einer solchen Triplizität konfrontiert gewesen ist. »Die ›Ähnlichkeit‹ zwischen ikonischen Zeichen und dargestelltem Gegenstand kommt zustande durch die Projektion erworbener Wahrnehmungserfahrungen auf das ikonische Zeichen von seiten des Zeichenbenutzers, d.h. sie ist nicht einfach nur eine Gemeinsamkeit von Merkmalen zwischen Zeichen und Gegenstand, sondern eine *vom Benutzer* (Zeichenproduzent oder Zeichenbetrachter) *hergestellte* und damit von diesem abhängige Gemeinsamkeit« (Trabant, 22).

In eindrucksvoller Weise hat jüngst Gudrun Schulz in einem Vortrag in Volkach dargestellt, auf welche verschiedene Weise Kinder ein Gedicht von Lorca lesen, reflektieren, konnotieren, deuten; eine ausgesprochen kommunikative Rezeption, die erstaunlich viel metasprachliche Substanz aus dem Gedicht erschließt und somit dem Autor mehr herausgibt, als er selbst in dem Gedicht verborgen vermutete (vgl. auch: Andresen). Dazu eine Bemerkung von Klaus Flemming in anderem Zusammenhang: »Der Betrachter bringt schließlich seine eigene Bildkompetenz, sein Assoziationsvermögen, ja seine ganze Vorstellungskraft ein und ergänzt und spinnt weiter, was ihm an Initialzündung dargeboten wurde« (Flemming, 12). Auch der Künstler weiß um die Mehrschichtigkeit der Bedeutungen in künstlerischen Aussagen; Leo Lionni schreibt (Warum, 122): »Jedes Kunstwerk, wie anspruchslos es auch bezüglich seiner Absichten sein mag, muß mehr als eine Bedeutungsebene haben. Verborgene oder auch nur angedeutete Lehren prägen unseren Geist und unser Gemüt bestimmter und dauerhafter als jene anderen, die uns direkt ins Bewußtsein gehämmert werden. Namentlich Kinder neigen dazu, sich dem offenen Zwang einer Autorität durch Vergessen zu entziehen.«

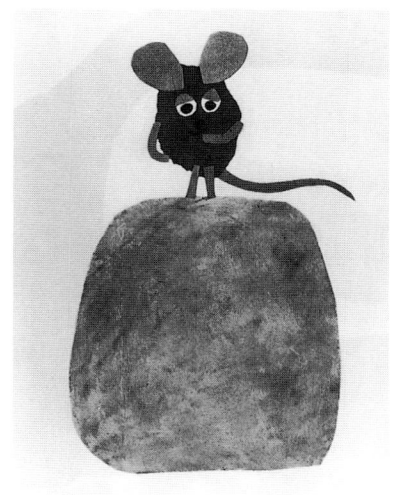

»Frederick«, Leo Lionni, 1967

Im Zusammenhang mit den empirischen Untersuchungen zur »Nachtküche« mit Kindern habe ich auch zahlreiche Einzelpersonen, Erwachsene aus verschiedenen Berufen, mit dem Bilderbuch konfrontiert, teils um deren Spontanreaktionen zu notieren, teils um sie erst in Ruhe das ganze Bilderbuch betrachten zu lassen, ehe sie ihre Meinung äußerten. Daraus ergaben sich interessante unterschiedliche Ideenketten, die als »Initialzündung« im Buch angelegt sind und – was Sendak anbetrifft – auf die Feststellung Flügges verweisen: »Man trägt Geschichten in sich, die man sich selbst, mehr in Bildern als in Worten, erzählt, indem man das ehedem Erlebte ergänzt oder verbessert. So dichtet man sein eigenes Leben. Dieses Dichten kann zum illusionären Spiel werden« (Flügge, 141).

Da gibt es in der »Nachtküche« die Ideenkette »Kampfanzug« (Umschlag, Medaillons vorn und hinten, S. 17–31), damit eng verknüpft »Helm« (Milchtopf), »Ärmelzeichen« mit umlaufender Schrift als Hinweis auf die jeweilige Truppengattung; diese Hinweise zusammen in Verbindung mit dem Teig in der »Nachtküche« führen zur Bezeichnung »dough boy«, wie man den einfachen Soldaten nannte, der an der Front »untergebuttert« oder »verheizt« wurde (»wörtlich« in den Bildern auf S. 12/13).

Ein anderer hermeneutischer Ansatz kommt aus einer anthroposophischen Ideenkette: Die der anthroposophischen Bewegung nahestehende Bibliothekarin Anneliese Henrich schreibt in einem Brief an mich vom 10.2.1973 als Reaktion auf meinen Vortrag über die »Nachtküche«: »... Der Traum wird tiefer. Die Seele des Kindes streift alles ab – die Kleider sind sicher nur ein Symbol –, den lauten Tag, alle großen und kleinen Ängste und sinkt ganz auf den Urgrund des Lebens, aus dem der Mensch ja kommt und zu dem das kleine Kind noch einen Zugang hat. Es hat noch so etwas wie eine Rückbindung mit dem Kosmos bis zu dem Augenblick, wo das bewußte Erinnern einsetzt, wo es vom ›Baum der Erkenntnis‹ gegessen hat. Dieses Geistgeschehen der Nacht ist unendlich größer als das bewußte Tagesgeschehen, geht doch die Seele tatsächlich durch die Unendlichkeit durch. Micky ist voller Bewunderung und Staunen: ›Ooh‹; ›Aah‹ – O = Bewunderung, A = Staunen –; ›Ooh‹, ›Mama!‹, ›Papa!‹

Aber es gibt auch dunkle, animalische Nächte. Erfahrungen, Kenntnisse muß die Menschenseele sammeln, um den Kampf mit dem Bösen bestehen zu können, um sich im Ich zu finden. Die Seele des Kindes befreit sich von der Tierheit, wandert durch die Reihe der Sterne und sinkt in den Urquell des Lebens. Sie trinkt aus diesem Wunderbrunnen, ist gesättigt, beseligt, erstarkt. Letzte Phase des Traumes: Das Kind fällt vom himmlischen Brunnen in das leibliche Dasein. Furcht, Staunen. ›Uuha‹ und Wundern ›Oh!‹ ›Ho!‹. Ende des Traumes: Befriedigung, Beseligung, Geborgenheit. ›Hmm! Mmm!‹ M = Gleichgewicht. Und dieses Wunder geschieht Nacht für Nacht. Jeden Morgen bringt das Kind neue Kräfte mit aus den Tiefen des Schlafes, aus dem Urquell des Daseins. Die Kinder sind Boten aus einer höheren Welt und beleben immer neu unser Kulturleben. ... Das wirkliche Brot kommt nicht aus der Konsumwelt, sondern aus der geistigen Welt, aus den Urtiefen des Lebens, zu denen sich der Erwachsene den Zugang verschüttet hat. Auch Jesus mußte als Kind auf die Welt kommen, das Wort mußte Fleisch werden. Darum muß es auch ein Kind sein, das die Milch für den Kuchenteig holt, Milch, die Urnahrung, die ja auch die erste Nahrung unseres Lebens gewesen ist, die uns ganz gesättigt, gestillt hat. Die Konsumwelt macht nicht satt; sie erzeugt den ewigen Hunger nach ›mehr‹. Das Kind ist Anfang, Neubeginn (Runge, Der Morgen), ist noch ganz für die Welt geöffnet, ist ganz Sinnesorgan. … Warum gerade drei Köche? (drei Nornen, drei Parzen, drei Moiren). Auch der Mensch ist Körper (Stoff), Seele und Geist, der dreieinige Gott. Die Moiren bestimmen in der griechischen Mythologie den dem einzelnen Menschen zukommenden Anteil am Schicksal. Sie erscheinen bei Homer als die Töchter des Zeus und der Themis: Klotha, die Spinnerin des Lebensfadens, Lachesis – die das Los Zuteilende, Atropos – die Unabwendbare, die den Lebensfaden Zerschneidende. Auch die römischen Parzen sind Geburtsgöttinnen, die in der Dreizahl auftreten. In der nordischen Mythologie werden die Nornen nach den drei Zeitstufen benannt: Urd, das Gewordene, Verdandi, das Seiende, und Skuld, das Werdende.

Symbolträchtig ist neben dem Salzfaß mit dem Davidstern ganz sicher die Flasche mit dem ›Phönix Baking Soda‹. Der Phönix ist Sinnbild des durch den Tod sich erneuernden Lebens. Nach der römischen Mythologie sollte sich der Phönix in gewissen Abständen selbst verbrennen und aus der Asche neu aufsteigen. … Die ›Nachtküche‹ ist ein Seelendrama, was ja auch einige Volksmärchen sind (Rotkäppchen). Im Tiefschlaf löst sich die Seele des kleinen Micky aus ihrer Körperlichkeit, befreit sich aus der äußeren Umhüllung und öffnet sich dem Geistgeschehen der Nacht. … Aber nach anfänglichem Steigen fällt sie in die Tiefe. Sie ist noch zu schwer; sie ist noch zu sehr vom Irdischen gefesselt, um sich in höheren Regionen aufhalten zu können. Sie fällt in den Urschoß des Seins, wo sie von Mächten empfangen wird, die ihr Geburtshilfe leisten, die ihr helfen, sich aus dem ›Puppenstand‹ zu befreien. Sie wird entschlackt, verbrannt. Brennen, d.h. Licht und Wärme entlassen; das kann aber nur eine Seele, die vorher Licht und Wärme in sich aufgenommen hat (Mickeyofen = Läuterungsfeuer). Alles Irdische, alles Schwere fällt von ihr ab. Das, was gut und licht in ihr war, hebt sich empor. Gleich dem Phönix vermag sie neu aus der Asche aufzusteigen. Geläutert erhebt sie sich zu immer höheren Sphären, wird der göttlichen Gnade teilhaftig, trinkt aus dem himmlischen Brunnen, erstarkt und kann nun von oben her den himmlischen Nektar in den Teig des Lebens, des Werdens gießen und die dunklen Mächte … versöhnen. Die frühchristlichen Dichter und Kirchenväter übertrugen das Bild des Phönix auf Christus, auf seinen Opfertod und seine Auferstehung.

Die vielen Interpretationsmöglichkeiten beweisen, daß wir es in der ›Nachtküche‹ mit einem Buch zu tun haben, das einen unerhört tiefen und vielschichtigen Hintergrund hat, das selbst noch dem Erwachsenen soviel Freiraum und Spielraum läßt, daß er seine jeweiligen Erfahrungen darin einbringen kann, ganz gleich, ob er nun von der Psychoanalyse herkommt, überzeugter Christ ist usw. Ist das nun noch ein Buch für Kinder? Ich glaube, wir sollten da auf die Fühlkraft des Kindes vertrauen. Es wird sich aus dem Buch schon das Seine holen. Sicher wird es das nicht artikulieren können, aber das ist auch nicht wichtig« (Brief bei mir).

Die christliche Ideenkette in der »Nachtküche« stellte der Student Jean-Paul Kühne nach der gemeinsamen Betrachtung des Buchs etwa zwölf Stunden später aus der Erinnerung wie folgt dar: »Als Micky sich gegen den Lärm wehrt, wendet er sich gegen die Welt. Daraufhin ist auf einmal die Bekleidung weg, das heißt Micky ist frei, und außerdem schwebt Micky nach oben. Nun gerät er in einen Prozeß, in dem etwas gebacken, d.h. etwas Neues hervorgebracht wird. Micky wird von nun an ein Opfer. Er kommt in den ›Mickey-Ofen‹, d.h. man hat auf ihn gewartet, der ein Opfer ist, der sich bereitstellt. Aber Micky gibt sich nicht zufrieden, den Menschen das Leben zu versüßen. Ihm ist nun der Hunger der Menschen nach Milch klar, ohne die auch der Kuchen nichts ist. Und Micky zieht den Brotteig an, d.h. die neuen Kleider. Dieser Brotteig ist der Sauerteig, die Kraft Gottes, die ihn befähigt, etwas zu tun und hinzugelangen nach der reinen, wahren Milch, nach der die Menschen verlangen, d.h. nach der Nahrung Gottes. Und nun verläßt Micky den Opferteig und taucht ganz unbedeckt tief unter in dieser Milch. Es trennt ihn nichts von der Milch, nichts ist zwischen Micky und der Milch: Er wird getauft in dieser Milch. Können die Menschen diese trinken, dann haben sie eine bestimmte Hoffnung auf eine bessere Zukunft. Deshalb steht die Milchflasche vor der aufgehenden Sonne. Statt der reinen Milch bekommen die Menschen diese nur in Form des Kuchens als Nahrung, d.h. als Schatten auf die Dinge, die kommen sollen. Aber sie ahnen die Quelle des Lebens, und deswegen feiern sie sogar schon Micky. Sich loszusagen und loszureißen von dieser Welt ist Voraussetzung, um das zu finden, was die Menschen suchen. Nur durch Losreißen von der Welt wird man frei. Nun aber lebt man nicht mehr für sich selbst. Man kommt in einen Prozeß für andere. ›Man wird verheizt.‹ Mit der Berührung M.'s mit dem Teig taucht zum erstenmal die Salzdose mit dem Judenstern in der Hand des Bäckers auf. Beim Einschieben des ›M-Teiges‹ in den M-Ofen ist die Salzdose zum zweiten Mal sichtbar auf dem Boden in nächster Nähe des Bäckers, der den M.-Teig trägt. Bei der Fertigstellung des Flugzeugs aus dem Brotteig erscheint das Salz plötzlich ohne Judenstern als drittes ›Haus‹ von links. ›Salz liturgisch ist das unentbehrliche Gewürz, das die Speisen genießbar macht; weil es die Fäulnis verhindert, ist es Symbol der Beständigkeit. Der beständige Friedensbund zwischen Gott und seinem Volk heißt geradezu Salzbund‹ (RGG, Bd. 5, Sp. 1347/1348). ... Dadurch, daß Micky die Milch für den Kuchen holt, wird er zum Segensbringer für die Menschen. Mit M. selbst können die Bäcker nichts anfangen. Das weiß M. im Gegensatz zu den Bäckern. ... Der Traum M.'s ist das Sehnen der Menschheit nach der Wahrheit, auf der sich das Leben der einzelnen und der Gesellschaft gültig und gut aufbauen läßt; der Traum ist das Hoffen der Juden auf ihren Messias, der den Menschen von der göttlichen Milch zu trinken gibt. ... Der Autor hat, ob er es wußte oder nicht, ein Bild von Jesus Christus gezeichnet. Der sich abwandte von seiner Bequemlichkeit, ›verheizt‹ wurde um der Menschen willen, untertauchte in den göttlichen Willen und so selber die Milch wurde, die keinen Durst mehr nach anderen Dingen und Wahrheiten zuläßt, sondern völlig stillt, weil er selbst die Wahrheit ist« (Manuskript bei mir).

Direkt an die christliche soll sich hier die chassidische anschließen: Kühne hat schon auf die Salzbüchse mit dem Davidstern gleich zu Beginn des Leidenswegs von Micky hingewiesen (S. 11). Sie steht im Bild genau im Mittelpunkt nach dem Goldenen Schnitt, wie gezeichnete Diagonalen und eine Teilungs-Senkrechte auf Transparentpapier über dem Bild zeigen. Dann erscheint ja das Salz mit dem Davidstern auf Seite 14 noch einmal, ganz links unten, von wo der Bäcker den Teig mit dem darin befindlichen Micky zum »Mickey-oven« bringt, um den Teig zu backen. Auf die liturgische Bedeutung von Salz hat Kühne ebenfalls aufmerksam gemacht. Bei der häuslichen Sederfeier am Abend vor Pessach steht auch Salzwasser, das die Juden »als ein Zeichen der Erinnerung an die Tränen, die unsere Vorfahren bei ihrer harten

»In der Nachtküche« (mit Linienzeichnung)

Arbeit vergossen haben«, deuten (Offenbacher Haggadah, 52).

Ein weiterer Hinweis auf jüdische Symbolik findet
sich im ungesäuerten Teig: »So he skipped from the
oven & into bread dough all ready to rise in the night
kitchen« (»sprang in den Brotteig, der fertig bereitlag
und aufgehen sollte noch früh vor Tag«; S. 18/19).
»Was bedeuten die ungesäuerten Brote, die wir
essen? Sie erinnern uns an die Hast, mit der unsere
Väter aus Ägypten vertrieben wurden. Derart dräng-
te man sie, daß sie nicht einmal die Zeit fanden, ihr
Brot für die Reise zu säuern« (Offenbacher Haggadah, 52). Zum Sauerteig 1. Kor., Kap. 5, V. 6: »Euer
Ruhm ist nicht fein. Wisset ihr nicht, daß ein Sauerteig den ganzen Tag versäuert?« V. 7: »Darum feget
den alten Sauerteig aus, auf daß ihr ein neuer Teig
seid, wie ihr ja ungesäuert seid. Denn auch wir haben
ein Osterlamm, das ist Christus, für uns geopfert.«
V. 8: »Darum lasset uns Ostern halten, nicht im alten
Sauerteig, auch nicht im Sauerteig der Bosheit und
Argheit, sondern in dem Süßteig der Lauterkeit und
der Wahrheit.« 2. Mose, Kap. 12, V. 20: »Keinerlei gesäuertes Brot sollt ihr essen, sondern nur ungesäuertes Brot, wo immer ihr wohnt.« 2. Mose, Kap. 13,
V. 6, 7: »Sieben Tage sollst du ungesäuertes Brot
essen, und am siebenten Tage ist des HERRN Fest.
Du sollst sieben Tage ungesäuertes Brot essen, daß
bei dir weder Sauerteig noch gesäuertes Brot gesehen
werde an allen deinen Orten.«

Als der Junge sich aus dem Teig befreit und nun
aktiv, schließlich sogar heilend-helfend aktiv wird
(S. 17), bleibt auf seinem Kopf ein wenig Teig liegen,
was an die Kippa erinnert, »eine Kopfbedeckung
[neben dem Hut], verpflichtend für jeden männlichen Teilnehmer an einer religiösen oder sonstwie
kultisch herausgehobenen Handlung« (Halbey, In
der Nachtküche, 66). Sollte die Kippa ein Hinweis
darauf sein, daß nunmehr – mit dem Auftauchen aus
dem Teig – das heilsbringende Handeln des Jungen

beginnt, im Sinne des von Martin Buber so eindrucksvoll beschriebenen »Zaddik«? Schon gleich zu Beginn der Bilderbuchgeschichte, als Micky erwacht, aufsteht und brüllt »Ruhe da unten!« fühle ich mich an eine Stelle in Bubers Chassidischen Legenden erinnert: »Steh auf, schreie in der Nacht!« (S. 674)

Nach Idelsohn handelt es sich bei dem Chassidismus um eine mystische Sekte im Ostjudentum, deren Anhänger »Chassidim« (= Pietisten, die Frommen) genannt werden und sich so nennen. Aus dieser Region und Kultur entstammen Sendaks Eltern und Vorfahren. Israel Baal Schem-Tov (hebräisch, im kabbalistischen Sinn gleichbedeutend mit Wundertäter) lebte und wirkte in Podolien und Galizien um 1700 bis 1760. Gegen Ende des 18. Jahrhunderts erreichte die Bewegung ihren Höhepunkt durch eine Reihe von begeisterten Führern, die »Zaddikim« genannt wurden (Idelsohn, VII). Zaddikim, »was gewöhnlich mit ›die Gerechten‹ übersetzt wird, aber die in ihrem Rechtsein Erwiesenen, die Bewährten bedeutet« (Buber, Erzählungen, 16). »Die talmudische, von der Kabbala ausgebaute Lehre von der Schechina, der ›einwohnenden Gegenwart‹ Gottes in der Welt, bekam einen neuen, intim-praktischen Gehalt: Wenn du die unverkürzte Kraft deiner Leidenschaft auf Gottes Weltschicksal richtest, wenn du das, was du in diesem Augenblick zu tun hast, was es auch sei, zugleich mit deiner ganzen Kraft und mit solcher heiligen Intention, Kawwana, tust, einst du Gott und Schechina, Ewigkeit und Zeit. Dazu brauchst du kein Lehrkundiger, kein Weiser zu sein: nichts ist not als eine in sich einige, ungeteilt auf ihr göttliches Ziel gerichtete Menschenseele. Die Welt, in der du lebst, so wie sie ist, und nichts anderes, gewährt dir den Umgang mit Gott, mit ihm, der dich und das in der Welt weilende Göttliche, soweit es dir anvertraut ist, zugleich erlöst« (Buber, ebenda, 19). »… der Zaddik … hat seinen Chassidim den unmittelbaren Umgang mit Gott zu erleichtern, nicht zu ersetzen« (Buber, ebenda, 21). »Die Weltanschauung des Chassidismus ist eine optimistische und hat folgenden Gedankengang: Das Weltall-Infinitum ist Gott, der der Urquell des ewigen Lebens ist, was identisch ist mit ewiger Freude. Das Göttlich-Ewige, Heilig-Reine, auch das Ewig-Freudige, die Seele, ist dem Urquell des Ewigen entnommen, folglich ist sie in ihrer Reinheit voller Freude. Dagegen ist die Sünde des Satans Werk, unrein, unheilig und folglich traurig. Die Seele wird melancholisch, sobald sie sich einer Sünde bewußt ist, denn nachdem eine Sünde begangen worden ist, erlangt der Satan Macht über die Seele und wirft sie in die Hölle. Um nun die Seele vor Sünden zu schützen, gibt es nur ein Mittel, nämlich die Freude, womit nicht die irdische, vergängliche Freude gemeint ist, sondern die ewige: die Erkennung des Urquells alles Lebens. ... Das einzige Mittel zum Heil ist die Musik, der Gesang!« (Idelsohn, VIII). Martin Buber sagt: »Die gemeinsame Bindung an den Zaddik und an das göttliche Leben, das er vertritt, bindet sie aneinander, nicht bloß in den Feierstunden des gemeinsamen Gebets und des gemeinsamen Mahls, sondern auch mitten im Alltag. In begeisterter Freude trinken sie einander zu, singen und tanzen miteinander, erzählen sich abstruse und tröstliche Wundergeschichten« (Buber, Erzählungen, 27). Hat man nicht bei diesen Texten sofort das Bild der tanzenden, musizierenden und singenden Bäcker in der »Nachtküche« vor Augen? Nach Buber (Deutung, 47) wird die Welt »durch die Welteinwohnung Gottes ... – allgemein religiös gesprochen – zum Sakrament; sie könnte es nicht, wenn sie Gottes Ort wäre: nur eben dies, daß der ihr überseiende Gott ihr doch einwohnt, macht sie zum Sakrament«. Aber auch die »Nachtküche«, so möchte man folgern, vor allem, wenn man andere Zitate Bubers mit dem Micky der Nachtküche in Verbindung bringt, wozu man geradezu gezwungen wird. »In der chassidischen Botschaft ist die Trennung von ›Leben

in Gott‹ und ›Leben in der Welt‹, das Urübel aller
›Religion‹, in echter, konkreter Einheit überwunden«
(Buber, ebenda, 50), »nur die unterschiedslose Heili-
gung alles Handelns, nur das Gottzutragen des ge-
wohnten Lebens, wie es sich fügt und schickt, nur die
Weihe der natürlichen Weltverbundenheit hat die er-
lösende Kraft. Nur aus der Erlösung des Alltags
wächst der All-Tag der Erlösung« (Buber, ebenda,
58). Noch mal zurück zum Anfang des Bilderbuchs:
Micky fliegt aus dem Schlafzimmer »hinein in den
Schein der Nachtküche«, im Bild: hinein in die große
Schüssel mit Teig. Dazu Buber: »Um sie [die Volks-
menge] zur Vollendung zu bringen, muß er [der Zad-
dik] somit ›von seiner Stufe fallen‹. ›Wenn einer in
den Sumpf geraten ist‹, sagt der Baalschem, ›und sein
Gefährte will ihn herausholen, muß er sich ein wenig
schmutzig machen‹« (Buber, Erzählungen 23). »Alle
Kreatur erneut sich im Schlaf, auch Steine und Ge-
wässer. Und der Mensch, wenn sein Leben sich ste-
tig erneuern soll, muß, ehe er einschläft, seine Gestalt
abstreifen und die ledige Seele Gott anbefehlen; da
steigt sie auf und empfängt ein neues Leben« (Buber,
Erzählungen, 225).

Bubers Kennzeichnung des Zaddik mit den Worten »Er trägt den untern Segen empor und den obern
herab …« (Buber, Deutung, 23) veranlaßte uns im Seminar, einmal die Positionen des Jungen innerhalb
des Buches genauer zu studieren: »Als Studierende in
einem Referat zur Positionierung aller Gestalten im
Bilderbuch Sendaks einmal die Gestalt Micky auf
Transparentpapier durchzeichneten, Seite für Seite,
und dann diese Blätter nebeneinander legten, ergab
sich ein Diagramm des auf- und ab-, wieder auf- und
wieder absteigenden Micky. Eine gleiche Positions-
überprüfung der drei Bäcker ergab eine deutlich er-
kennbare Schrumpfung der Gestalten bis hin zur
Ausgießung der Milch und ein Wiederanwachsen danach« (Halbey, In der Nachtküche, 66). Auf Seite 32
gießt der kleine Micky hoch oben vom Rand der

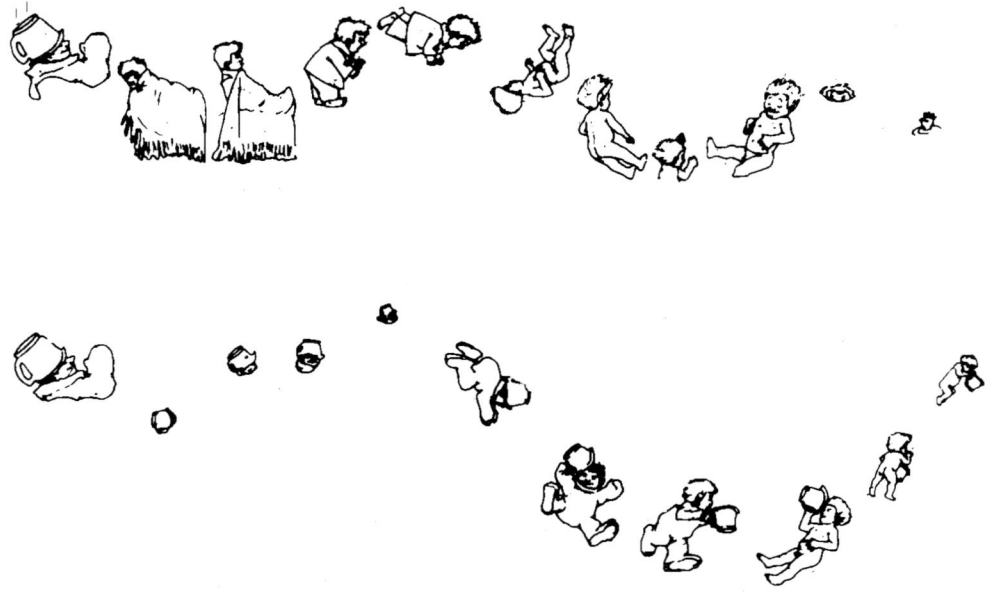

Milchflasche die Milch hinab in die von zwei Köchen erwartungsvoll gehaltene Teigschüssel; und auf
Seite 34 sitzt der immer noch nackte Kleine auf dem
Rand der Milchflasche und beobachtet lächelnd die
freudig musizierenden, tanzenden Bäcker. Martin
Buber (über den Zaddik): »dann kommt über seine
Seele ein Gnadenstrom von der heiligen Fülle, der
sich aus dem Licht der Gotteseinheit ergießt, und er
wird wie eine neue Kreatur und wie ein Kindlein, das
eben geboren wurde« (Buber, Deutung, 24).

Im Medaillon auf Seite 40 steht die Umschrift
»Und darum gibt's, dank Micky, jeden Morgen Kuchen«. Dazu Martin Buber: »Ein wahrhafter Mensch
ist wichtiger als ein Engel, weil dieser ein ›Stehender‹,
er aber ein ›Wandelnder‹ ist: er schreitet vor, dringt
durch, steigt auf, – er vollzieht die entscheidende, er-
neuernde Bewegung der Welt. Die stete Erneuerung
ist das einzige Lebensprinzip des Zaddiks« (Buber,
Deutung, 24).

»Und wie die körperhafte Erneuerung in der

»In der Nachtküche«
(mit Positionen-Zeichnung von
Micky)

101

Natur stets mit einem Versinken, einer Auflösung, einem Schlaf der Elemente zusammenhängt, so gibt es kein wahres geistiges Werden ohne Entwerden. Denn ›die Zaddikim‹, so sagt Rabbi Sußja, ›die in ihrem Dienst immer von Heiligtum zu Heiligtum und von Welt zu Welt gehn, müssen zuvorderst ihr Leben von sich werfen, um einen neuen Geist zu empfangen, daß eine neue Erleuchtung sie immer wieder überschwebe; und dies ist das Mysterium des Schlafs‹ (ebenda, 25). »Der sinnbildliche Akt dieses Vorgangs der tiefen Innerlichkeit ist das Tauchbad. … und der Sinn dieser Inbrunst wird am Wort eines Chassids offenbart, man könnte das Tauchbad durch einen geistigen Akt, den der ›Abstreifung der Leiblichkeit‹ ersetzen« (ebenda). »Der Baalschem sprach: ›Alles verdanke ich den Tauchbädern. Tauchen ist besser als kasteien. Die Kasteiung schwächt dir die Kraft, die du zu Andacht und Lehre brauchst, das Tauchbad steigert sie« (Buber, Erzählungen, 123). Bei Micky gibt es beides: das Tauchbad und das Abstreifen.

Interessant in der »Nachtküche« ist die totale, unbelebte, unbenutzte Stadt-Küchenwelt der Konsum-, der Überflußgesellschaft – und im Kontrast dazu der reine Überfluß aus der riesigen Milchflasche. »Der Überfluß an Liebe tut not, um ihren Mangel in der Welt auszufüllen« (ebenda, 34). Nach Buber (Deutung und Erzählungen) erwartet man die Erfüllung von dem Menschen, der sich hergibt und einen Dienst ausübt. »Nicht die Lehre des Zaddiks, sondern sein Dasein übt die entscheidende Wirkung, und nicht einmal so sehr sein Dasein in außerordentlichen Zeiten wie das unbetonte, ungewollte, unbewußte Dasein im Gang der Tage, und nicht eigentlich sein Dasein als Mann des Geistes, sondern sein Dasein als der vollständige Mensch, sein ganzes leibliches Dasein, in dem sich die Vollständigkeit des Menschen bewährt« (ebenda, 23).

Zweifelsfrei sind Beziehungen zwischen der

»In der Nachtküche«, Maurice Sendak

102

»Nachtküche« und dem Gedankengut der Chassidim erkennbar. »The element of Jewishness in Sendak's character and work has complex implications and should not be overlooked or underestimated« (Lanes, 25). »Es ist unerheblich, mit welchen Kommentaren der Künstler selbst solche und weitere (z.B. die auf ihn selbst bezogenen tiefenpsychologischen) Deutungen begleitet. Zum chassidischen Aspekt soll Sendak lachend gesagt haben, er sei kein religiös eifriger Jude und verstehe nur wenig vom Judentum. Dem steht indes eine andere Aussage Sendaks in einem Interview gegenüber, die betont, wie sehr die Erzählungen seiner Eltern, besonders seines Vaters, über das Leben im Stetl seine Kindheit durchleuchtet hätten. Jeder Künstler trägt unbewußt Kindheitsprägungen in sich und läßt sie in sein Werk einfließen« (Halbey, In der Nachtküche, 66). Sendak: »Simply, childhood for me was Stetl life in Brooklyn, full of Old World revebarations – ...« (Lanes, 26). Bei der Fahrt zur Verleihung der Hans Christian Andersen-Medaille scherzte Sendak in bezug auf sich selbst: »its name should be altered to the Hans Jewish Andersen Medal« (Sane Brenn in The New York Times Magazine, June 1970, Section 6, p. 34ff.).

In einem Interview in der Zeitschrift TIME vom 29.12.1980, S. 66, schreibt ein unbekannter Autor: »Sendak was particulary piqued by a German reviewer who saw the child who will not be baked in the oven as ›the symbol of the Jew who refused to be annihilated. And of course he saw the Oliver Hardy figure as Hitler. It sounds as if he was the one who had problems, not me!‹« Der Vergleich Hardy-Hitler (vielleicht aufgrund des Oberlippenbärtchens) ist gewiß absurd. Aber die Gedankenverbindung zur Judenverfolgung unter Hitler angesichts der Bildfolge, in der Micky im Kuchenteig zum Ofen gebracht wird, ist naheliegend, zumal der Ofen mit dem Namen »Mickey-oven« als Ziel für den Kleinen bezeichnet ist. Viele Studierende und andere erwachsene Befragte reagierten beim Betrachten dieser Bilder schockiert bei dem Gedanken an Auschwitz.

Ottilie Dinges (Kinderlegende ...) zeigt in ihrer Analyse von Sendaks Bildern zu »Wilhelm Grimms Brief an ›Liebe Milli‹«, wie stark sich Sendak mit dem Holocaust befaßt hat.

Aus einem Gespräch von Willa Petschek mit Maurice Sendak (The Guardian, London, 26.5.1971) geht folgendes hervor: »Sendaks Bücher sind revolutionär. Er weigert sich, die Kindheit als eine Zeit der Unschuld zu akzeptieren. Zu viele Menschen, so glaubt er, begreifen nicht die Tatsache, daß Kinder eine Menge wissen und eine Menge erleiden, daß sie nicht vor ihren alltäglichen Ängsten und Phantasien geschützt werden. Als Kind, so sagt er, hatte er ›a conglomerate fantasy life‹, typisch für viele Erstgenerations-Kinder in Amerika, eine Kindheit, gefärbt von Erinnerungen an das Dorfleben in Polen, niemals aktuell erfahren, doch sie waren an ihm vorübergezogen als überzeugende Realität durch seine immigrierten Eltern. ›Einerseits lebte ich geborgen in deren alt-ländlicher Welt – einer Welt, weit entrückt von städtischer Gesellschaft, wo die Gesetze und Gewohnheiten eines kleinen jüdischen Dorfs gewissenhaft und liebevoll beobachtet wurden. Andererseits wurde ich bombardiert mit dem berauschenden Guß Amerikas in den 30er Jahren.‹« (Übersetzung von mir).

In seinen »Anmerkungen ...« setzt sich Ewers mit dem Buch von Walter Pape »Das literarische Kinderbuch« auseinander (87ff.) und mit dessen zwei »Grundformen« des Kinder-Mythos: dem »Mythos vom göttlichen Kind« und dem »vom Kind als Verkörperung von Ursprung, Natur und Goldenem Zeitalter«; Ewers bemerkt dazu: »Der Kindheitsmythos steht mit seinen positiven Aussagewerten in einem scharfen Kontrast zur realen Kindheit, die in allen historischen Ausprägungen, so Pape, eher

durch Leid und Entbehrung gekennzeichnet ist«
(88).

Eine weitere Ideenkette schließlich zielt auf sexuelle
Probleme, die sich im Buch mitteilen, und auf das
Thema des nackten kleinen Jungen. Die bei Erscheinen der »Nachtküche« in den USA (1970) vielfach
geäußerte Ablehnung des Bilderbuchs gipfelt in der
empörten Feststellung von der »full frontal nude
outside sexual information«, wie sie vordem noch
nicht gezeigt worden sei (Jacky Gillott in The Times
vom 20.5.1971). Andere Äußerungen lauten: »Genitals – a break through for children's books«; »A ma-
sturbatory fantasie« (Saul Braun); »The Nightkitchen celebrates childhood sexuality«; »the more I
thought about it the more the Nightkitchen appeared
to be an orchestrion of sexual dream symbols«; »A
dream of birth aroused by the sound of parents making love?«; »the sight of the full expo of full frontal
nudity for under-sevens« (Joe Flaherty, A Christmas
Valentine). In der Zeitschrift TIME vom 29.12.1980,
S. 66, wird berichtet: »Some librarians, disturbed by
the frontal nudity, provided the child with a painted-
on diaper« [also, man klebte eine »Windel« über die
anrüchigen Stellen].

»In der Nachtküche«, Maurice
Sendak

Interessantes zum Thema Nacktheit erfährt man
von Sendak selbst bei Griswold (47f.) zu dem Buch
»Nachtschwärmer« von Randall Jarrell mit Illustrationen von Sendak: »Sendaks David ist nackt,
während er im Licht des Mondes schwebt, eine Tatsache, die John Updike störte, als er das Buch rezen-
sierte. Er ist nackt, so erklärte mir Sendak, ›weil er
träumt. Weil zwischen ihm und dem Traum keine
Kleidung sein kann. Es ist etwas ganz Persönliches
für ihn. Man möchte ihn nicht angezogen sehen,
wenn etwas so Persönliches geschieht. Meine Vorstellung von persönlicher Erfahrung als Entblößung
– der Seele, aber auch buchstäblich des Körpers –
kommt von meiner Liebe zu William Blake und den

Songs of Innocence and Experience, in denen Menschen nackt sind. Sie sind nackt, weil sie einen Augenblick lang ihr Innerstes offenbaren, wenn sie sich ihrem Traum oder ihrer Phantasie oder ihrem Wunsch hingeben. David im Schlafanzug oder in Unterhosen, während er sich so aussetzt – das wäre furchtbar gewesen. Er durfte nur David sein«. Flaherty (a.a.O.): »I've read it about 10 times now, and it still has the one ingredient that goes into making great books – magic. It has been fondly reviewed, but I think the reviewers have missed what the book is about. There has been much comment about its ›sexuality‹ and the display of the hero's genitals (I gather, a break-through for children's books), but this is only the frosting. ... I believe the book is an autobiographical odyssey through the womb« (Mutterleib). Dazu Sigmund Freud: »... daß dem Traume eine Erinnerung aus der frühesten Kindheit zugrunde liegt. Nur in unserer Kindheit gab es die Zeit, daß wir in mangelhafter Bekleidung von unseren Angehörigen wie von fremden Pflegepersonen, Dienstmädchen, Besuchern gesehen wurden, und wir haben uns damals unserer Nacktheit nicht geschämt. An vielen Kindern kann man noch in späteren Jahren beobachten, daß ihre Entkleidung wie berauschend auf sie wirkt, anstatt sie zur Scham zu leiten« (Freud, 249). »Die Kinder zeigen oft Exhibitionsgelüste. Diese der Scham entbehrende Kindheit erscheint unserer Rückschau später als ein Paradies ... In dieses Paradies kann uns nur der Traum allmählich zurückführen; wir haben bereits der Vermutung Ausdruck gegeben, daß die Eindrücke der ersten Kindheit ... an und für sich, vielleicht ohne daß es auf ihren Inhalt weiter ankäme, nach Reproduktion verlangen, daß diese Wiederholung eine Wunscherfüllung ist. Die Nacktheitsträume sind also Exhibitionsträume« (ebenda, 250). Danielle Grigoteit-Pippardt ordnet die »Nachtküche« der Gruppe der Nacht-Träume zu und schreibt zu Mickys Traumerlebnis: »So wie

106

Micky sich in dieser Geschichte durchzusetzen versteht, so bietet nunmehr auch die reine Wunscherfüllung eine Lösung für die am Anfang der Geschichten [auch die ›Wilden Kerle‹ sind hier mit einbezogen] dargestellten Konflikte« (43). »Eine … Gemeinsamkeit der Traum-Bilderbücher ist das Land ›Nirgendwo‹, in dem die Träume spielen und das sich stets definieren läßt. Das Land, die Phantasie jedes einzelnen, ›kennt‹ der Leser, da er miterlebte, wie es entstanden ist bzw. wie er es in manchen Fällen selbst entstehen ließ. Die naturwissenschaftlich-logischen Einheitsmaße sind dort aufgehoben, das Engbegrenzte und Grenzenlose schieben sich ineinander, Proportionen werden verändert« (ebenda, 140f.).

In seinem Beitrag »Zur Ikonographie des Unbewußten« schreibt Axel von Criegern: »Was Sendaks unübersehbare Neigung zum Psychologisieren angeht, müssen wir u.a. die Tatsache beachten, daß er sich nach seinen ersten Erfolgen einer Psychoanalyse unterzogen hat. Im selben Kontext wird die Tatsache bedeutsam, daß sein erstes selbst geschriebenes und gezeichnetes Buch ›Kenny's Window‹ (1956) auf einen klinischen Bericht über einen autistischen (?) Jungen gleichen Namens zurückgeht.

Schon wiederholt wurde vermutet, daß Masturbation und kindliche Sexualität das eigentliche Thema von ›In der Nachtküche‹ sei. Folgt man dieser Spur im Sinne der Psychologie des Unbewußten, ergibt sich folgende Interpretation. Micky wacht von Beischlaf-Geräuschen ›da unten‹ im elterlichen Schlafzimmer auf. Die letzte Station auf dem Flug aus dem Haus ist die Tür des elterlichen Schlafzimmers, dann fällt Micky in die Teigschüssel. Mit Freud gesprochen, erlebt er die Rückkehr in den Schoß der Mutter. Doch diesem lustvollen Zustand (das ›Es‹ bei Freud) ist keine Dauer vergönnt. Die drei Bäcker, die die Medien-Kindheit Sendaks, das Über-Ich im ödipalen Konflikt mit dem Vater repräsentieren, drohen ihn zu vernichten. Mit souveränem technischen

Know-how befreit sich Micky aus dieser Bedrohung, erreicht fliegend höchste Stufen des ›Ich‹, kann auf einer höheren Ebene wieder das Mutterschoß-Erlebnis finden und gleichzeitig den Ödipus-Hardy-Papa am Leben lassen. Entspannt kehrt er in sein Bett zurück. Im Moment klingt eine solche Interpretation überzogen, aber Sendak hat der Zuneigung an seine Eltern, ›Für Sadie und Philip‹, die Micky hinter seinem Teigflugzeug herzieht, eine ganze Seite gewidmet und läßt zudem den kleinen Piloten ›Mama, Papa!‹ denken« (von Criegern, 116).

Eine andere mögliche Deutung: Micky flieht vor seinen Eltern; denn in seiner Rezension zu ›Little Nemo‹ schreibt Sendak über den fliegenden Jungen: »… a flight from ambivalent parents.«

Man kann die Widmung an die Eltern und den Ausruf »Mama! Papa!« auch anders deuten, wenn man bedenkt, daß Sendak das Buch im kathartischen Sinn nach dem Tod der Eltern gemacht hat: Nämlich, daß er den verstorbenen Eltern zuruft: Schaut her, jetzt schaffe ich es allein! – oder er vergewissert sich der Kraft seiner Eltern, ehe er auf sein zu bestehendes Abenteuer zugeht.

Tatsächlich haben Psychologen, mit denen ich das Buch betrachtete, spontan von der »intra-uterinen Regression« gesprochen, also von dem Wunsch nach der Rückkehr in den Mutterleib als in die Ur-Geborgenheit, auch im Sinne einer Flucht aus der realen Welt, die man bestehen soll. Insofern ist die wohl etwas spöttisch gemeinte Bemerkung eines Rezensenten »I believe the book is an autobiographical odyssey through the womb« (Flaherty, s.o.) nicht ganz von der Hand zu weisen. »Damit aber wird auch das Phänomen thematisch, das für die parallele Künstler-Neurose verantwortlich ist: die Regression. Denn der wie beim Traum im Vbw begonnene Vorgang ›nimmt einen rückläufigen Weg durch das Ubw hindurch zu der dem Bw sich aufdrängenden endgültigen Wahrnehmung‹ (Simenauer 1949)« (Groeben, 102). »Regression findet immer statt auf einer Phase, die nicht gut durchlaufen wurde« (Kuiper, 208). Angesichts der Bildseiten 18/19, wo Micky in den Brotteig springt und aus diesem ein Flugzeug formt, äußerten die Psychologen spontan: »Aha, die anale Phase!« »In der analen Phase verändert sich viel. Das Kind beginnt eine unverkennbare eigene Individualität zu entwickeln, es versucht seine eigenen Absichten durchzusetzen; diese Zeit wird auch wohl als die erste Pubertät bezeichnet« (Kuiper, 57).

Zur intra-uterinen Regression schreibt Ferenczi (127): »Wenn also dem Menschen im Mutterleibe ein, wenn auch unbewußtes Seelenleben zukommt – und es wäre unsinnig zu glauben, daß die Seele erst mit dem Augenblicke der Geburt zu wirken beginnt – muß er von seiner Existenz den Eindruck bekommen, daß er tatsächlich allmächtig ist. Denn was ist Allmacht? Die Empfindung, daß man alles hat, was man will, und man nichts zu wünschen übrig hat. Die Leibesfrucht könnte aber das von sich behaupten, denn sie hat immer alles, was zur Befriedigung der Triebe notwendig ist, darum hat sie auch nichts zu wünschen; sie ist bedürfnislos. … Ich denke mir nun, daß Schlaf und Traum … die auch dem Erwachsenen erhalten gebliebenen Reste halluzinatorischer Allmacht des kleinen Kindes sind. Das pathologische Pendant dieser Regression ist die halluzinatorische Wunscherfüllung bei Psychosen« (Ferenczi, 129). Demnach zielt die Regression nicht nur auf die Ur-Geborgenheit, sondern auch auf die so wiedergewonnene Allmacht, hier also auch: Macht, die (Ursubstanz) Milch als lebenspendende Kraft auszuteilen.

Zum Vorangegangenen noch einmal Zitate von Maletzke (Psychologie): »Aufgabe der Aussagenanalyse ist es, Aussagen so systematisch und objektiv wie möglich beschreibend zu erfassen, indem bestimmte Aussagemerkmale analytisch behandelt und ihre Bedeutung und ihr Gewicht im Rahmen des

Ganzen bestimmt werden. Dem Ideal der Objekti-
vität sucht man dadurch nahezukommen, daß man –
im Unterschied zu der älteren, subjektiv-impressio-
nistisch vorgehenden Hermeneutik – die Merkmale
der Aussage quantitativ verarbeitet und auswertet«
(58). Die »erweiterte Aussagenanalyse« versucht
über die Beschreibung hinaus Aufschlüsse über den
Kommunikator und den Rezipienten zu gewinnen
(64); sie kann also dazu dienen, den Kommunikator
(hier: Sendak) zu identifizieren, ihn als Persönlichkeit zu diagnostizieren und seine Intentionen festzustellen (65). Nach Maletzke wäre Sendaks Aussage in
der »Nachtküche« ein Fall von »subjekthafter Intention …, psychische Spannungen im Akt des Formu-
lierens und Objektivierens zu lösen«. »Das Bild des
potentiellen Rezipienten tritt dabei stark in den Hintergrund« (91).

Zur Ikonographie der »Nachtküche« im Ganzen
sei auf die Arbeit von Regina Humbert verwiesen,
die viele Bild- und Text-Zitate und Bild-Symbole
aufzeigt, auch im Katalog-Teil ab S. 324.

Bevor über die Untersuchungen mit den Kindern,
Studierenden und anderen Personen berichtet wird,
soll mit den Worten von Johannes Flügge, sozusagen
zusammenfassend, auf die Macht der Phantasie im
Symbolisieren hingewiesen werden, um so vielleicht
die Aussagen der Kinder besser einordnen zu können: »Es braucht daher unser Bewußtsein von der
Bedeutungstiefe symbolträchtiger Schöpfungen des
menschlichen Geistes nicht zu kränken, wenn in
ihren Wurzeltiefen sich Dränge des Unbewußten finden lassen. Diese sind in dem Symbol mit einge-
schlossen, aber längst nicht mehr sein einziger und
eigentlicher Gehalt. … Das fragliche Symbol ist ja ge-
wachsen, es hat sich erweitert und vertieft und Welt-
bedeutung gewonnen. Gerade jetzt erst ist es fähig,
die in den dunklen Untergründen der Person sich
geltend machenden Dränge, auch die als somatisch
erkennbaren Dränge, in ihrer Würde als schöpferi-

sche Mächte sichtbar zu machen, als Mächte, die der Welt und nicht der Person angehören. ... Sollte man aber nicht in den Symbolisierungen, worin sich freilich psychische Konflikte manifestieren, auch Anrufe an den verstehenden Geist vermuten, daß er die Dränge und Mächte, die die Persönlichkeit zu überwältigen drohen, in einem neutralisierten Bilde anschaue und als Weltphänomen deute, in einem Bilde, das verhüllend und offenbarend zugleich ist?« (Flügge, 149). »Der Phantasie eignet auf diese Weise eine künstlerische Kraft der Verdichtung, der Klärung, der Läuterung der Bildelemente« (ebenda, 151). »Das Gedächtnis aber ist eingebettet zu denken in den umfassenden Schatz aller der lebenden Substanz eines Menschen eingeschriebenen Erlebnisspuren oder Engramme. Diesen Inbegriff der Erlebnisspuren nennen wir seit R. Semon die ›Mneme‹« (ebenda, 170).

Die Untersuchungen zur »Nachtküche« durch Sammeln von Spontan-Äußerungen der Kinder erstreckten sich ab 1972 über mehrere Semester innerhalb meines Bilderbuch-Seminars an der Johann Wolfgang Goethe-Universität in Frankfurt am Main (Lehrauftrag des Instituts für Jugendbuchforschung). Da Direktbefragungen von Kindern zu Bilderbüchern nur einen sehr begrenzten und oft unpräzisen Aussagewert haben – Kinder stellen sich unbewußt schnell auf die Fragenden und ihre Erwartungen und Vorlieben ein –, entschieden wir uns für das Sammeln von spontanen Reaktionen der Kinder. Wir waren uns der vielen Unwägbarkeiten solcher empirischen Untersuchungen durchaus bewußt: unterschiedliche Kindergärten und Grundschulen; verschiedene Bezugspersonen der Kinder und unterschiedliche Erziehungsmethoden, auch Unterschiede in den räumlichen Situationen; auch wetterbedingte und jahreszeitliche Einflüsse spielten mit hinein und andere Faktoren mehr. Deshalb legten

wir vor Beginn aller Untersuchungen eine durch-
dachte Struktur ihrer Abläufe fest mit dem Ziel,
möglichst viele Untersuchungen anzustellen, um
Aussagen zu erhalten, deren Wert allein in statistisch
feststellbaren Übereinstimmungen liegt. Die Untersuchungen galten für die Studierenden als Gruppen-
referate. Jeweils zwei (höchstens drei) Studierende
nahmen zunächst Kontakt mit Kindergärten oder
Grundschulen auf und besprachen mit den leitenden
Personen oder Lehrerinnen und Lehrern den geplan-
ten Ablauf. Die meisten Kindergärten und Grundschulen erteilten gern die Genehmigung dazu und
waren an den Untersuchungen interessiert; es wurden in diesen Kontaktgesprächen auch die Termine
der Sitzungen festgelegt. Eine Untersuchung bestand
aus drei Begegnungen mit den Kindern, vornehmlich
Ausgangsstufen der Kindergärten und frühe Grund-
schulklassen. Die Begegnungen sollten möglichst
einen über den anderen Tag morgens um 10 Uhr
stattfinden, in Ausnahmefällen mit einem Wochen-
ende dazwischen.

»Joggeli wott go Birli schüttle«,
Felix Hoffmann, 1963

1. Begegnung: Die Studierenden stellten sich einer
von den Erziehern und Erzieherinnen zusammenge-
stellten Gruppe von vier bis sechs möglichst unterschiedlich gearteten Mädchen und Jungen vor und
zeigen den Kindern einige mitgebrachte Bilderbücher, nur die »Nachtküche« nicht. So mit den Kindern vertraut, fragten sie nach etwa 3/4 Stunden (länger sollten die Sitzungen nicht dauern), ob sie morgen oder übermorgen wiederkommen sollten, was
die Kinder stets freudig bejahten. Zu den Vorberei-
tungen der Sitzungen gehörte auch die Auswahl
eines entsprechenden, möglichst störungs- und ab-
lenkungsfreien Raums; in mehreren Fällen waren die
Untersuchungen wesentlich davon negativ beeinflußt, daß der Raum durch Glasfenster vom Flur
oder Schulhof getrennt war, so daß die Kindergrup-
pe schnell von den vorbeilaufenden oder draußen

spielenden Kindern abgelenkt war. In keiner Sitzung durfte die jeweilige Bezugsperson des Kindergartens oder der Schule dabei sein.

2. Begegnung: Die Studierenden brachten nur die »Nachtküche« mit und fragten die Kinder, ob sie das Tonband mitlaufen lassen dürften; das wurde grundsätzlich bejaht. Die Studierenden zeigten nun die Bilder und sammelten über Kassette und Mitschreiben von Notizen die von den Kindern spontan geäußerten Reaktionen zu den Doppelseiten oder Einzelbildern. Anregungen zu Äußerungen oder Fragen an die Kinder sollten möglichst vermieden werden, und vorgelesen werden sollte nur auf ausdrücklichen Wunsch der Kinder.

3. Sitzung (die Erinnerungssitzung): Die Studierenden kamen ohne die »Nachtküche« und versuchten festzustellen, was von dem Buch im Gedächtnis geblieben war und wie die Kinder das artikulierten. Die Kinder durften erzählen, malen oder, was oft von den Kindern erbeten worden war, das Buch in szenischen Einfällen oder Pantomimen nachspielen.

Von solchen Untersuchungen liegen insgesamt 102 Protokolle vor, die bei mir einsehbar sind oder von mir entliehen werden können. In diesen Protokollen sind auch jene wenigen enthalten, die einzelne Studierende nach Untersuchungen mit ihren eigenen Kindern und deren Freundinnen und Freunden vorgelegt haben. Zusätzlich habe ich selbst, wie oben schon erwähnt, von Einzelpersonen Spontanäußerungen gesammelt. Schließlich begann in den ersten Jahren jede erste Seminarstunde eines neuen Semesters mit dem Sammeln der Spontanreaktionen der Studierenden, wobei diejenigen, die das Buch schon kannten (nur sehr wenige), sich mit Äußerungen zurückhalten sollten. Im Ergebnis ist auffällig, daß sich die Reaktionen der Studierenden und die der Kinder in vielen Fällen nur wenig oder gar nicht voneinander unterschieden.

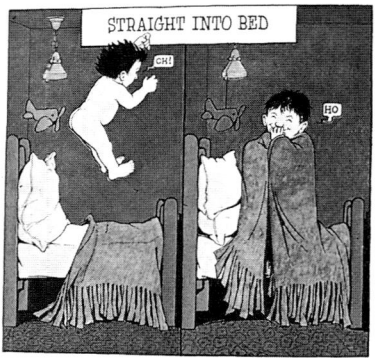

»In der Nachtküche«,
Maurice Sendak

Die größte Aufregung und die meisten Spontanreaktionen löste die Doppelseite 10/11 aus, vor allem
Seite 10, wo zum erstenmal der Penis des Kleinen
sichtbar ist. Die Aufregung bei den Kindern war
indes ausgesprochen belustigt und befreiend; die Befreiung äußerte sich in den vielen Reaktionen, Kommentaren und Berichten, in denen die Kinder erzählten, wie sie die Eltern und ihre Gäste schockiert hätten, als sie nackt ins Zimmer stürmten, oder daß es
ihnen streng verboten war, sich nackt öffentlich zu
zeigen. Zudem förderte der nackte Micky zahlreiche
Beispiele hessischer Bezeichnungen für den Penis zutage: Zippel, Zippelchen, Panzer, Zippelpanzer,
Schnippel, Spatz, Spätzchen, Spitze, Popo, Pipimatz
oder Pipi-Popo. Es gab aber auch Kinder, die hier mit
»Pfui Teufel« und »Igittigitt« reagierten.

An zweiter Stelle, was die Aufregung und die Zahl
der Reaktionen anbetrifft, steht die rechte Seite der
Doppelseite 10/11, wo zum erstenmal die drei gleichen Bäcker-Ollys erscheinen (außer in den USA,
wo die beiden Akteure Olly und Stan lange nicht zu
sehen waren). Auf die durch Determination ausgelö-
ste Fehlansprache (»Dick und Doof«) wurde oben
schon hingewiesen. Häufige Reaktionen: »Als wollen sie den Jungen backen, kochen« (Kinder); die
Bäcker: »abschreckend, die gucken so genüßlich sa-
distisch« (Stud.), Assoziationen: »backe backe Kuchen!« und »Max und Moritz« wurden mehrfach
aufgerufen (Kinder und Stud.); »Der pinkelt doch da
rein, in den Teigtopf, das schmeckt dann gar nicht!«
(Kinder); Studierende, die Dick und Doof nicht
kannten, fanden, daß die »klischeehaften« »Köche«
ihrer Größe wegen bedrohlich aussehen.

Auch die Doppelseite 8/9 (Micky fliegt durchs
Zimmer und wird nackt) löste viele Reaktionen aus:
Während sich Studierende (und wenige Kinder) über
das alte Mobiliar (Musiktruhe, Lampe) länger unter-
hielten und (nur Stud.) den Vergleich mit »Alice im
Wunderland« heranzogen, wo Alice »in eine andere

114

Welt« fällt, haben Kinder Probleme mit dem »mehr-
fachen« Micky, dem »doppelten« Mond und mit dem
»Auf-dem-Kopf-stehen«. »In psychological terms, a
flying figure is a symbol of power and potency. Certainly dreams of flying are common in childhood«
(Lanes, 248).

Es sollen nun einige interessante Reaktionen zu
den anderen, in diesem Zusammenhang noch nicht
erwähnten Bildern zitiert werden:

Zum Umschlag: »Mondsüchtiger«; »Peterchens
Mondfahrt«; »Junge sieht nicht wie ein Kind aus«;
»Titel erinnert an Fernsehtitel oder Ranchnamen«
(Stud.); Kinder: »Sieht aus wie aus Knatsch ge-
macht«; »Das ist Teig, sieht so nach Sylvester aus«;
»Das wirkt wie Rummelplatz, Müllhaufen oder Mär-
chen und so«; »Astronaut«; »Weltraum«.

Medaillon: »Werbung«; »Anzug erinnert an Kinder-
pyjama«; »Astronautenzeichen«; »Wolfspelz, Hände
wie Tatzen«; »Altes Gesicht«; »Gleicht dem alt wirkenden Gesicht eines Neugeborenen«; »Mond-
mann« (Stud.); Kinder: »Bärenhaut«; »Käseschachtel, aus Milch wird Käse gemacht«; »Anzug wie ein
Bär«; »Affe«; »Vogel-Eßkreis«; »Ami-Stern«; »Ge-
musterter Sack«.

Innentitel: »Jetzt sieht er wirklich aus wie Stein«;
»Flugzeug sieht wie Traktor aus« (Kinder).

»Little Nemo«, Winso McCay

Doppelseite 6/7 (Micky steht im Bett auf): Kinder:
»Decke ausgefranst wie eine Indianerdecke«; »Das
Bett ist ja so schief«; »Ein Bein vom Bett ist abge-
brochen«; »Aber da paßt er gar nicht rein«; »Da liegt
ein Mann im Bett … Der Mann ist böse auf was«.
Studenten: »Wirkt wie Keller«; »Enge der Bilder
wirkt ungemütlich«; »Kellerwohnung«; »Erinnert an
alten Mann«.

»In der Nachtküche«,
Maurice Sendak

Doppelseite 12/13: Stud.: »Ist ekelhaft, Judenvernichtung, Davidstern«; »Wird eingebuttert«; »Köche Nasen hoch, brutal, haben den Jungen übersehen, Junge erstickt, Hilferuf, Macht und Ohnmacht«; »Er wird bewußt in die Pfanne gehauen«; »Bilder sind schrecklich, können Alptraum verursachen«; »Max und Moritz«. Kinder: »Den verrühren die, den machen die einfach mit«; »Die kochen den ja einfach mit«; »Das sind Menschenfresser«; »Die seket den net. Umrühre tun se den«; »Die machen Kuchen aus ein Mensch«; »Die Männer sind nicht nett«; »Der Olli [meint Stan] ist ganz unten im Teig«; »Das finde ich so lustig, da kann man so schön lachen«.

Über Maurice Sendak (Gespräch mit Ute Bleich in der FAZ vom 28.12.1974): »Die Übermacht Erwachsener ist seine angstvolle Vorstellung von Kindheit überhaupt. ›A nightmare‹ – ein Alptraum, sagt er. Überall da, wo Figuren sich aus dieser Bevormundung und Erstickung befreien, durch Erfindung, Initiative, Mut oder Hoffnung, andere oder sich selbst zu erlösen, sieht Sendak seine Helden. ... ›Oh, weil ich die Ergebenheit der Kinder, ihre Ohnmacht und ihre Angst aufheben will.‹«

Doppelseite 14/15 (Micky wird im Teig zum Ofen getragen): »One little girl (3) seemed bothered that Mickey was to be baked« (USA); Kinder: »Den wollen sie backen als Kuchen im Ofen« (Gelächter); »Der isch scho backa«; »Klaus glaubt, daß Micky gebacken wird und die Köche beim Essen dann auf etwas Hartes stoßen, auf Micky«; »Jetzt kommt er in den Backofen. Ich finde das nicht schön«; »Aber wenn sie den Kuchen jetzt essen, dann essen sie den Bub mit«; »Die Köche wollen auch mal Küchenchef sein und den Micky vernichten«; »Jetzt wird er drin gebackt, und dann wird er gegessen«; »Die tun den jetzt in die Pfanne«; »Die bringen ihn in den Ofen. Dann schreit er um Hilfe. Da kann er ja auch ersticken. Da kann tot gehen«; »Oh nein, wenn der jetzt in die heiße Glut kommt, o je!«; »Der Micky weint doch darin, und wenn die Leute den kaufen, kriegen sie einen Schreck, weil der Micky schreit. Wenn der weint, schmeckt der Kuchen nicht mehr gut, denn der Kuchen ist voller Tränen«; »Kind verbrennt«; »Da wird's Blut, weil Micky da drin ist«.

Workshop in den USA: »Hitler baking the Jews«; »Hitlers' goose step« (Parademarsch); »Children baked – an East Asian myth«; »Hänsel und Gretel«. Aus einem Bericht: »Bei dem Bild, bei dem Micky in den Ofen kam, sind sie [die Kinder] beinahe explodiert vor Spannung, diese löste sich erst, als M. aus dem Kuchen herauskam.«

Studierende: »Erinnert an Hänsel und Gretel«; »Däumling, Menschenfresser«; »Grausame Vorstellung: Das Kind im Kuchenteig«; »Ofen ist schon vorbereitet [Mickey-oven], Zeichen dafür, daß er in eine vorgeformte Rolle kommt. Er soll geprägt werden. Es gibt vorgesetzte Etappen im Leben eines Kindes. Die Köche stellen eine Macht dar«.

Doppelseite 16/17 (Micky befreit sich aus dem Teig): Kinder: »Jetzt ist der Micky tot«; »Und da kommt der auf einmal raus, weil er das Warme merkt«; »Wie Max und Moritz«; »Der Teigjunge«.

Aus einem Bericht: »Während die anderen in guter Stimmung sind …, guckt C. [5 J.] ziemlich weinerlich, und ich frage sie, was ihr denn sei. Zuerst antwortet sie nicht. Auf die Frage, ob sie das Buch nicht möge, sagt sie schließlich: Das mag ich nicht. Pause, dann beginnt sie zu weinen, – weil das nicht schön ist! – Nein! (sie möchte nicht mehr zuhören und auch keine Bilder mehr betrachten und geht zur Lehrerin im Nachbarraum).«

Workshop in USA: »He is on top of situation«; »That is like Jewish hat«; »He is asserting himself«; »I'm not a scapegoat [Sündenbock] – I am Mickey«; »Sendak never writes for children – writer for himself«; »Child would be frightened, suffocating«; »Now Bakers are looking at him – before they ignored him«.

Studierende: »Mütze auf Mickys Kopf sieht aus wie ein Stückchen Fruchtblase = Glückshaut«; »Junge wirkt selbstbewußter als vorher, wo er sich hat unterrühren lassen«; »Als es süßlich roch – man denkt an Leiche«. Im Originaltext kommt »süßlich« nicht vor, sondern nur »... and the smelling« – Freudscher Lapsus des Übersetzers? Noch mal Stud.: »Ich-Findung. Erwachende Eigeninitiative – Micky größer als vorher«.

Aus einem Text auf Tonband, dessen Autor nicht zu ermitteln war: »Wie Micky aus dem Teig kommt, das ist unverwechselbare, unauslöschliche Persönlichkeit, die sich für sich selbst befreit. Die Persönlichkeit, die dem ›Verbratenwerden‹ standhält. Der Teig als Symbol des Aufgezwungenen, das, was sich über die Persönlichkeit legt und triumphiert ... Am Ende merkt er, daß es das nicht sein kann, er springt ab – springt hinein [obwohl keine Verlockung für ihn, da er ja Milch nie mochte als Kind]«, gemeint ist Sendak. »Eltern sind für Kinder Seelenkleider, Kleider ihrer Seele, Einhüllungen ihrer Seele.«

Doppelseite 18/19: Kinder: »Da ist der Backofen, da springt er raus«; »Drei Mickys«; »Drei Monde« (linke Seite); »Hat ein Sparschwein gemacht«; »Nachher kommt ein Fallschirmspringer, hier, da ist ja auch ein Fallschirm«; »Eine Wolke? Die wird ja zu einem Flugzeug?«; »Elefantenfüße hat das Flugzeug«. Stud.: »Astronautenanzug. Befreiend und spielerisch«; »Micky ist ein schöpferisch tätiger Junge. Er soll verheizt werden, dann macht er etwas aus dem Teig. Erinnert an den kleinen Häwelmann«; »Teig in Teig, müßte doch ineinander schmieren«; »Sackhüpfen«; »Propeller auf dem Bild unten rechts wie ein Phallus«. Freud (232): »Es ist ganz richtig, daß in Träumen Symbolisierungen von Körperorga-

»In der Nachtküche«,
Maurice Sendak

nen und Funktionen erhalten sind, … daß das männliche Genital durch einen aufrecht stehenden Stab oder eine Säule dargestellt werden kann.«

Workshop USA: »Those who escaped from oven were men enough to make something of themselves, like the Jews. He's starting to think.«

Doppelseite 20/21: Kinder: »Komisch, sind das Häuser? Nein – da ein Filter, Trichter, nicht Filter«; »Ja, das ist ein Bärenfell«; »Die haben ja einen Vogel«; »Wer hat einen Vogel?«; »Na, die Leute, die das Buch gemacht haben«; »Ja, der Mann hat einen Vogel«; »Wieso hat der einen Platten?« (Gelächter): »Oh, der scheißt, nein – doch – das ist der Teig-Platsch«; »Der Motor kommt da raus. Da pißt er«. Stud.: »Stoff, der ihn umbringen soll, wird zu Kleidern«; »Was soll das Ganze? – es ist alles unglaubwürdig«; »Steigt auf, Zukunft liegt in seinen Händen«.

Doppelseite 22/23: Kinder: »Und da will der dem das Ding auf den Kopf setzen«; »Da hat er einen Topf auf« (obwohl das nicht stimmt, wohl Erinnerung an das Umschlagbild). »Koch legt den Topf auf Mickys Kopf, damit er nicht fliegen kann und nicht sieht, wohin es geht«; »Oh, wieder die blöden Köche. Ja, die dicken Köche«; »Koch hat Angst«; »Die haben Schrecken«; »Da hat er wieder seinen Pißpott«. Stud.: »Micky grüßt militärisch«; »Das Dreiergespann ist fast immer in zwei und einen aufgeteilt«; »Der Gesichtsausdruck ist unkindlich, ein schwachsinniger Opa«. Workshop USA: »May be he's saluting and saying ›Good-bye‹«.

Doppelseite 24/25: Kinder: »Hier guckt einer aus dem Fenster, zwei«; »Da guckt einer aus der Milch«; »Da ist ein kleiner Mensch drin«; »Wie ein Engel, wie eine kleine Puppe«; »Er schläft und fliegt aus dem Traumland heraus wieder in sein Bett«. Stud.: »Sta-

tussymbol« (der Helm); »Fliegt über Kleinkinder-
kost weg«; »Triumph des Kindes«.

Im Text heißt es: »Ich hole die Milch nach Micky-
Art!« und am Schluß: »Und darum gibt's, dank
Micky, jeden Morgen Kuchen.« Dazu Ernest Jones:
»Nach meiner Erfahrung ist die Hauptgrundlage des
Komplexes in einem kolossalen Narzißmus zu su-
chen …« (Jones, Der Gottmensch-Komplex, 315);
»Der Glaube an die Selbsterschaffung und Wieder-
geburtsphantasien sind gleichsam ständige Züge.
Ferner offenbart er in solchen Phantasien Visionen
einer sehr verbesserten oder sogar idealen Welt –
natürlich erschaffen von der betreffenden Person –
…« (326). Ich glaube, daß hier weniger der Gott-
Mensch im narzißtischen Sinn im Spiel ist; vielmehr
ist es für Sendak von lebenswichtiger Bedeutung, daß
er nach dem Tod der Eltern nunmehr allein seine
Probleme und die der Welt angehen muß. In einem
Interview sagte Sendak: »The only thing that hold me
together was working at the Nightkitchen«; »The
lock for him was, he said ›a grand Busby Berkeley
good-bye to babyhood … a good-bye to my parents‹« (Hammel).

Doppelseite 26/27: Kinder: »Vier Monde«; »Da ist er
höher als die Astronauten«; »Oh, in die Kann'. Jetzt
is aus«; »Er stürzt ab! Nein, er fliegt hoch«; »Die
Milchflasche ist ein Krater ohne Berg«; (für ein Kind
kam der weiße Trennungsstrich vom Auspuff). Stud.:
»Fliegt zur Milchstraße«; »Amerikanische Skyline«;
»Stadt durchgehend, obwohl vier Bilder«; »Micky
sieht unheimlich zahnlos aus«; »Milchflasche: Letzte
Hürde, die er nehmen muß«; »Deutliche Phallus-
symbole, schon die ganze Zeit«. Workshop USA:
»Boston tea-party«.

Doppelseite 28/29: Kinder: »Der fliegt in die Milchflasche hinein«; »Die Milchflasche ist ja leer« (eine
sehr richtige Beobachtung, weil der Künstler die Bo-

120

denfläche sichtbar gemalt hat; bei einer vollen Flasche wäre diese nicht zu sehen); »Milchflasche – geht der da rein?«; »Ein Kind! Babybrei«; (ein Kind in den USA): »No milk in the bottle; empty bootle«. Stud.: »Köche sind kleiner geworden«; »Milchflasche im Mittelpunkt«; »Flasche zu groß, um daraus zu schöpfen«; »Die Gesichter der Köche sind interessant, andächtig, gottergeben – als ob etwas Gutes von oben kommen müßte, Spannung«; »Suggestion des Überflusses«; »Micky zeigt den Köchen, wie schwach sie sind«. Workshop USA: »Goose-step. Egg-beater [Quirl] looks like a Jewish Minora«; »Birth beeing formed – emphasis on milk«. Flaherty: »Mickey flies over a giant bottle of milk – the birth canal«.

»In der Nachtküche«,
Maurice Sendak

Wieder besonderes Interesse und viele Kommentare löste die *Doppelseite 30/31* aus: Kinder: »Da ist er in der Milch. Da trinkt er Milch. Da gießt er die Milch über sich, und da ist er wieder nackig«; »Und oben fliegen die Kleider alle vorbei«; »Nein, das Flugzeug, die Kleider sind da unten zerbrochen«; »… und das ist der Schnabel« – »Das heißt doch Bauchnabel!«; »Er wird nackter und nackter. Milch wird sauer, weil Micky darin ist«; »Der läuft entlang an der steilen Flasche«; »Da sieht man, daß er 'nen Zippel hat«; »Das ist Blödsinn, in der Milchflasche so herumzuschwimmen«; »Nimmt seine Kaffeedose als Fallschirm«; »Jetzt kann er nicht mehr raus, er muß ersticken«; »Jetzt lernt er in der Milch schwimmen«; »Wieso sind das vier Flaschen?«; »Der erfriert jetzt«; »Weil die Milch immer kalt sein muß und im Kühlschrank steht«.

Stud.: »Extra reingesprungen. Verliert seine Unschuld, keine Milch drin – doch er schwimmt darin«; »Klopft sich auf den Bauch wie Baby, fühlt sich wohl«; »Nabelschnur« (gemeint ist wohl der in die Flasche hängende Zipfel der Sprechblase); »Erinnert an Bibelspruch, Johannes-Evangelium«. (Bei Johan-

121

nes 14/10 heißt es: (Jesus): »Glaubst du nicht, daß ich im Vater und der Vater in mir ist?«, »Glaubt mir, daß ich im Vater und der Vater in mir ist, …« (Joh. 14/11).) Die Textzeilen »Ich bin in der Milch und die Milch ist in mir« variieren indes den alten Reim »I see the moon/And the moon sees me;/ God bless the moon/ And God bless me« (Lanes, 173). »Zu einem anderen Vers hatte Sendak schon Skizzen gefertigt, beide, Vers und Skizzen, stehen dem Inhalt von ›In der Nachtküche‹ sehr nahe: ›Blow, wind, blow / And go, milk, go! / That the miller may grind his corn; / That the baker may take it, / And into bread make it, / And bring us loaf in the morn‹« (Humbert, 107).

Zum Thema Milch kann noch der 1. Brief an die Korinther (3,2) angeführt werden: »Ich habe euch – als Anfängern, Milch zu trinken gegeben« oder der 1. Petrusbrief (22): »… und seid begierig nach der vernünftigen, lauteren Milch wie die neugeborenen Kindlein, auf daß ihr durch dieselbe zunehmet zu euerem Heil, …« und aus dem Hebräerbrief 5 (12,13): »Denn die ihr solltet längst Meister sein, bedürfet wiederum, daß man euch den ersten Anfang der göttlichen Worte lehre und daß man euch Milch gebe und nicht feste Speise. Denn wem man noch Milch geben muß, der ist unerfahren wie ein kleines Kind.« Weiter Stud.: »Eigentlich dürfte man Micky nicht sehen, Milch ist nicht durchsichtig«; »Micky ist zurückgekehrt in den Mutterleib. Hier ist er geborgen. Milchflasche ist wie ein Haus, in dem man geborgen ist«; »Assoziation: Milch – Muttermilch«; »Seltsam, daß er um Behütung bittet, man könnte meinen, daß er Angst bekommt«; »›bless‹ im Englischen bedeutet auch ›segnen‹«; tatsächlich liegt mit »behüten« in der deutschen Ausgabe ein Übersetzungsfehler vor. »Kann er in der Milch reden?«; »Könnte an vorgeburtliches Dasein erinnern, fast paradiesisch«; »Doppelte Befreiung: sexual liberation; alte Kleider«: »Unlogisch, daß er taucht und trinkt und spricht, er denkt«; »Das wird ja immer schlim-

mer«; »Keine Luftblasen in der Milch«; »Spruch im
3. Bild erinnert an die Dreifaltigkeit Gottes, religiöses Eintauchen«; »Erinnert an ›Hopfen und Malz,
Gott erhalt's‹«; »Begriff Gott taucht auf«; »Wird in
der Milch erst er selbst. Hymne an die Milch = pa-
storal angenehmer Zustand, wieder nackt, drückt
Geborgenheit aus«. Workshop USA: »Someone's
going to have a baby, people say ›There one in the
oven‹«. Freud (552): »… ließe sich der Traum auch
beschreiben als der durch Übertragung auf Rezentes
veränderte Ersatz der infantilen Szene. Die Infantil-
szene kann ihre Erneuerung nicht durchsetzen; sie
muß sich mit der Wiederkehr im Traum begnügen.«
»Wir heißen es Regression, wenn sich im Traum die
Vorstellung in das sinnliche Bild zurückverwandelt«
(Freud, 548). »Das Gefüge der Traumgedanken wird
bei der Regression in sein Rohmaterial aufgelöst«
(ebenda, 549).

Doppelseite 32/33: Kinder: »… die Köche, und die
halten da das Ding, und der gießt denen da die Milch
drauf, und dann machen sie einen neuen Teig, und
den schieben sie in den Ofen«; (zu dem Spalt zwischen den zwei Bildsequenzen): »Da steht eine Lei-
ter, damit die Bäcker hinaufklettern können, um
Milch zu holen«; »Es gibt doch keine zwei Mickys«;
»Da ist ein Spiegelbild, eine halbe Flasche – da ist eine
Pumpe« (zeigt auf die Trennlinie); »Der kommt aus
der Milchflasche raus. Dann wird er wieder gekocht
und kommt in den Ofen«. Stud.: »Er tut etwas, sind
von ihm abhängig, alles Gute kommt von oben.
Engel. Wirkt religiös wie die Austeilung des Heiligen
Geistes«; »Köche: obwohl sie groß sind, drücken sie
jetzt dankbare Ergebenheit aus«; »Linkes Bild wie
›Milch der frommen Denkungsart‹«; »Das ist fast wie
Pfingsten«; »Verhältnis Erwachsener – Kind wird
verdreht: Kind teilt die Milch aus!«. Workshop USA:
»Christ story – coming from heaven etc.«

Doppelseite 34/35: Kinder: »Da ist wieder einer drin«; »Da ist Micky drin«; »Micky rutscht von der Flasche«; »Das sind böse Leute, die Verbrecher, die töten auch und lachen«. Stud.: »Flüstertüte«; »Micky sitzt ganz klein in Siegerpose auf der Milchflasche«; »Unlogisch ›Milch in den Teig!‹«; »Dafür ist es doch zu spät, nach dem Backen; Übersetzungsfehler? ›Milk in the Batter‹ kann genausogut mit ›Milch im Teig‹ übersetzt werden«; »Micky ganz klein, Raumschiff«; »Wie ein Engel«; »Kuchen mit Micky ging kaputt, mit Milch ist er gut«; »Micky jetzt über den Köchen«. Flaherty (zu S. 32/33): »Since the book basically has been an ode to mother and child, is the fertilizing flow of milk a bow to father's role in creation? Also ›I'm in the Milk, and the Milk's in Me‹ could be the child's recognition that once he has created, he also is capable of the same feat.« Und zu S. 34/35: »Mickey smugly looks down on the proceedings, reclining on the side of the milk bottle with his creation – giving cup launtly rising from his stomach like a penis.«

Doppelseite 36/37: Kinder: »Wer schreit denn da Kikeriki?«; »Der Hahn«; »Da der – der soll der Hahn sein?«; »Micky ist doch kein Hahn!«; »Jetzt fliegt er ins Haus. Jetzt ist die Geschichte zu Ende, und wenn sie nicht gestorben sind, dann leben sie heute noch«; »Er hat alles nur geträumt«; »Hier ruft er Hilfe«; »Fällt in die Badewanne«.

Stud.: »Muß irgendwie von der Flasche runter«; »Gähnt, kräht wie ein Hahn – hat alles gekräht«; »Die Händchen bei Micky wie bei Geflügel – mir kommen sie wie Küken-Flügelstutzen vor«; »Vermischung von Heldentum, Heiligkeit und Potenz«; »Kikeriki – nämlich morgens als erstes Zeichen«.

Workshop USA: »When Micky cries ›cock-a-doodle-doo!‹ from the top of his milk-bottle skyscraper, it was quite literally Sendak's own celebration of life over death«.

Offenbacher Haggadah (33): »Dereinst wird ein Morgen anbrechen mit hellem Glanz. In seinem Frührot wird die Jugend über die Schwelle treten und den Alten zurufen: ›Es ist Zeit, das Sch'ma zu beten.‹ … Es werden junge morgenfrische Menschen sein, die das Licht bringen und den Tag verkünden werden. So ist Jugend das Unterpfand unseres Gottvertrauens. Unsere Alten erzählten uns davon in einer sinnigen Geschichte. [Als Israel am Sinai stand …] Da sprach Israel: So sollen unsere Kinder für uns als Bürgen einstehen. Und nun antwortete der Heilige, gelobt sei er: Das ist eine gute Bürgschaft, auf diese Bürgen hin gebe ich euch die Thora. (Midrasch Schir haschirim).«

Doppelseite 38/39: Kinder: »Er ist schlafgewandelt«; »Ach so, das ist vielleicht ein Reklamebuch. Gibt's vielleicht Micky-Kuchen?«; »Ist ein Traum oder Fantasie, nämlich das alles hat er bloß geträumt, als er geschlafen hat«; »Da hängt ein Flugzeug, das ist nicht aus blödem Teig gemacht«; »Kind macht Gespenst«; »Singt noch mal 'n Abendlied«; »Hier hustet er oder schreit oder schnieft«; »Der will Indianer sein« (Decke mit Fransen). Stud.: »Zieht sich unter der Bettdecke an, oder nicht?«; »War trocken – Schlafanzug trocken – für Kinder beim Aufwachen ein Erfolgserlebnis«. Bibliothekarin (Anthroposophin): »Und dieses Wunder geschieht Nacht für Nacht. Jeden Morgen bringt das Kind neue Kräfte mit aus der Tiefe des Schlafes, aus dem Urquell des Daseins. Die Kinder sind Boten aus einer höheren Welt und beleben immer neu unser Kulturleben.«

Seite 40 (Medaillon): Kinder: »Jetzt sieht die Käseschachtel aber ganz anders aus«; »Da ist die Milchflasche, wo er drin war. Na siehste, hat er nicht geträumt«. Stud.: »Weisheit letzter Schluß«; »Sonne«; »Heiligenschein«; »Milchwerbung«; »Wie ungesund, jeden Morgen Kuchen«; »Er steht da wie ein

»In der Nachtküche«,
Maurice Sendak

Held, weil er die Milch geholt hat«; »Als ob irgendein Bann gelöst sei«; »Man könnte sich einbilden, daß es durch ihn jeden Morgen Kuchen gibt, obwohl es doch schon vorher jeden Morgen Kuchen gab«; »Oder es drückt sich die Einmaligkeit aus (Christus)«; »Die Juden gingen in ein Land, in dem Milch und Honig fließt«; »Die Strahlen drücken den Dank an Micky aus«.

Schließlich sei noch einiges aus den Protokollen der »Erinnerungs-Sitzungen« mit Kindern und Studierenden zitiert: Kinder: »Der ist einmal in den Backofen reingekommen. Die wollten Milch, und da haben sie den Bub als Milch genommen. Da hat er im Teig gebadet«; »Der kleine Junge war nackt, er hat im Bett gelegen«; »Er war im Kuchen und voll von Teig«. Studierende zu den Kindern: »Sollen wir wiederkommen?«; »Ja, aber nicht mit der Nachtküche!«; »Der kleine Junge war in den Teig gesprungen«; »Die Bäcker haben sich gefreut, als sie neue Milch hatten«; »Der Junge war in eine Milchflasche gefallen«; »Der Junge hat den Bäckern Milch runtergeschüttet«; »Er hat ein Flugzeug aus Teig gebaut. Oder aus Matratzen«; »Dick und Doof«; »Micky wurde gebraten«; »Micky hat Milch geholt, er hat sich ein Flugzeug gebaut und ist geflogen«; »Micky ist in die Milch reingegangen«; »Micky ist runtergefallen, hat geträumt«; »Micky ist nackt geflogen«; »Micky war in der Badewanne« (Teigschüssel); »Der ist durch die Luft geflogen, das hat er geträumt«; »Micky hat aus Brotteig ein Flugzeug gebaut«; »Die Bäcker haben Micky in die Milch getan«; »Micky ist ins Bett gehüpft«; »Ruhe da unten!«; »Milch, Milch in den Brei, haben die Bäcker gesagt dann in Micky-Ofen«; »Milch ist nicht mich«; »Milch in den Teig«; »Mit Flugzeug hoch geflogen, hat Milch runtergegossen und Kikeriki gerufen«; »Dann ist sein Anzug kaputtgekracht«; »Der ist kaputt, weil er in der Milch war«; »Dick und

Doof, Micky-Ofen«; »Hab noch nie einen Menschen gesehen, der da rausgekommen ist«.

Stud.: »Viel Aktion, sehr lebendig«; »Der Kleine hat die Erwachsenen besiegt«; »Eintauchen, als Sieger wieder auftauchen«; »Viel, was Kinder nicht begreifen können«; »Konsumwelt«; »Buch nicht angenehm«; »Ich würde es nicht für mein Kind kaufen«; »Konsum, aber zum Backen«; »Die Größenverhältnisse erschreckend: die großen Köche, die große Küche, die große Flasche, die drei Köche. Überdimension ist Teil des Traums«; »An Dick und Doof erinnert, also fröhlich«; »Nein, hier bedrohlicher, auch durch das totale Weiß«; »Bedrohlich fand ich sie erst später im Buch«; »Nicht gut, daß der Kleine verbacken werden soll wie bei Max und Moritz«; »Micky im Ofen – Judenverbrennung, Judenstern, Rabbi-Käppchen«.

Die in der Erinnerungssitzung malenden Kinder befaßten sich überwiegend mit den drei riesigen Bäckern (»Männer«) vor dem winzigen Micky und mit der riesigen Milchflasche. Ein 5jähriges Mädchen malt die »Schüssel, wo sie den Micky in den Ofen gesteckt haben«. Es folgt der Mickey-Ofen mit den Buchstaben M. O. Damit auch jeder weiß, daß Micky im Teig ist, läßt sie seine Hände herausgucken. Ein 5½jähriger Junge knetete einen Koch und den Ofen. Diese Bilder machen deutlich, wie sehr diese Kinder vom grausamen Geschehen des Buchs angerührt waren. Tabbert (Maurice Sendak, Einführung, 17, Zitat nach Kingman): »Aber was ebenso klar ist – und was allzuoft übersehen wird –, ist die Tatsache, daß Kinder von ihren frühesten Jahren an aufwühlende Gefühle kennen, daß Furcht und Angst Bestandteil ihres Alltagslebens sind, daß sie ständig, so gut es geht, mit Enttäuschungen kämpfen. Eine Katharsis erreichen die Kinder mit Hilfe der Phantasie. Sie ist das beste Mittel, das sie haben, um die wilden Kerle zu zähmen.« Ursula Schmitz zur Bil-

127

derbuchbetrachtung (S. 21): »Ein Großteil der Bot-schaften, die ein Bilderbuch enthält, wird von den Kindern meistens unbewußt, und nur ein Teil davon bewußt wahrgenommen.« Ursula Schmitz schließt ihr Buch mit folgenden Sätzen: »Darum liegt auch hier die ganz besondere Verantwortung des Erwach-senen, der einem Kind ein Bilderbuch zeigt: Ein Bil-derbuch kann noch so sorgfältig hergestellt, so künstlerisch vollendet gestaltet, so hinreißend getex-tet sein – wenn seine Botschaft das Kind bewußt oder unbewußt ängstigt oder deprimiert, wenn sie Werte, die für unser Zusammenleben wichtig sind, in Frage stellt oder lächerlich macht, wenn sie sein Vertrauen in sich, seine Familie und in seine Zukunft erschüt-tert, kurz, wenn seine zentrale Botschaft pädagogisch nicht zu verantworten ist, schadet es dem Kind. Wenn seine Botschaft dagegen dem Kind Mut macht, wenn sie Welt und Leben gestaltbar und lebenswert zeigt, dann trägt sie positiv zur Erziehung des Kin-des bei. Deshalb ist die Frage nach den Botschaften von solcher Wichtigkeit: In der Botschaft entfaltet sich besonders die Wirkung des Bilderbuchs in der Erziehung« (ebenda, 132).

Hier noch einige später geäußerte Meinungen zur »Nachtküche«: Ein Junge, zwei Wochen nach der Erinnerungssitzung: »Nicht sehr schön, blöd, das blödeste Buch, das ich bisher auf der Welt gesehen habe.« Eine Gruppe von 5- bis 6jährigen sagte auf die Frage, ob das Buch gefallen habe, einstimmig: »Ja!«; nur die Szene, als Micky unter den Teig gemischt wurde, beurteilten sie negativ. Eine andere Gruppe (6jährige Jungen): »Uns ist das Buch zu langweilig. Ein doofes Buch. Wir haben das Buch gar nicht ver-standen. Das Buch ist nicht schön.«

An einem Bilderbuch ist wohl selten so eingehend verifiziert worden, was Barthes (Rhetorik, 112) wie folgt beschreibt: daß sich die Bild-Sprache »aus ideolectes, Leseweisen und Subcodes« aufbaut.

Interessant ist in diesem Zusammenhang, was Thomas Kleinspehl zum Bilderbuch »Der Tunnel« von Anthony Browne schreibt: »Betrachtet man allerdings Bild und Text zusammen, versucht man Symbole, Anspielungen und Zitate zu entschlüsseln, von denen Brownes Bilderbücher nur so wimmeln, dann ergibt sich ein ganz anderes Bild. Sie bestehen nunmehr nicht nur aus manifesten Bildern und plakativen Träumen, sondern es wird auch notwendig, nach den latenten Gehalten und den Ambivalenzen zu fragen, die etwa mit Hilfe tiefenhermeneutischer (psychoanalytischer) und soziologischer Erkenntnisse entschlüsselt werden können. Indem man solchermaßen besonders auf Symbolgehalte rekurriert, erhalten solche Bildgeschichten erst ihren eigentlichen Sinn« (Kleinspehn, 166).

Vom künstlerischen Stil Sendaks wird im Kapitel »Das Viktorianische im Bilderbuch der Gegenwart« noch zu sprechen sein. Grundsätzlich hat man Sendak verschiedentlich einen Eklektizismus vorgeworfen, aufgrund der vielen Zitate aus anderen Werken in seinen Bilderbüchern; in der »Nachtküche« die wörtlichen Übernahmen von Figuren und Sequenzen aus »Little Nemo«, die Übernahme der Stan- und Olly-Figuren; in seinen anderen Büchern sind viele weitere Bildzitate nachzuweisen, ganz besonders in »Als Papa fort war«. Zu diesem Vorwurf ist zu sagen, daß bald nach dem Beginn des 20. Jahrhunderts das Stilprinzip und -mittel der Collage und Montage von Künstlern eingesetzt und dann allgemein als legitimes Stilmittel anerkannt wurde, man denke nur an Kurt Schwitters, John Heartfield oder Max Ernst in der bildenden Kunst oder an Bert Brecht in der Literatur. Der Begriff »Eklektizismus«, bis dahin abwertend verstanden, gilt dann nicht mehr im überkommenen Sinn.

»In der Nachtküche«,
Maurice Sendak

V. Erzählhaltung und Anmutung

Das Bilderbuch ist ohne Frage ein Teilbereich der Buchillustration. Da diese bis heute in der Kunstwissenschaft (bis auf wenige Ausnahmen) immer noch nur am Rande oder überhaupt nicht behandelt und wissenschaftlich bearbeitet wird, will dieses Kapitel – über seine Bedeutung für das Bilderbuch hinaus – einige Aspekte der Illustrationskunst beleuchten und somit Anregungen und methodische Ansätze zur Einschätzung und Beurteilung von Illustrationen bieten. Das hat insofern doch wieder mit der Bilderbuch-Literatur zu tun, als viele Kinder lange vor der Einschulung Märchen erzählt oder vorgelesen bekommen und damit auch mit den entsprechenden Illustrationen zu tun haben.

Zur Behandlung des Begriffs »Erzählhaltung« stütze ich mich auf ein Referat des Germanisten Werner Braun unter dem Titel »Zur Erzählhaltung in Hartmanns ›Gregorius‹ und im ›Erwählten‹ Thomas Manns«, 1963 (als Ms. bei mir): »Wie verschiedenartig wirken beider Werke auf den Leser? Diesem Unterschied soll im folgenden nachgegangen werden, jedoch nicht durch vergleichende Analyse des Gehalts …, sondern durch vergleichende Analyse der jeweiligen Darbietungsform, der Haltung des Erzählers zu seiner Geschichte, um so auf innerliterarischem Weg der Erzählintention beider Dichter auf die Spur zu kommen, deren Gehalt und Gestalt gleichermaßen prägende Wirksamkeit die unterschiedliche Struktur ihrer Werke bestimmt« (S. 4).

Nun muß man die Begriffe »Erzählhaltung« und »Erzählintention« auseinanderhalten; das eine kann das andere bedingen, oder das eine aus dem anderen resultieren. Die wesentliche methodische Anregung in Brauns Referat liegt darin begründet, daß er die unterschiedliche Erzählweise des gleichen Stoffs vergleichend analysiert, um die jeweilige Erzählhaltung darzustellen.

Im Rahmen des vorliegenden Buchs geht es um die Erzählhaltung des Illustrators als Miterzähler einer Fabel, eines Märchens und welchen Stoffs auch immer. Jens Thiele weist auf die Rolle des Illustrators von Märchen hin: »Jens Thiele geht in seiner Untersuchung des ›Froschkönigs‹ davon aus, daß die Rolle der IllustratorInnen mit der des Märchenerzählers/der Märchenerzählerin zu vergleichen sei, der/die das historische Erzählmaterial je nach persönlicher Befindlichkeit, nach zeitlichen und situativen Gegebenheiten und in Reaktion auf die Zuhörer (Adressaten) interpretiert. In diesem Sinne hätten IllustratorInnen die Märchen in einen jeweils neu zu bestimmenden Erzählfluß zu bringen, sie neu zu intonieren, zu dramatisieren, Passagen zu verlangsamen oder zu beschleunigen« (Thiele, Bilderbücher verstehen, 14).

Auch Walter Scherf befaßt sich mit der »Haltung, die der Erzähler gegenüber den Gestalten und Geschehnissen einnimmt«, widmet aber seine Überlegungen vornehmlich der Darstellung verschiedener Erzählstrukturen (Scherf, Strukturanalyse, 69).

In meinem Essay »Zur Grammatik der Typographie«, bezogen auf das typographische Werk des Hamburger Buchkünstlers Richard von Sichowsky, habe ich zwei typographisch und illustrativ grundverschiedene Ausgaben eines Märchens einander gegenübergestellt:

»Die verschiedenartige Neu- oder Wiedererzählung eines bestimmten literarischen Stoffs zu verschiedenen Zeiten und durch unterschiedliche Autoren offenbart im Vergleich auf das deutlichste die jeweilig andersartige Erzählhaltung zum gleichen Vorwurf und sagt viel über das künstlerische Gebaren der einzelnen aus. Da Typographen in gewissem, eingeschränktem Sinn gleichfalls ›Wiedererzähler‹ (mit anderen sinnlichen Mitteln) sind, offenbaren auch sie immer eine jeweils charakteristische ›Erzählhaltung‹ im Gebrauch ihrer zur Sprachvermittlung eingesetzten künstlerischen Mittel. Die Handhabung der ›Grammatik der Typographie‹ drückt die Erzählhaltung aus, mag sie nun personenbezogen typisch sein oder charakteristisch im Umgang mit diesem oder jenem Stoff. Wer die typographischen Leistungen vieler Buchgestalter unter diesen Aspekten miteinander vergleicht, wird bald erkennen, daß es Künstler mit nur gering variabler ›Grammatik‹ gibt, deren Erzählhaltung personentypisch distanziert ist, und Künstler mit reich variabler ›Grammatik‹ und stoffbezogener engagierter Erzählhaltung. Die Betrachtung einiger buchgestalterischer Arbeiten im Werk von Sichowsky soll den Einstieg in diese Gedankenkette ermöglichen.

Es ist zunächst zu sprechen von den Drucken ›Von dem Fischer un syner Fru‹ mit elf Holzschnitten von Gerhard Marcks, Grillen-Presse 1955, und ›Fünf Versmärchen für Kinder‹ von Friedrich Rückert mit Holzstichen von Otto Rohse, Grillen-Presse 1954. Diese vom Buchgestalter Richard von Sichowsky innerhalb kurzer Zeit sorgsam betreuten Bücher sind in vieler Hinsicht extrem voneinander unterschieden. Abgesehen von den grundsätzlich verschiedenen Illustrationsformen (die kraftvoll und lapidar zupackenden, mitunter auf das Skurrile anspielenden Holzschnitte von Gerhard Marcks gegenüber den sinnbildhaft abstrahierten, feingliedrigen Holzstichen von Otto Rohse) drückt sich der weiteste Gegensatz zwischen diesen Drucken im Typographischen aus: Hier in einem dem Quadratischen fast zuneigenden Format (›Von dem Fischer …‹), ein weit durchschossener Antiqua-Blocksatz ohne Einzüge, dessen durchlaufender Zeilenfall nur durch kürzere Endzeilen-Ausgänge und durch die weit eingezogenen wiederholten Ruf-Formeln des Fischers aufgelockert wird; dort (Versmärchen) im handlichen schmal-hohen Format der ganz und gar locker ausgelegte, typographisch variabel gehaltene Flattersatz in verhältnismäßig gering durchschossener Leibniz-

bläder waiden von den bömern, un dat water güng un bruusd
as kaakd dat, un platschd an dat äwer, un von feern seeg he
de schepen, de schöten in der noot, un danßden un sprüngen
up den bülgen; doch wöör de himmel noch so'n bitten blau
in de midd, awerst an den syden door toog dat so recht rood
up, as een swohr gewitter. Do güng he recht vörzufft staan
in de angst un säd:

  Manntje! Manntje! Timpe Te!
  Buttje! Buttje in der see!
  Myne fru de Ilsebill
  Will nich so as ik wol will.

Na wat will se denn? säd de butt. Ach, säd de mann, se will
paabst warden. Ga man hen, se is't all, säd de butt. Do güng
he hen, un as he door köhm, so wöör dat as een grote kirch
mit luter pallastens ümgewen, door drängd he sik dorch
dat volk, inwendig was awer allens mit dausend un dausend lichtern erleuchtet, un syne fru wöör in luter gold gekledet, un seet noch up enem veel högeren troon, un hadde
dre grote gollne kronen up, un üm ehr dar wöör so veel von
geistlykem staat, un up beyden syden by ehr door stünnen
twe regen lichter, dat gröttste so dick un groot as de aller-
gröttste toorn, bet to dem allerkleensten käkenlicht, un alle

18

Fraktur, wobei die typographischen Variationen sich
zwischen linksseitig doppelachsig gebundenem,
linksseitig einachsig gebundenem Flattersatz und
solchem mit weit eingezogenen Textteilen (›Der
Spielmann‹) in linksseitiger Bindung bewegen. Die
typographische ›Grammatik‹ zu beiden Drucken
ließe sich wie folgt darstellen: Der Satzbau in der Fi-
scher-Ausgabe ist im Ganzen undifferenziert, unge-
gliedert, eintönig. Die ›Wortbildung‹ (um im Voka-
bular der Grammatik zu bleiben) ist graphisch
zurückhaltend, fast monoton leise, was den graphischen Duktus und Grauwert der Amsterdamer Ga-
ramont in dieser lichten Setzweise anbetrifft, und es
gibt in der Wortbildung nur ein auffallendes Charakteristikum, das ist die Kleinschreibweise des plattdeutschen Textes, die auf die Niederschrift von Phi-
lipp Otto Runge zurückgeht. Dieses Zurücknehmen
graphischer Reize im Sinne einer gewissen Monoto-

»Von dem Fischer un syner
Fru«, Gerhard Marcks, 1955

nie könnte auch im Bereich der ›Lautlehre‹ angesiedelt sein insofern, als die Stimmlage dieses Erzähltons offensichtlich behutsam und gleichmäßig ist.

Eine solche typographische Gestaltung wird in ihrer Eigenart erst dann richtig gewürdigt werden können, wenn man das Gegenbeispiel danebenstellt: ›Von dem Fischer un syner Fru‹, mit den Radierungen von Marcus Behmer und auch in dessen Buchgestaltung 1914 bei Otto von Holten, später (1920) beim Insel-Verlag erschienen. Behmer hat sich für eine fast kompakt gesetzte, im Duktus kraftvoll und lebendig geführte Schwabacher entschieden, er schafft also ein dicht mit graphischen Zeichen angefülltes Rechteck, das er zudem noch mit besonders lang ausgezeichneten Kommata und mit dem kleinen

»Fünf Versmärchen für Kinder«, Otto Rohse, 1954

Dem Bùblein gings langfam zu fehr;
Es fagt: Jch mag nicht mehr;
Wenn nur was kàme
Und mich mitnàhme!

Da ift der Reiter geritten gekommen,
Der hats Bùblein mitgenommen;
Das Bùblein hat fich hinten aufs Pferd gefekt,
Und hat gefagt: So gefàllt mirs jekt.

Aber gib acht! das ging wie der Wind,
Es ging dem Bùblein gar zu gefchwind;
Es hopft drauf hin und her,
Und fchreit: Jch kann nicht mehr;
Wenn nur was kàme
Und mich mitnàhme!

Da ift ein Baum ihm ins Haar gekommen,
Und hat das Bùblein mitgenommen;
Es hats gehàngt an einen Aft gar hoch,
Dort hàngt das Bùblein und zappelt noch.

Das Kind fragt:
Jft denn das Bùblein geftorben?
Antwort:
Nein! es zappelt ja noch!
Morgen gehn wir naus und tuns runter.

16

Vom Bàumlein,
    Das andere Blàtter hat gewollt.

Es ift ein Bàumlein geftanden im Wald,
    Jn gutem und fchlechtem Wetter;
Das hat von unten bis oben
    Nur Nadeln gehabt ftatt Blàtter;
Die Nadeln, die haben geftochen,
    Das Bàumlein, das hat gefprochen:

Alle meine Kameraden
    Haben fchöne Blàtter an,
Und ich habe nur Nadeln,
    Niemand rùhrt mich an;
Dùrft ich wùnfchen, wie ich wollt,
    Wùnfcht ich mir Blàtter von lauter Gold.

17

waiden von den bômern, un dat water
gûng un bruuſd as kaakd dat, un platſchd
an dat âwer, un von feern ſeeg he de ſche=
pen, de ſchôten in der noot, un danßden un
ſprúngen up den búlgen; doch wôôr de
himmel noch ſo'n bitten blau in de midd',
awerſt an den ſyden door toog dat ſo recht
rood up, as een ſwohr gewitter. Do gûng
he recht vôrzufft ſtaan in de angſt un ſâd:
 Manntje! Manntje! Timpe Te!
    Buttje! Buttje in der ſee!
    Myne fru de Jlſebill
    Will nich ſo as ik wol will.
Na wat will ſe denn? ſâd de butt.   Ach, ſâd
de mann, ſe will paabſt warden. Ga man
hen, ſe is't all, ſâd de butt. Do gûng he
hen, un as he door kôhm, ſo wôôr dar as
een grote kirch mit luter pallaſtens ûmge=
wen, door drângd' he ſik dorch dat volk,
nwendig was awerſt allens mit dauſend
un dauſend lichtern erleuchtet, un ſyne fru
wôôr in luter gold gekledet, un ſeet noch up
enem veel hôgeren troon, un hadde dre gro=
te gollne kronen up, un ûm ehr dar wôôr ſo
20

Butt-Zeichen in Versalhöhe, hier und dort in den
Text eingestreut, graphisch belebt. Selbst die einge-
zogen gesetzten Ruf-Formeln des Fischers vermögen
die vehement wirkenden Satzblöcke nicht aufzu-
reißen. Die ›Stimmlage‹ Behmers ist also – ganz im
Gegensatz zu der Sichowskys – laut, markant, un-
überhörbar, reich moduliert. Behmers eigene Radierungen dazu wirken dagegen unaufdringlich, zart
und versponnen – eben gerade wie die Hirngespinste
der nimmersatten Ilsebill. Die Erzählhaltung von
Marcus Behmer ist demnach eine überwiegend dem
markanten Duktus der plattdeutschen Sprachform
verpflichtete; er will diese eckige und ungemein bild-
haltige Sprechweise bis in alle Details zum ›Gehör‹
bringen, und zwar vornehmlich mit den typographischen Mitteln. Diese Schwabacher hat viel Fleisch

»Von dem Fischer un syner
Fru«, Marcus Behmer, 1920

und offenbart somit weitaus mehr lineare Bewegung, Unebenheiten und Kanten, auch und gerade in den Zwischenräumen, als die behutsam und zurückhaltend dahingleitende Garamont-Antiqua.

Richard von Sichowsky hat aber ganz offensichtlich seinen ›Sprechduktus‹ und die Stimmlage des Erzählers deshalb zurückgehalten, um den Bildern eines Gerhard Marcks nichts von ihrer graphischen Intensität zu nehmen. Seine Erzählhaltung in diesem besonderen Fall ist die eines Märchen-Vermittlers, der die ungeheure Kraft der Bildhaltigkeit in der Sprache ebenso vernimmt wie Behmer, sie aber allein durch die aus der Sprache gewonnenen Bilder ausweisen will. Um das Interpretatorische in den Erzählhaltungen beider Buchkünstler herauszustellen, ist hier auf den entscheidenden Unterschied hinzuweisen: Behmer genießt die Form der Sprache und bringt sie formgemäß zum Vortrag; von Sichowsky sieht die Märchensprache – ob platt- oder hochdeutsch – als Transportmittel bildhafter Vorstellungskraft und hält die Sprache deshalb graphisch zurück zugunsten der Bilder« (Halbey, Zur Grammatik, 16, 17, 20).

Einen hervorragenden Beitrag zur vergleichenden Betrachtung von Märchenillustrationen bieten Elisabeth und Richard Waldmann in ihrem Arbeitsbericht »Wohinaus so früh, Rotkäppchen?«, verbunden mit einer Ausstellung aus der Waldmannschen Sammlung (Zürich 1985). Dieser Bericht, der sich auch mit der historischen Entwicklung der Rotkäppchen-Illustrationen befaßt, macht unter anderem deutlich, wie verschieden die Erzählhaltung zweier Weitererzähler des gleichen sehr alten Volksmärchens ist: Charles Perrault (1697) zeigt in der »Moralité«, die an das Märchen anschließt, seine Absicht, junge Mädchen zu warnen, sich mit Männern einzulassen; der Wolf ist der gefährliche Verführer, und Perrault bringt somit ein erotisches Element ins Spiel durch die Aufforderung des Wolfs an Rotkäppchen, sich zu ihm ins Bett zu legen. »Durch bewußtes Weglassen des Motivs, wonach Rotkäppchen sich zum Wolf ins Bett legt, und durch die Rettung des Mädchens und der Großmutter [bei Perrault endet das Märchen tragisch] schufen die Brüder Grimm nach ihrer Ansicht ein echt deutsches Kindermärchen mit gutem Ausgang« (Waldmann, 24). Bei den Grimms äußert sich also eine Erzählhaltung, die, aus dem germanistischen Sammeleifer hervorgerufen, ganz auf die Unterhaltung ausgerichtet ist.

Der bekannte Kinderpsychologe Bruno Bettelheim beschreibt die berühmte Bettszene in der Radierung von Gustave Doré wie folgt: »Der Wolf ist ziemlich friedlich dargestellt, aber das Mädchen sieht so aus, als ob es von starken ambivalenten Gefühlen beherrscht würde, als es den Wolf neben sich liegen hat. Es macht keine Anstalten wegzulaufen. Offenbar ist es von der Situation heftig beeindruckt, gleichzeitig angezogen und abgestoßen. Es ist die Faszination, die die Sexualität und alles, was damit zusammenhängt, auf das Kind ausübt. Es ist diese tödliche Faszination, die gleichzeitig als höchste Erregung und als höchste Angst erlebt wird« (Waldmann, 33).

Hans Ries (Rotkäppchen, 83) zu Perrault und Grimm: »Perrault wird in dem Augenblick seiner Erzählung verfänglich, als der Schauplatz der Handlung das Bett wird, in das der Wolf Rotkäppchen zu kommen auffordert, nachdem es seinem Befehl nachgekommen ist, sich auszukleiden. Der Wolf zeigt bei alledem keine Eile, sich auf Rotkäppchen zu stürzen, er läßt vielmehr eine gründliche Examinierung seines befremdlichen Körpers durch das Mädchen zu (was bei Grimm zu einem Frage- und Antwortspiel auf räumliche Distanz hin gemildert ist), und er macht erst kurz vor dem verräterischen letzten Punkt halt, um, nunmehr als Wolf erkannt, den raschen Untergang der Bettgefährtin herbeizuführen, wobei das Märchen auch schon endet. Dabei ist der Moment

»Le Petit Chaperon Rouge«,
Gustave Doré, 1862

des Nebeneinanders im Bett, wie er sich in einer Reihe von Illustrationen, darunter der klassisch gewordenen von Gustave Doré, spiegelt, der flagranteste Unterschied zu den Bildfolgen von Grimm, in denen Rotkäppchen nur bis an die Bettkante herantritt. ... Was bei Perrault voll verkappter Anspielung ist und im Grunde in ironischer Form etwas anderes meint, als wovon man vordergründig spricht [er unterhielt einen höfischen Salon!], das wird von den Grimms zum Kindermärchen entschärft, bei dem keiner auf hintersinnige Gedanken kommen soll.« Rotkäppchen ist als Typus gedacht, nicht als Individuum, »bei Perrault als der des geschlechtsreif gewordenen, aber noch unerfahrenen jungen Mädchens, adrett gekleidet und darin ebenso auffallend wie unbewußt verführend, bei Grimm und seinen deutschen Nachahmern dagegen als die Version des arglosen, wenngleich unfolgsamen Kindes« (ebenda).

Im Frühjahr 1990 führte ich an der Universität von British Columbia in Vancouver, Canada, einen vom Goethe-Institut Vancouver veranstalteten mehrtägigen Workshop zum Thema Bilderbuch-Illustration durch. Zum Beginn des Workshops ließ ich Papiere und Farbstifte an die etwa 70 Teilnehmer (aus Lehr-, Bibliotheks- und anderen Berufen) austeilen; die Teilnehmer sollten, während ich das Märchen vom Rotkäppchen vorlas, eine für sie wichtige Szene zeichnen oder malen. Die Mehrzahl wählte die schon lange weithin bekannten Szenen (vgl. Thiele, Künstler illustrieren, 36, über »bildnerische Standards« in Märchen-Illustrationen), einige malten den Wolf im Bett der Großmutter mit deren Spitzenhäubchen, teils direkt von vorn, ziemlich bedrohlich, teils von oben; eine Teilnehmerin malte nur die große rote Kappe, von hinten gesehen, und gegenüber den zähnefletschenden Wolf. Am interessantesten war die zeichnerische Reaktion eines Teilnehmers, der auf der linken Blattseite den Wolf als Gesicht eines bär-

tigen Mannes mit Menschenohren, aber mit Hörnern
auf dem Kopf, zeichnete; und auf der rechten Bild-
hälfte sieht man das fast schon nackte Mädchen, gerade noch mit einem roten Umhang spärlich umhüllt,
aber ohne rote Kappe, vor dem Wolf am Bett stehen.
Ob mit oder ohne Kenntnis der Perraultschen Fassung und des Bilds von Doré hat dieser Zeichner
deutlich den erotischen Aspekt des Märchens her-
ausgestellt, eben im Sinne von Perrault: der Wolf als
Sinnbild des männlichen Verführers – eine Erzählhaltung, die eine unmißverständliche Interpretation
ausdrückt. Auch Jens Thiele (»Es war einmal ...«)
setzt sich in vergleichender Betrachtung mit dem
Rotkäppchen-Märchen auseinander und weist auf
die unterschiedlichen Intentionen und Interpretationen der Illustratoren hin.

Was Liselotte Schwarz anbetrifft, wäre anzufügen,
daß die Künstlerin nicht nur in ihrem Dornröschen-
Bilderbuch oder in anderen von ihr gemalten Bilderbüchern »wie in der Malerei von Kindern ... Gefühle durch Form und Farbe« betont (Thiele, s.o.), sondern daß ihre gesamte Malerei (in Öl, Aquarell oder
anderen Techniken) immer von dieser näher oder ferner ans Kindliche gemahnenden Note bestimmt ist
und daß in sehr vielen Bildern Bildvokabeln aus der
Kindheit (Häuser, Spielzeug, Eltern) erscheinen. Ihre
Erzählhaltung zum Märchen (wie auch jene zur Darstellung ihrer ganzen Innenwelt) ist die eines Kindes,
das auch noch im reifen Künstler-Dasein das Schaffen prägt und immer wieder kindliche Gefühle, Ängste wie Freuden, bis zum Expressiven betont zum
Ausdruck bringt und im Bild bannt.

Läßt man alle bekannten Rotkäppchen-Illustrationen Revue passieren, was zur Feststellung vieler
grundverschiedener Erzählhaltungen und Interpretationen führt, so ist eine einzige Haltung zu diesem
Märchen so extrem verschieden von allen anderen,
wie wohl kaum eine andere: Sie zeigt sich in der
Folge der Rotkäppchen-Illustrationen von Edward

Gorey (1972, 1974 in deutsch). Hier zielen verschiedene bewußt eingesetzte Verfremdungs-Effekte gegen alle bis dahin bekannte Tradition: Zum ersten gibt es in den 22 Bildern (plus Einbandbild), alle in Rahmen gehalten wie tableauhafte Moritaten, nur zwei Farben neben dem Schwarz-Weiß, nämlich Rot und Ocker. Da dieses Ocker Interieurs, Möbel und Landschaftsausschnitte gleichermaßen bezeichnet, liegt allein schon darin ein starker Verfremdungs-Effekt, der insofern um so stärker wirkt, als die Interieurs, Möbel und Landschaftsausschnitte durch altmodisch kleingestrichelte Darstellungsweise in nächster Natur- und Wirklichkeitsnähe gehalten sind. Zum zweiten ist Rotkäppchen selbst weitgehend verfremdet, indem sie wie eine winzige Großmutter in altmodischer Tracht wirkt; von Kindlichkeit oder Mädchenhaftigkeit keine Spur. Zum dritten erscheinen alle »Tableaus« wie gestellte Szenarien einer Schmierenkomödie, wie die früher beliebten von Menschen starr und stumm gestellten »Lebenden Bilder«. Goreys große Leidenschaft fürs Theater und besonders fürs Ballett ist bekannt. Echteste Gestik der Schmierenkomödie veranschaulicht das Bild mit dem an der Tür horchenden Jäger.

Was ist die Absicht all dieser Verfremdungs-Effekte? Ohne Zweifel offenbart der Illustrator eine große Distanz zu diesem Märchen, ganz deutlich sogar eine ironische Distanz. Die Ironie geht sogar in Zynismus über in dem Bild, in dem die völlig in Weiß gehaltene Großmutter mit der Brille auf der Nase versucht, den Faden in die Nadel zu fädeln, um den Bauch des Wolfs zuzunähen. Goreys Bilderbuch vom Rotkäppchen ist von ihm ganz gewiß nicht für Kinder konzipiert, sondern er will vielmehr parodierend seine distanzierte und kritische Haltung zu diesem Märchen oder zu Kindermärchen überhaupt offenlegen.

Binette Schroeder bietet zu ihren Illustrationen zum »Froschkönig«-Märchen eine bislang in der Bil-

»Rotkäppchen«,
Edward Gorey, 1974

derbuchkunst höchst seltene Quelle, nämlich einen
von ihr verfaßten Werkstattbericht über die Entstehung ihrer Bilder (Schroeder, der Froschkönig). Im
Lauf der Arbeit begann sie, sich mit den einzelnen
Gestalten des Märchens auseinanderzusetzen, ja, mit
ihnen zu ringen, wie in besonderem Maße mit der
Königstochter. Erst nach einer Arbeitspause wurde
ihr bewußt, daß ihre anfängliche Hemmung gegenüber einzelnen Gestalten auf deren Widersprüchlichkeit zueinander beruhte. Sie durchspielte dann in Gedanken alle Rollen der Märchenfiguren. »Die Prinzessin muß gegen Vater und Frosch rebellieren, wenn
sie sich selbst finden und damit sich und den Frosch
aus dem wechselseitigen elterlichen Bann erlösen
will« (ebenda, 16). Sie befaßte sich dann eingehend
mit den Illustrationen anderer Künstler zu diesem
Märchen (ähnlich wie Thiele beim Dornröschen-
Thema). »Ich kenne außer Speckter niemanden, dem
es gelungen ist, diese Übergangsphase im Leben eines
jungen Mädchens so feinfühlig darzustellen« (ebenda, 9). Obwohl Binette Schroeder, wie sie schreibt,
nicht viel von der »Verpsychologisierung« der Märchen hält, war es doch ein Buch des Psychologen
Hans Jellonschek, das ihr die Augen zu diesem besonderen Märchen öffnete und sie ihren Weg zur
endgültigen Bebilderung finden ließ.

In einer besonders eingehenden Analyse befaßt
sich Jens Thiele mit Schroeders Froschkönig-Illu-
strationen und mit ihrem entsprechenden Werkstattbericht (Thiele, Die Illustratorin). »An dieser Stelle
der Vorüberlegungen ergibt sich ein erster Zugang zu
der Interpretation des ›Froschkönig‹ durch Binette
Schroeder. Ihr Buch hat deswegen soviel Aufmerk-
samkeit (und Unsicherheit) hervorgerufen, weil es
die zentralen Aussagen des Märchens *nicht* herunter-
spielt, weil die Illustratorin genau das Gegenteil an-
strebt: verlorengegangene Bedeutungen einzelner Figuren, Motive und Inhalte im ›Froschkönig‹ wieder
aufleben zu lassen, das Märchen in einem wirklichen

Sinn zu *interpretieren*, wie es ursprünglich, lange vor seiner schriftlichen Fixierung durch die Grimms, durch das Erzählen tagtäglich geschah [siehe auch: Heike Strack, 75–83].

Die Rolle des Illustrators von Märchen ist ja prinzipiell vergleichbar mit der des Erzählers, auch wenn dieser Gedanke längst aus dem Blickfeld heutiger Illustratoren geraten zu sein scheint. Beide hätten das Märchen als Material für persönlich, situativ oder zeitlich gefärbte Interpretationen zu nehmen. Beide hätten den Deutungsspielraum zu nutzen, den das Märchen ihnen als offene literarische Form bietet. Sowenig wie Märchenerzähler in immer gleichen Worten und Intonationen ihren Text vortragen, so wenig sollten Illustratoren die immergleichen Motive wiederholen« (Thiele, Die Illustratorin, 100). »Das Märchen vom ›Froschkönig‹ hat eine psychische Entwicklung, einen Reifungsprozeß zum Thema. Es ist die Prinzessin, die sich vom verspielt und narzißtisch agierenden Kind zur liebesfähigen Frau wandelt, und es ist der Prinz, der sich durch die Prinzessin aus einer negativen Mutterbindung befreien und zum selbstbewußten Mann heranreifen kann« (Thiele, ebenda, 104). In seiner Analyse kommt Thiele zu dem Schluß, daß die Bilder »aus der Sicht des Kindes glaubhaft« sind und daß diese Bilder ihre psychologische Berechtigung finden (ebenda, 128). »Die Anstrengung der Verwandlung war groß, gelingt sie aber, so teilt uns dieses Bild mit, wird sie wie ein Wunder empfunden« (ebenda, 129). Und als wunderbar im wörtlichen Sinn muß man dieses Bilderbuch empfinden und beurteilen, weil es aus einer Erzählhaltung heraus geschaffen ist, die ganz aus dem Inneren des Märchens heraus und aus dem erinnerten Eigenen der Künstlerin erarbeitet und erkannt wurde. Zur Auseinandersetzung mit dem Froschkönig-Märchen sei auch auf die Analyse von Agnes Gutter (Es ist ein Band …) hingewiesen.

Mit vergleichenden Betrachtungen von Märchen-

Illustrationen hat sich auch Russ MacMath befaßt, indem sie sich in der Internationalen Jugendbibliothek in München mit 57 Cinderella-Ausgaben in 19 Sprachen aus 20 Ländern, davon zwei Drittel illustriert, auseinandergesetzt hat. Bei Thiele (Künstler illustrieren, 36) findet sich ein Hinweis auf Untersuchungen zum Aschenputtel-Märchen.

Zur Anmutung

Bei der Beurteilung der Bilder von Binette Schroeder zum »Froschkönig« kommt noch etwas Wesentliches hinzu: die mit surrealen Stilmitteln erzeugte magische Atmosphäre und Wirkung der Bilder, besonders in der Sequenz der Metamorphose. Hierin drückt sich eine ganz individuelle und einzigartige Anmutung des Visuellen aus. Ludwig Hofmann (Bilderbuch und ..., 61f.) schreibt: Das Realitätsbewußtsein des Kindes ist nicht ausschließlich auf konkreten Erfahrungen und Feststellungen begründet, »sondern weitgehend auch von seinen Wünschen und Erwartungen bestimmt. Zu diesem treten die verschiedenen Anmutungsgehalte, die ›Sphäre‹, die manche Dinge umgibt, hinzu, die gleichfalls Erlebnisinhalte werden können. Das Kind nimmt demnach seine Bilder nicht allein mit dem Auge wahr, es ist mit seiner ganzen Innerlichkeit an ihrer Betrachtung beteiligt. Bei Jean Paul findet sich folgende Stelle: ›Die Welt war noch leise, an den Gebirgen verlief sich das Nachtmeer still, ferne Entzückungen flogen wie Paradiesvögel stumm auf den Sonntag zu.‹ Es ist der Anmutungsgehalt eines Sonntagmorgens, der hier beschrieben wird, und man möchte glauben, daß sich Wesentlicheres darüber schlechterdings nicht sagen läßt, obwohl auf jede sachliche Schilderung und verstandesmäßige Erklärung verzichtet wird. ... So wie der Dichter hier, muß auch das Bilderbuch die *Aura* der Dinge mit zu erfassen trachten, nicht auf Kosten der Realität, sondern im Dienst von deren voller Verwirklichung. … Auch die Realität des Unrealen muß verständlich und überzeugend zur Kenntnis gebracht werden«.

Zum Begriff der Anmutung möchte ich noch einmal auf meinen Essay »Zur Grammatik der Typographie« zurückgreifen: »Grammatik nennt man die Lehre von Bau und Gesetz einer Sprache. Nach klassischem Muster ist sie untergliedert in Lautlehre, Flexion, Syntax und Wortbildungslehre« (S. 15). »Die Lautlehre wäre, in gleicher Übertragung von der Sprache in die typographische Sprachvermittlung, die Lehre der Handhabung verschiedenartiger Anmutungsmodulationen, die in der Wahl der Schrift den Lauten besondere optische Qualitäten verleiht (zart, zurückhaltend, behutsam oder vehement, hart, treibend, aggressiv – unter vielen möglichen Varianten)« (S. 16). Auf welche Weise auch immer eine Information, eine Erzählung verbal oder durch etwas Visuelles vermittelt wird, ist grundsätzlich immer eine bestimmte Anmutung im Spiel, die dem Vermittelten eine gewisse »Färbung« beimischt. Der Schriftgießerei-Inhaber und Sammler Karl Klingspor hat die unterschiedlichen Anmutungsgehalte durch verschiedene Schriftformen für das gleiche Gedicht offenbar gemacht (Klingspor, Über Schönheit, 30/31). Das in der zarten Fraktur-Schrift von Rudolf Koch, die bezeichnenderweise den Namen »Früh-

»Frühling«, Gedicht von Mörike in zwei Versionen

Er ist's

Frühling läßt sein blaues Band
wieder flattern durch die Lüfte;
süße, wohlbekannte Düfte
streifen ahnungsvoll durchs Land.
Veilchen träumen schon,
wollen balde kommen.–
Horch, von fern ein leiser Harfenton!
Frühling, ja du bist's!
dich hab ich vernommen!

ER IST'S

Frühling läßt sein blaues Band
wieder flattern durch die Lüfte;
süße, wohlbekannte Düfte
streifen ahnungsvoll durchs Land.
Veilchen träumen schon,
wollen balde kommen –
Horch, von fern ein leiser Harfenton!
Frühling, ja du bist's!
dich hab ich vernommen!

ling« hat, gesetzte Gedicht vermittelt die vom Gedicht wachgerufenen Empfindungen wie »flattern«, »Düfte«, »Harfenton« und die gesamte Aura des Mörike-Gedichts in völlig anderer, hier also wahrhaft angemessener Anmutung als das daneben abgedruckte, in einer Antiqua-Schrift von Walter Tiemann gesetzte Gedicht. Dieses vermittelt eher eine nüchterne Information ohne einen gezielt angemessenen Anmutungsgehalt. Klingspor wollte mit diesem Vergleich keinesfalls zwei Schriftkünstler gegeneinander ausspielen oder untereinander wertend messen – beide waren mit ihm befreundet und entwarfen zahlreiche Druckschriften nur für ihn und seine Schriftgießerei Gebr. Klingspor –, sondern er wollte die feinen graphischen Nuancen und Anmutungs-Modulationen aufzeigen, die zwischen Sprache und Schrift spielen. Ein noch krasseres Beispiel findet sich im gleichen Buch (S. 29): Der emotional wie ein Aufschrei von Rudolf Koch spontan hingeschriebene Satz »Herr, erbarme dich meiner!« wird im Schriftsatz in einer an sich dafür geeigneten Druckschrift seiner ganzen inneren Erregung beraubt.

Auch der Vergleich mehrerer Illustrationen von Zwergen macht grundverschiedene Anmutungsmodulationen deutlich: Leupin, Carigiet und Fischer (fis) sind die Künstler; und es ließen sich viele Vergleichsreihen dafür zusammenstellen, was die Illustrationen zu Märchen anbetrifft. Als ein gutes Beispiel seien hier nur Otto Speckters magisch überhöhter Kater in geheimnisvoller Märchenatmosphäre aus dem »Gestiefelten Kater« und der lustig und lebendig agierende Kater von Hans Fischer (fis) und von Gustave Doré die theatralisch inszenierte Illustration zum gleichen Märchen miteinander verglichen. Hier wird das Märchen nicht nur in verschiedener Erzählhaltung (mythische Märchentiefe, fröhlich quirlige Gestik und Theatralik) illustrierend »erzählt«, sondern auch in grundverschiedener An-

Handschrift für Rudolf Koch, in Holz geschnitten von Fritz Kredel, um 1921

Herr, erbarme dich meiner!

Verkleinerte Wiedergabe eines von Rudolf Koch geschriebenen Blattes. Man erfühlt aus der Schrift die starke seelische Erregung des Schreibers im Augenblick der Niederschrift.

Herr, erbarme dich meiner!

Das gleiche Blatt aus einer einfachen Schrift gesetzt. Die Worte sind ohne Ausdruck.

»Der gestiefelte Kater«, Otto Speckter, 1843

»Der gestiefelte Kater«,
Gustave Doré, 1862

mutung, die genauso wie die Stimme des Märchener-
zählers oder Vorlesers auf den Hörer/Betrachter ein-
wirkt. Literarische Zeugnisse von Kindheitserinnerungen bedeutender Schriftsteller sind voll von Hinweisen darauf, wie sehr sich bestimmte Märchen
oder nur einzelne Motive allein durch das Bild in das
Gedächtnis eingegraben haben. Da ist nicht nur eine
überzeugende künstlerische Qualität oder/und eine
bestimmte Erzählhaltung durch die Auswahl einer
bestimmten Szene im Spiel, sondern vor allem in
starker Intensität die jeweilige Anmutung. Das heißt
für den Erzieher, nicht nur zu entscheiden, ob ein be-
bildertes Märchen gerade jetzt für das Kind geeignet
ist, sondern auch, ob dieses Märchen in dieser spezifischen Illustration jetzt das »richtige« Buch ist. Auf
mich selbst haben die Illustrationen von Adolf

Schroedter zum Märchen »Rolands Knappen«
(Musäus, 80–127) einen derart unheimlichen Eindruck gemacht, daß ich noch heute ein Erschauern
beim Anblick der Bilder empfinde. Man betrachte
unter diesem Aspekt der visuellen Anmutung noch
einmal die Illustrationen von Maurice Sendak zu den
Grimmschen Märchen!

Sie decken eine Erzählhaltung auf, die in tief magischem Verhältnis zu den Märchen steht; der Künstler sieht die Märchen noch immer unter dem als Kind
empfundenen magischen Schock, der von den Grau-
samkeiten so vieler Märchen ausgelöst wird und dennoch (oder gerade deswegen) das Kind mit dem Zau-
berbann belegt. Sendaks Beziehung zu den Märchen
beschreibt besonders treffend Wolfgang Hildesheimer (70f.): »So klingt das biederbürgerliche Milieu,
das den Märchen als täuschend äußere Staffage an-
haftet, auch bei ihm [Sendak] an, und zwar in pitto-
resker Verfremdung: Häubchen, Wams, Galoschen
und Feder am Hut – und alles von riesigem Ausmaß
– sind auch für ihn bindende Requisiten des Märchens; die Konvention, auf der sein bildnerisches
Nach-Denken aufbaut. Aber die Gestalten, denen er
sie anmißt, bewegen sich jenseits dieser Konvention:
Eigentümlich proportioniert und gedrungen, gleichsam überdimensional, in den Bildrahmen gezwängt,
den sie zu sprengen drohen, füllen sie die Fläche mitunter so weit aus, daß der Rand ihnen einen Hut oder
einen Fuß abschneidet. Der Hintergrund, als Turm
und Zinnen, Wald und Knusperhaus und alles, was
den Illustratoren des Niedlichen bisher als Träger des
Atmosphärischen gedient hat, wird somit auf schmale Ausschnitte reduziert. Doch gerade in diese Ausschnitte sollte der Betrachter sich – buchstäblich –
vertiefen: Hier nämlich lauern die Tücken der Idylle
auf ihre Opfer; selbst im verborgensten Gestrüpp ist
die Welt unheil.

Friedlich und lieb sehen denn hier auch nur die
Tiere drein, unschuldig selbst noch als Komplizen

»Von dem Fischer un syner
Fru«, Maurice Sendak, 1974

der Schuld. Die Menschen dagegen bewegen sich als abgründige Akteure tief in der Unheimlichkeit ihres Dramas und doch gleichzeitig der Tatsache bewußt, daß sie beobachtet werden; manchmal gelten Mimik und Gestik nicht dem Mitspieler, sondern dem Betrachter (Schneewittchen). Sie posieren für ihn in einer Art pantomimischer Darstellung: in ekstatischer Verzückung (Rapunzel) oder in stummer Erschütterung angesichts des Unfaßbaren (Von dem Machandelboom), und immer in einer Emphase, die an die manieristischen Maler gemahnen würde, wäre die Art der Darstellung nicht altdeutsch. ... Hier jedoch stellt er eine durchaus andere Seite seiner Meisterschaft unter Beweis: die Fähigkeit, anhand von teilweise abgegriffenen, jedenfalls strapazierten Allegorien eine ungeheuerliche Wirklichkeit entstehen zu lassen, und zwar nicht mit naturalistischen Mitteln. Er bedient sich konsequent synthetischer Mittel, einer streng artifiziellen Manier, um den Aussagewert dieser bösen Texte zu entlarven, in denen Eltern Kinder aussetzen und eine Frau ihrem Mann den eingemachten Sohn zum Essen vorsetzt; in denen, versteckt oder verblümt, das Niederträchtige die Norm ist.«

VI. Interaktion von Sprache und Bild

Gemeint ist hier die »gehobene«, die dichterische, künstlerische Sprache in Prosa und gebundener Form. Unter mehreren möglichen Wechselbeziehungen zwischen Sprache und Bild ist die idealste wohl die, wenn Text-Autor und Bild-Künstler identisch und in ihren Äußerungen in Wort und Bild von gleich hoher Qualität sind. Solche ideale Kongruenz ist allerdings nur in wenigen Bilderbüchern zu finden. Eine andere, mitunter auch spannendere Interaktion ist dann gegeben, wenn Text und Bilder in einem Bilderbuch von verschiedenen Personen stammen und auch zu einer kongruenten künstlerischen Aussage zusammenfinden. Thiele (Über den Umgang ..., 2) nennt das eine Synthese verschiedener, sich ergänzender und stützender Aussageebenen. Was die Qualität anbetrifft, fordert Wilhelm Schlote (363): »Das Bild ... kann nur mit den Maßstäben der Grafik oder Malerei gemessen werden ... und was das Wort betrifft – so gelten allein die Maßstäbe der Literatur.«

»Der Bär im Boot«, Wilhelm Schlote, 1980

Grünewald sagt: »Eine Bereicherung für das Bilderbuch ist die Wort-Bild-Einheit, wo Sprache und Bild ihrer jeweiligen Leistung gemäß erzählerisch funktional genutzt werden. Fraglich wird es für mich da, wo Wort- und Bildaussage redundant sind, parallel erzählen ohne zwingenden Bezug zueinander; und wo der Text eigenständig erzählt, die Bilder illustrativen und nicht konstitutiven Charakter haben, möchte ich nicht mehr von ›Bilderbuch‹, sondern vom ›illustrierten Buch‹ sprechen. ›Bilderbuch‹ definiert sich also für mich als ein Buch, das primär quantitativ und qualitativ durch das Bild bestimmt ist und in dem Text (Sprache) nicht autonom auftritt, sondern mit dem Bild eine unauflösbare funktionale Einheit bildet« (Kongruenz, 17).

Was die Sprache anbetrifft, so stellt Beishart (39f.) fest: »Das Bilderbuch hat in den letzten 20 Jahren

eine sprachliche Vielfalt erschlossen, die früher un-
denkbar war,
– in Richtung auf einen vielfältigen Satzbau,
– in Richtung auf einen vielfältigen Wortschatz,
– weg vom Reimzwang mit seinen Verrenkungen,
– weg von einer künstlich kindertümlichen Sprache …,
– in Richtung auf Sprachwitz und Sprachspiel, auch
mit Wortungetümen, mit Überschreitung der
früher ängstlich gehüteten Normen der Grammatik und der Rechtschreibung.«

In diesem Kapitel sollen die sehr zahlreichen Bilderbücher mit Kinderreimen ausgeklammert sein, die,
mit netten Bildern, meist mit kindischen, versehen,
zwar eine eminent wichtige Gattung in der KJL darstellen, wo aber eine Interaktion auf künstlerisch
hoher Ebene nicht gegeben ist, eben aufgrund der
schwächeren Bilder, die den literarisch hochstehen-
den Kinderreimen nicht gerecht werden können. Da

ist die Ausgabe »Kinderreime«, gesammelt und aus-
gewählt von Ruth Dirx, mit den Bildern von Lieselotte Schwarz schon eine seltene Ausnahme (Büchergilde Gutenberg, 1963). Die einzelnen Kapitel
(Reimgattungen) werden eingeleitet von je einem
ganzseitigen Farbbild, und bei den Reimen erscheinen, frei zwischen die Texte verteilt, kleine Bildvokabeln, die in bezug zu einem Reim stehen, und diese
kleinen Bilder sind alle nur schwarz. Schon das ist
eine äußerst kühne Bebilderungs-Entscheidung der
Künstlerin und des Verlags, wo doch traditionell
alles für die Kinder Produzierte bunt zu sein hat.
Hinter der Entscheidung für die schwarzen Vignetten steht gewiß die psychologisch fundierte Erkenntnis (oder Ahnung; denn Lieselotte Schwarz hat
den Wechsel von farbigen und schwarzen Bildern
schon in ihrem ersten Bilderbuch 1959 durchgespielt;
es ist später davon die Rede), daß das große Farbbild
seine leuchtend bunten Farben an die folgenden kleinen schwarzen Vignetten gewissermaßen weitergibt,

150

sie übertragen sich unbewußt, was nicht der Fall
wäre, wenn vorher keine farbigen Bilder stünden.
Überdies sind Kinderreime so bildhaltig, daß die Reduktion auf Schwarz den Reimen nicht zuviel an Sin-
nesreizen wegnimmt.

Einen ebenfalls kühnen Vorstoß raus aus der traditionellen Bebilderung von Kinderreimen wagte der
Verleger Peters 1966 mit dem Reimbilderbuch »Widele Wedele« mit Bildern von Sofie Frenzel: ganzseitige zauber- und märchenhafte Bilder aus collagier-
ten farbigen Transparentpapieren mit Zeichnungen
darüber, alles in einer frischen Naivität, hinter der
indes hohe künstlerische Reife steckt.

Bilderbücher von gleich hoher Qualität in Sprache
und Bild vom gleichen Autor gibt es nur selten (siehe
die ausführliche Magisterarbeit über Maler-Dichter,
darunter auch Lieselotte Schwarz, Jürgen Spohn, Binette Schroeder und Christoph Wetzel, von Helga
Schlierkamp). Ganz sicher ist da zuallererst Leo
Lionni zu nennen, wenngleich seine Texte im oberflächlichen Anschein nicht der »gehobenen«, dichterischen Sprache zuzurechnen sind. Und doch sind
seine meist knappen Texte von solcher Einfachheit
und Klarheit, daß man von künstlerischer Sprache
reden kann, wenn auch nicht alle seine Texte in adä-
quater Form ins Deutsche übertragen sind. Am ge-
lungensten erscheint mir die Übersetzung von »Inch
by Inch« in »Stück für Stück« von James Krüss. In
allen Büchern von Lionni ist die vollkommene Übereinstimmung von Sprache und Bild erlebbar und
überdies das gegenseitige Geben und Nehmen zwischen Wort und Bild spürbar. Was Lionni selbst dazu
sagt, wurde bereits im Kapitel »Das Künstlerische
...« zitiert. Zweifelsohne gehören Lionnis Bilderbücher zu den schönsten Kunst-Fabeln der Neuzeit.
Werner R. Lehmann (29) sagt zur Fabel: »Die Fabel
soll eine ›moralische‹ (in der Wortbedeutung der Zeit
[Lessing] besagt das: eine den Menschen betreffende)
Wahrheit zur Anschauung bringen. ... Der Sinn der

Fabel besteht darin: Orientierung in der Welt zu ermöglichen. Sie wendet sich an unsere ›anschauende Erkenntnis‹« (ebenda, 31). »Erzieherisch wertvoll kann meiner Auffassung nach nur das sein, was Weltbegegnung ermöglicht, die das Kind zudem von selbst schon sucht. Der Wunsch nach Weltbegegnung und Wirklichkeitsbewältigung, der in den einfachsten Spielgebärden bereits zum Ausdruck kommt, entspringt einem menschlichen Urbedürfnis nach geistiger Orientierung, das sich im Fragealter schon deutlich äußert« (ebenda, 34).

Eines der Meisterwerke von absolut stimmiger Einheit in Wort und Bild ist das Bilderbuch »Leiermann dreht goldne Sterne« von Lieselotte Schwarz, mit dem der um die Entwicklung des guten Bilder-

»Leiermann dreht goldne Sterne«, Lieselotte Schwarz, 1959

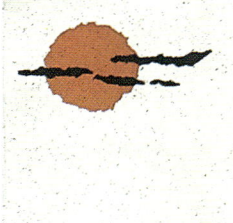

I

Ein runder, roter Mond hing über der Stadt. Die Fenster in den Häusern standen wie schwarze Vierecke in den schlafenden Hauswänden. Der Wind sang nicht, und auch die Vögel in den Bäumen sangen nicht. Auf dem Marktplatz stand ein Mann mit einem Leierkasten. Er hatte seinen Hut in der Hand und spielte eine wunderschöne Musik für die Zirkustänzerin. Ich sagte zu ihr: »Laß mich so tanzen wie Du«, und sie lachte. Da wußte ich warum. Ich tanzte auf den Noten der Musik, im Schatten der Wohnwagen, unter dem runden, roten Mond - ich war die Zirkustänzerin.

buchs nach 1945 so hoch verdiente Verleger Heinrich Ellermann 1959 die Künstlerin mit einem Schlag bekannt machte und zugleich künstlerische Maßstäbe in der Bilderbuchwelt setzte. Es sind einzelne Traum-Episoden, die von der Autorin in einfach scheinender, doch hoch poetisch bestimmter Prosa erzählt werden. Hier als Beispiel der erste Traum:

»Ein runder, roter Mond hing über der Stadt. Die Fenster in den Häusern standen wie schwarze Vierecke in den schlafenden Hauswänden. Der Wind sang nicht, und auch die Vögel in den Bäumen sangen nicht. Auf dem Marktplatz stand ein Mann mit einem Leierkasten. Er hatte seinen Hut in der Hand und spielte eine wunderschöne Musik für die Zirkustänzerin. Ich sagte zu ihr: ›Laß mich so tanzen wie Du‹, und sie lachte. Da wußte ich warum. Ich tanzte auf den Noten der Musik, im Schatten der Wohnwagen, unter dem runden, roten Mond – ich war die Zirkustänzerin.« Und wie in ihren späteren Bildern

»Leiermann dreht goldne Sterne«, Lieselotte Schwarz, 1959

zu den oben besprochenen Kinderreimen wechseln im »Leiermann …« ganzseitige farbige Bilder mit ganzseitigen schwarzen ab, dazu kommen teils farbige, teils schwarze oder gemischte Vignetten bei den Textanfängen. Auch hier wird die Ausstrahlung der Farbbilder auf die schwarzen geradezu verblüffend deutlich; man muß den schwarzen Briefträger in den von der Künstlerin ins Gedächtnis des Betrachters eingegebenen Farbvorstellungen sehen: »Unser Briefträger kam mir entgegen. Er ging eigentlich nicht, er flog. Auf seinem Rücken hatte er Flügel. Er trug die Luftpost aus. Nur einen einzigen Brief hielt er in der Hand. Der war so groß wie ich selbst, und mein Name stand darauf. Und was war darin? Ein Paar schneeweißer Flügel mit der Aufschrift: Zum Geburtstag für Dich, wenn Du brav bist. Bin ich brav gewesen?«

Die poetischen Texte und ihre Bilder entspringen der gleichen imaginativen Quelle und sprechen Kinder dank ihrer Imaginationsfähigkeit nachhaltig an. Die damals bald aufgekommene Diskussion, ob Kinder solchen Graden bildnerischer Abstraktion zu folgen vermögen, beantwortete sich zumeist in der Erfahrung: Kinder ja! Aber Erwachsene, gefesselt von alten Vorstellungen vom »Kindgemäßen«, konnten es nicht und hielten die Kinder von dieser kreativen Herausforderung fern.

Eine ganz andere, künstlerisch wiederum höchst anspruchsvolle Herausforderung im Kreativen brachte der gleiche Verlag (Ellermann) 1969 mit dem Bilderbuch »Amüsierpapiere oder Bilder aus Phantasus' Bauchladen« von Christoph Meckel in die Bilderbuchwelt ein. Der Autor/Maler/Grafiker war lange schon als einer der bedeutendsten deutschsprachigen Lyriker bekannt, und seine Doppelbegabung für Wort und Bild hatte er schon oft bewiesen, auch in Publikationen. Der Titel und besonders der Untertitel verraten sofort einen Wortkünstler, der schöpferisch mit Sprachvokabeln umgeht und damit ins Phantastische weist. Stärker noch kommt die poetische Kraft in Meckels kurzem Vorwort zum Ausdruck: »Dieses Buch gehört nicht ins Museum. Es enthält mit Farbstift, Pinsel, Feder, Tusche, eingefärbter Fingerkuppe und verschiedenen Ölkreiden (diesen Dampfwalzen unter den Instrumenten des Zeichners) hergestellte Amüsierpapiere zum Privatgebrauch humorloser Leute und berufener wie unberufener Interpreten; Buntpapier für einen imaginären Karneval und illegal verfertigte Fahrkarten in das Land Punt; Wandschmuck für die Hotelzimmer Ahasvers und Dandelions zum Überkleben von Verbotsschildern und amtlichen Formularen; Kernkarten für krumme Hunde und komische Vögel; handgeputzte Cartoons und Dreigroschen-Bilder für Leute wie Lisi, Stumpen, Susanne, Dea, Mino-Marlies, Hümse, Waldemar Graf Windei, Agi und andere, liebliche Berge; Bilder aus dem Bauchladen des Phantasus, unverwüstlicher Antiquar und Hausierer, der alle Morgen unter dem Fenster erscheint und ruft: Schlechte Zeiten! Immer schlechter! Wer kauft!«

Es ist klar, daß dieser Einleitungstext von Meckel für Erwachsene geschrieben ist, und der Ellermann Verlag hatte ja auch mehrere Grafik-Bücher von

Meckel für Erwachsene herausgebracht. Und dennoch ist das Buch auch an Kinder gerichtet, und warum sollte nicht der Künstler in der Einleitung zunächst einmal die Erwachsenen auf seine »Wellenlänge« einstimmen, damit sie in eben dieser das Buch mit den Kindern betrachten? Die weiteren sehr knappen Texte in diesem Bilderbuch, immer linksseitig den Farbbildern auf den rechten Seiten gegenüber, kann man als »Bildtitel«, »Legenden« oder poetische Kommentare bezeichnen, die immer auf das engste mit den Bildern korrespondieren oder von ihnen angeregt sind. Das verblüffende an den Bildern ist die frisch-freche Unbekümmertheit, wie sie spontan und schnell »hingeworfen« sind und in den meisten Bild-Vokabeln wie in den Gesamtkompositionen unmittelbar an Bilder *von* Kindern denken lassen; nur, daß hier ein Künstler nicht »in Kniebeuge« (eine Meta-

»Amüsierpapiere«,
Christoph Meckel, 1969

pher von Erich Kästner) malt, sondern im Malen einfach kindlich *ist*. Das kommt auch in der schwarzen Kreidezeichnung vor dem Buchbeginn und am Ende zum Ausdruck. Es läßt sich denken, daß dieses Bilderbuch keinen großen Erfolg haben konnte. Welche Eltern und Erzieher lassen sich schon auf das Wagnis ein, solch ein »abstraktes« Bilderbuch gemeinsam mit den Kindern zu betrachten? Meine Studierenden haben es getan, es war ein voller Erfolg, die Kinder waren begeistert; d.h. doch nicht alle Kinder, jedenfalls nicht mehr die über zehn Jahre alten. Die Studierenden Stefan Hauck und Joachim Seng berichten in ihrem Referat 1989 zu Meckels »Amüsierpapiere« (in meinen Seminaren mußten alle Referenten ihr zu untersuchendes Bilderbuch in mehreren Sitzungen mit Kindern betrachten und den Verlauf protokollieren, siehe hier das Kapitel »Metasprache«) unter anderem wie folgt (18):

»Bei der Untersuchung war bezüglich des Alters eine deutliche Grenze spürbar: Bis zum Alter von zehn Jahren fand ein emotionales Erfassen der Bilder und ein unbefangenes Betrachten statt, wohingegen ab elf Jahren ein rationales Erfassen und das verzweifelte Suchen nach Gegenständlichem erfolgte. … Die Kinder bis zu zehn Jahren gingen dagegen unvorbelastet an die Bilder und konnten vermutlich daher auch viel Spaß beim Entdecken und Phantasieren haben. Meckels Bilder sind offen, liefern keine fertigen Aussagen. Der Betrachter muß mitproduzieren. Die Bilder enthalten viele Leerstellen, in die verschiedene Variable eingesetzt werden können – was die Kinder auch fleißig taten. … Vielleicht entwickeln sich zu Beginn der Pubertät auch nur zunehmende Hemmungen, die eigenen Phantasien Dritten gegenüber öffentlich kundzutun. Vielleicht ist es auch ein Zeichen dafür, daß sich unsere Gesellschaft stark an realistischen Prinzipien orientiert und sich der heranwachsende Jugendliche, verunsichert in seiner eigenen Gefühlswelt, in dieser Hinsicht der

Welt der Erwachsenen annähern möchte … Plädoyer dafür, daß zum Bilderbuch auch noch ein erwachsener Mitbetrachter zum Reden dazugehören sollte; eine Tatsache, die durch viele Beobachtungen gestützt, der aber in vielen Kinderzimmern immer noch keine Rechnung getragen wird.«

Aus der nicht sehr großen Zahl von Autor/Maler-Künstlern im Bilderbuchbereich ragt auch Jürgen Spohn weit heraus. Sein bildnerischer Stil ist von seinem Beruf geprägt: Spohn war Gebrauchsgrafiker oder »Graphik Designer«, wie man heute sagt, und er schuf zahlreiche Plakate. Reinhart Braun hat sich eingehend mit Spohn als Plakatkünstler auseinandergesetzt (Jürgen Spohn, Drunter & Drüber). So ist es berechtigt, bei den Bildern in seinen Bilderbüchern vom plakativen Stil zu sprechen. Thiele (Der Künstlichkeit …) nennt die Reduzierung auf prägnante eindeutige Formen (schon im ersten Bilderbuch Spohns »Der Spielbaum«, 1966) »ungewöhnlich und unerhört modern« (17). Unter dem Einfluß der Popart, so Thiele, rückte »das Unscheinbare, scheinbar Banale, der alltägliche Gegenstand … ins Blickfeld der figurativen Malerei und des Designs. … Erst über diesen Exkurs in die Bildende Kunst erhielten die alltäglichen Gegenstände auch im Bilderbuch eine neue Wahrnehmungsintensität. Jürgen Spohns Schuhe, Telefon-Apparate oder Tassen, im Blow-up-Verfahren dem Betrachter entgegengezoomt, besaßen ganz andere, ›modernere‹ Anmutungsqualitäten als etwa die gleichen Gegenstände in den Bilderbüchern der 50er und 60er Jahre« (22f.). Als besondere Stilmittel Spohns hebt Thiele die eigenwillige Gliederung hervor: »Spohns serielle Gliederung der Bilderbuchseiten mit Schachteln, Kisten, Pferden und Köpfen wollte etwas anderes. Durch filmische Abläufe oder Verwandlungen entstand ein erzählerischer Kontext, der die Spiellust der Kinder weckte. Spohn gab der Popart, der narrative Strukturen fremd waren, einen narrativen Rahmen« (24f.).

ein Nasenhuhn
ein Nasenzwerg
ein Nasenschwein
die gründeten
einen Verein

und als da kam
ein Ohrentier
da riefen sie:
»was willst du hier«

»Eledil und Krokofant«,
Jürgen Spohn, 1967

Spohns spielerischer Umgang mit Worten als Sprachspiele und mit Bildvokabeln in direktem oder hintergründig indirektem, auch metaphorischem Bezug zu den Worten macht ihn zu einem Equilibristen in der Bilderbuchwelt, der überdies viele seiner oft eigenwillig gestalteten typographischen Einfälle selbst setzte. Schon der Umgang mit einem Spohnschen Bilderbuch ist eigenartig: Man kann es beliebig aufschlagen, hinten, vorn oder in der Mitte, es hat »keinen chronologischen Durchgang« (Kün-

ein Ohrenhuhn
ein Ohrenzwerg
ein Ohrenschwein
die gründeten
einen Verein

und als da kam
ein Nasentier
da riefen sie:
»was willst du hier?«

nemann, Störenfried, 51f.). Künnemann bemerkt weiter zur Kunst von Jürgen Spohn: »Gegen das brave, ›normale‹ Bilderbuch, das eine glatt geleckte und geschleckte Wirklichkeit vortäuscht, setzt Spohn seine Herausforderungen. Unserer so scheinbar geregelten Wirklichkeit hält er einen Vexier-, mitunter auch einen Zerrspiegel vor. Wie im Panoptikum verzerren sich dabei die Größenverhältnisse und Proportionen. Bei ihm herrscht heilloses, heilsames, oft amüsantes Durcheinander, Anarchie. Bei

159

Spohn wirkt das Umfeld oft finster, grauslich, störanfällig. Seine Fortführungen des britischen Nonsens, der auf unserem Festland nie sonderliches Heimatrecht erwarb, stellt er oft als eine ›verkehrte Welt‹ hin, die Kinder und Erwachsene zurechtrücken und ›richtigstellen‹ mögen. In den meisten seiner Bilderbücher ist Sprachliches vom Bildlichen nicht zu trennen. Die Absurdität einer Situation wird entweder sofort visualisiert – oder eine Szene wird in einer Minuten- und Sekundenstory allein über Ohr und Hirn verlebendigt. Das innere Auge wird dann dazu angeregt, sich ein eigenes Bild zu schaffen. Die Tonhöhen liegen dabei zwischen sanft und harsch. Zwei Textproben aus ›darum‹ (1984):

Es kroch
aus einem Saxophon
ein falscher Ton
mitten im ADAGIO
und
schämt sich so …
und
schämt sich so …

Der Tonfall wird dann später ruppiger:

Es sann ein Schwein
im Schlachthof
über Sinn und Sein
dachte:
Mein liebes Metzgerlein
ich mache dich jetzt
kurz und klein
und misch dich
du verdammtes Schwein
ins Gehackte rein«

(ebenda, 57).

Reinbert Tabbert (Nonsens, literarischer, 108f.) befaßt sich ausführlich mit dem Gedicht »Schnoddel«:

Schnoddel hat jemand Schnoddel gesehn
Schnoddel kann tolle Schnoddel drehn
und schnoddeln kann man mit Schnoddel gehn
und den Schnoddel vom Schnoddel wer kennt denn
den
Schnoddel hat jemand Schnoddel gesehn?

Dazu sagt Tabbert (ebenda, 109): Für Kinder kann
»die Einsicht in spielerisch mißglückende Kommunikation viel triumphierender sein«. Auf die Kinderlyrik von Spohn geht Heinz-Jürgen Kliewer näher
ein (»Und so«) und betrachtet einzelne Texte genauer, etwa den folgenden:

Vier

Ein Murmeltier
zum Murmeltier:
Wie wär's mit einem Murmelbier,
gleich hier bei mir?
Seither gibt es
bei Murmeltieren
(vom vielen Murmelbierprobieren)
nur Milch und Brot
und – Bierverbot! (ebenda, 75f.).
(siehe auch die eingehende Untersuchung von
Astrid Klotz).

Mit dem von Thiele herausgegebenen Katalog »Jürgen Spohn. Drunter & Drüber« zur entsprechenden
Ausstellung in Oldenburg 1994 und ein Jahr später
im Gutenberg-Museum in Mainz, unter Mitarbeit
mehrerer Autoren, ist in vorbildlicher Weise das viel-
seitige und vielschichtige Schaffen eines Künstlers
gewürdigt, der mit seinen Büchern in absoluter Kongruenz und kreativer Interaktion von Wort und Bild

die Bilderbuchwelt wesentlich bereichert und Türen in Neuland aufgestoßen hat.

Nun ganz mit Wort und Bild im Nonsensbereich angesiedelt ist der amerikanische Bilderbuchkünstler

Doch mit den Sternen brüsteten sich die sternbäuchigen Schnipfen:
„Wir sind die besseren Schnipfen, die im Schnipfenland hüpfen!"
Mit erhobenen Schnäbeln schnüffelten sie smart:
„Wir haben nichts zu schaffen mit der blankbäuchigen Art "
Und trafen sie eine beim Herumstolzieren,
so stapften sie weiter, ohne ein Wort zu verlieren.

»Die Schnipfen«,
Dr. Seuss, 1973

Dr. Seuss (d.i. Dr. Theodor Seuss Geisel; Ps.: Theo Le Sieg). In seinen über dreißig Bilderbüchern behandelt er durchweg aktuelle Themen oder Themen aus typisch kindlicher Vorstellungswelt heraus, so in sei-

Und spielten die Sternbauchkinder mal mit dem Ball –
durfte ein blankbäuchiges mitspielen? Auf gar keinen Fall!
Mitspielen durften nur die mit dem Stern auf dem Bauch,
der aber fehlte den Blankbauchkindern, und das wurmte sie auch!

nem ersten Bilderbuch »And to think that I saw it on Mulberry street« (1937), bis zum »Lorax« mit dem Thema der Umweltzerstörung; Angst vor dem Fremden bis zur Lösung durch Vertrautwerden; Standesdünkel und seine raffinierte Vermarktung bis zum Aufheben des Dünkels durch Einsicht – das sind einige der von Dr. Seuss behandelten Themen. Auch Tugenden wie die Treue zu einem gegebenen Versprechen werden von ihm behandelt. Alle Themen führt er mit seinem bewußt aus der Comic-Welt entlehnten Zeichen- und Malstil vor; hier also auch die Illustration unter einem unverwechselbaren Stil (siehe oben »Markenzeichen«), um gerade aufgrund des schnellen Wiedererkennens seines Stils seine grundverschiedenen Aussagen an die Kinder zu vermitteln. Als ganz wesentliches Stilmittel kommen hinzu die vielen Nonsens-Momente in Text und Bild (gibt-es-nicht-Worte, irreale Schauplätze und gibt-es-nicht-Wesen) sowie die strikt durchgehaltene balladeske Form seiner Texte, fast immer durch Endreime gebunden. Hier eine Kostprobe aus »The Sneetches«:

Now, the Star-Belly Sneetches
Had bellies with stars.
The Plain-Belly Sneeches
Had none upon their thars.

Those stars weren't so big. They were really so small
You might think such a thing wouldn't matter at all.
But, because they had stars, all the Star-Belly Sneetches
Would brag, ›We're the best kind of Sneetch on the beaches.‹
With their snoots in the air, they would sniff and they'd snort
›We'll have nothing to do with the Plain-Belly sort!‹

And whenever they met some, when they were out walking,
They'd hike right on past them without even talking.

Meine deutsche Nachdichtung (unter dem Titel »Die Schnipfen«) für die gleichen Zeilen:

Also, da gab es die sternbäuchigen Schnipfen,
die hatten auf dem Bauch einen Stern,
und da gab es die blankbäuchigen Schnipfen,
die hatten keinen, aber die hätten ihn gern.

Die Sterne waren nicht groß, sie waren nur klein;
und daß sie viel bedeuten, das sieht man kaum ein.

Doch mit den Sternen brüsteten sich die sternbäuchigen Schnipfen:
›Wir sind die besseren Schnipfen, die im Schnipfenland hüpfen!‹
Mit erhobenen Schnäbeln schnüffelten sie smart:
›Wir haben nichts zu schaffen mit der blankbäuchigen Art!‹
Und trafen sie eine beim Herumstolzieren,
so stapften sie weiter, ohne ein Wort zu verlieren.

Sein pädagogischer Impetus führte Dr. Seuss dazu, sogenannte »beginner books« zu machen, die mit einem einfachen und reduzierten Wortschatz an die Schulanfänger gerichtet sind, aber auch aktuelle Themen vermitteln. »The Cat in the Hat« ist der Titel eines solchen Buchs (1957), das ich als »Der Katz mit dem Latz« ins Deutsche übersetzt habe (1979). Vier weitere Bücher von Dr. Seuss habe ich – nachdem mehrere deutsche Autoren abgewinkt hatten, da Dr. Seuss nicht übersetzbar sei, – im Auftrag von Christian Stottele vom Otto Maier Verlag als deutsche Nachdichtungen vorgelegt. »The Sneetches and other stories«; »Horton hatches the egg« (»Der Elefant im Vogelnest«); »Horton hears a Who!« (»Horton hört ein Staubkorn reden«) und »The Lorax« (»Der Lorax«), alle 1974. Diese deutschen Nachdichtungen wurden nach über einem Jahr in den Ramsch gegeben, verschwanden also vom Markt, weil die Vertreter angeblich der Meinung waren, Comics seien dieses Verlags nicht würdig und kämen hierzulande bei Kindern nicht an. Das ist umso grotesker, als die Bilderbücher von Dr. Seuss in den USA zu den meistverkauften und am meisten geliebten Bilderbüchern gehören. Versuche, die Nachdichtungen in Neuauflagen herauszubringen, scheiterten an den Aussagen mehrerer Verleger, diese Art von Humor käme bei deutschen Kindern nicht an. Meine zahlreichen Lesungen vor deutschen Kindern und Lesungen und Übungen meiner Studierenden mit Kindern bewiesen allerdings schlagend das Gegenteil.

Mit zauberischen, poetischen Bildern erzählt Binette Schroeder ihr Märchen »Florian und der Traktor Max« (1971 im Nord-Süd Verlag). Die oft von magischem Realismus bis zu irrealer Verfremdung gehaltenen Bilder scheinen zunächst in ihrer bildnerischen Überhöhung über den im ersten Anschein einfach anmutenden Prosatext hinauszugehen. Doch gerade in den einfach gehaltenen, oft knappen Sätzen ist viel Naturstimmung und Gemüt enthalten, so daß sich bei vertieftem Lesen und Betrachten eine überzeugende Einheit von Bild und Text ergibt. Von besonderer Eindringlichkeit sind die mehrfach textlos über die Doppelseiten gemalten Bilder (Landschaften), in denen man sich träumend verlieren kann. Übrigens berichtet Binette Schroeder in eindrucksvoller Weise über ihre Arbeit an den Bildern zum Grimmschen Märchen »Der Froschkönig …« (IJB-Report 4, 1989, 3–17; vgl. auch Thiele, Die Illustratorin …).

Bilderbücher mit verschiedenen Personen als Autor/in oder Illustrator/in, die dennoch eine Einheit in künstlerisch hoher Qualität bilden, gibt es

»Florian und der Traktor Max«, Binette Schroeder, 1971

häufiger und können deshalb nur in Modell-Beispielen behandelt werden, wieder mit dem Ziel, die Interaktion zwischen Bild und Text zu verdeutlichen. Doch sollen hier am Anfang zwei Beispiele genannt sein, bei denen diese Interaktion überhaupt nicht stattfindet und eine künstlerische Einheit nicht im geringsten gegeben ist: Das eine Bilderbuch unter dem Titel »Die Sternenmühle« bringt Gedichte der Lyrikerin Christine Busta mit Bildern von Johannes Grüger (1959). Hier sind die hochpoetischen Gedichte von allzu plakativen, mitunter kindisch-naiven Bildern begleitet, die nichts vom Gehalt und der Form der Gedichte mit- und nachempfinden. Man muß allerdings dem Verlag zugute halten, daß es eine große Leistung war, so gute Gedichte für Kinder herauszubringen; und an guten Illustratoren war in jener Zeit noch keine große Auswahl; und Johannes Grüger hat – im gleichen Stil – zu anderen Themen wie »Die Heinzelmännchen« von August Kopisch gut gepaßt.

Interessant ist der Bericht von Eckart Kleßmann, der mit seinem zweijährigen Sohn die »Sternenmühle« betrachtete und vorlas, und dessen Sohn immer wieder vor sich hin murmelte »Dämmermühle« oder »Schlummersack gebückt«, »fasziniert von Vokal und Rhythmus … er erfaßte den raunenden Zauber … der den Menschen der Vorzeit überkam bei magischer Beschwörung und der – seit Mallarmé – ein Charakteristikum moderner Lyrik ist« (78).

Das zweite Beispiel für ein totales Mißverhältnis zwischen Text und Bild ist das Bilderbuch mit einer der schönsten deutschsprachigen Balladen, nämlich »Herr von Ribbeck auf Ribbeck im Havelland« von Theodor Fontane mit den Bildern von Arend Agthe (1980). In ihrer karikaturistischen, derb überzogenen Art sind die Bilder dem Text nicht nur völlig unangemessen, sie ziehen auch das Gemüthafte und menschlich Warme, das diese Ballade so meisterhaft ausdrückt, ins lächerlich Komische herab.

Diese Beispiele – sie stehen für unendlich viele weitere – sollen hier genügen, um gelungene Werke deutlicher davon abheben zu können.

In meinem Seminar stand das Sommersemester 1989 unter dem Titel »Meisterwerke von Lyrik und Prosa im Bilderbuch der Gegenwart«. Aus allen dort behandelten Büchern ragte eines ganz besonders heraus: »Und oben schwimmt die Sonne davon« von Elisabeth Borchers mit Bildern von Dietlind Blech (1965 bei Ellermann). Elisabeth Borchers gehört zu den besten und bedeutendsten Lyrikerinnen der Gegenwart. »Triffst Du nur das Zauberwort – das ist im Kern die Poetik der Elisabeth Borchers. Ihre Lyrik steht dem Alltagsparlando der Neuen Subjektivität ebenso fern wie der dunklen Rede hermetischer Poesie« (Wulf Segebrecht in der FAZ vom 18.7.1992). Dieses »Zauberwort« trifft die Dichterin in diesem Bilderbuch immer zu Beginn jeder Strophe (es sind zwölf, sie betreffen die Monate) mit dem gleichlautenden Beginn »Es kommt eine Zeit ...«, und diese Zeile steht bei einigen Strophen auch ein zweites Mal in der Mitte des Gedichts. Spätestens beim dritten Einlesen mit den Worten »Es kommt eine Zeit ...« stellt sich bei dem erwachsenen Leser das Gefühl einer bewußten Reihung ein, einer fast liturgisch wiederholten Einleitungsformel, nicht weit von Beschwörungsformeln und ähnlichem. Bei Kindern verstärkt die Formel von Strophe zu Strophe das Gefühl, ganz drin zu sein, im Ablauf der Strophen, im Ablauf der Jahreszeiten. Und die Strophen lassen Bilder aufscheinen, setzen bewußt Farbkontraste und Monate überspringende Assoziationen wie im Februar-Gedicht:

Februar

Es kommt eine Zeit
da sagt die Krähe
Ich mache jetzt eine lange Reise

Sie setzt sich auf eine Eisscholle
und treibt den Fluß hinunter

Die Welt ist weiss
vor lauter Schnee
nur ich bin schwarz

Im Sommer möchte ich weiss sein
schneeweiss

Im Sommer möchte ich
eine Möwe sein
die ihre weissen Federn
über blaue Meere trägt

Krah-krah sagt die Krähe
das heisst
Schwarz-schwarz

Das Wesensmerkmal des scheinbar Einfachen, was
die gesprochenen Bilder so schwebend macht, möchte man – ohne Kenntnis des Bilderbuchs – für nicht
illustrierbar halten. Die Bilder von Dietlind Blech
greifen indes die Gedankenbilder, Zustandsaussagen
und Assoziationen nicht nur behutsam und in gleicher schwebender Diktion auf, sie bleiben auch ganz
und gar eigenständig, lassen ihr Gemaltsein erkennen
und könnten durchaus als Bilderbuch ohne Text bestehen. So kommen in diesem meisterhaft gemachten
Buch zwei Künstlerpersönlichkeiten mit ihren eigenen Ausdrucksmitteln aufeinander zu, verschränken
und beleben einander und gehen zugleich nebeneinander.

Oktober

Es kommt eine Zeit
da fragen wir uns
Was soll denn nur werden

Die Luft schmeckt
so bitter

Die Vögel sind
über alle Berge

Der Nebel macht
die Häuser bleich

Oktober

Es kommt eine Zeit
da fragen wir uns
Was soll denn nur werden

Die Luft schmeckt
so bitter

Die Vögel sind
über alle Berge

Der Nebel macht
die Häuser bleich

Aufs Dach trommeln
Kastanien

170

Aufs Dach trommeln
Kastanien

Die kleinen Tiere gehn
unter der Erde spazieren

Wir müssen ins Haus zurück
da hält uns der Regen gefangen

Die Studierende Martina Metzger hat in ihrem Referat zum Bilderbuch von Borchers/Blech die ganzheitliche Wirkung wie folgt beschrieben: »Der
Leser/Betrachter wird aktiv in das Geschehen des

»Und oben schwimmt die Sonne
davon«, Dietlind Blech, 1965

171

Buches einbezogen. Einmal durch stark assoziative Momente, zum anderen durch die offene Form, die die Phantasie anregt und fordert. Das Buch hat eine ganzheitliche Wirkung

- durch Verwebung der Jahreszeiten und ihrer Begebenheiten zu einem Kreislauf (= Geborgenheit, Gewißheit, Verbunden-(Eingebunden-)heit)
- durch Überlappung/Verschiebung der Text-Bild-Bezüge (Buch wird zum fortlaufenden Band)
- durch Verbindung alltäglicher Erlebnisse mit Naturgeschehnissen und mythisch-religiösen Begebenheiten
- Text und Bild werden stilistisch getragen durch wiederkehrende Elemente, bei gleichzeitigem unterschiedlichem Ausbau der einzelnen Monatsblätter« (Referat bei mir).

Kleßmann (Das Bilderbuchalter) hat mit seinem Kind das Buch betrachtet und sagt unter anderem dazu (78): »Die Autorin redet nicht ›kindgemäß‹ (was immer das sei), sie entwirft Bilder, die der Erfahrung des Kindes entsprechen, es aber auch noch anregen, diese Erfahrung durch die Phantasie zu bestätigen.«

1959 erschien bei Stalling das Bilderbuch »Förster Pribam«, erdacht und gemalt von Klaus Winter und Helmut Bischoff, mit Versen von Hanns Dieter Hüsch. Es galt damals und noch lange danach als ein besonderer Wurf im Zusammenspiel (nicht Gleichklang) von Sprache und Bild. In der Form der Verse von Hüsch fällt auf, daß der Autor oft sehr direkt – wie beim Zoomen mit der Kamera – von der Totalen (»der große schöne Wald«) auf das Detail zugeht, dann aber wieder unmittelbar vom Detail zur Totalen zurückspringt. Diese stilistische Eigenart ist im Sprachlichen begründet, wie man beim lauten Lesen bald merkt. Eine andere, wieder im Sprachlichen begründete Eigenart sind die Aufzählungen (»… und haben Angst. Eichhörnchen hat Angst, Füchschen hat Angst, Rehlein hat Angst, Wildschwein hat

»Förster Pribam«, Klaus Winter und Helmut Bischoff, 1959

172

Angst«, nämlich vor dem Wilderer). Wenn auch das Ganze im Nachhall wie eine Verserzählung anmutet, mitunter ans Balladeske erinnernd, so ist von einheitlich durchgehaltener Vers- oder Reimfolge keine Rede. Viele Textteile erscheinen wie Bruchstücke, der Leser muß schnell (da im Buch von Atemlosigkeit die Rede ist) von Objekt zu Objekt, von Handlung zu Handlung springen. Und genau diese Erzählform nehmen die aus Naturabdruckbildern zusammengesetzten Bilder von Winter und Bischoff auf. Das Aneinander- und Zueinanderfügen von Einzelformen wie Versatzstücke zielt didaktisch auf eine Bild-Lese-Methode: Die Versatzstücke werden gedanklich zueinander geordnet, genau wie bei den unterschiedlichen Textteilen. Das Hören, Lesen und Sehen werden assoziativ und additiv gelenkt.

Die additive Bild-Erzählform trifft man in den farbig angelegten Holzstichen von Felix Hoffmann zu dem bekannten Kettengedicht »Da schickt der Herr den Jockel aus …«, hier in schweizerischer Mundart »Joggeli woot go Birli schüttle« (1963 bei Sauerländer). Voll im Sinn des Kettengedichts hat Hoffmann nur wenige Versatzstücke geschaffen, etwa den Joggeli in Bewegung zu den Birnen hin, den Joggeli sanft schlummernd unter den Birnen (»Birli wänd nid falle«), und in der dritten Form sitzt der Joggeli halb aufgerichtet und sieht dem nächst Ankommenden entgegen (Hündli, Fürli usw.). Und auch diese Hinzugekommenen erscheinen in nur drei entsprechenden Formen: Ankommen, Ruhen, Entgegenblicken, die sich dann summieren. Das schmale Bändchen, ein Kleinod der Buch- und Bilderbuchkunst, steht für die absolute Kongruenz zwischen Kettenreim und Illustration.

Hier ist auf die geniale Illustration des Polen Jan Lenica zum Kettengedicht (»Das Rübchen«) von dem polnischen Lyriker Julian Tuwim (in »Die Lokomotive«, N. J. Hoffmann Verlag, 1957) in der meisterhaften Nachdichtung von Helene Lahr hinzuweisen; nur daß hier, im Gegensatz zu Felix Hoffmann, das Additive weitaus malerischer dargestellt ist.

Kongenial gestaltet ist auch das Buch »3 x 3 an einem Tag« mit den Versen von James Krüss und den Bildern von Eva Johanna Rubin (1963), zwar kein Kettengedicht, doch mit stets wiederholten Textformen, denen die Künstlerin mit versatzstückartigen Bildern additiv antwortet.

Um noch einmal in den Nonsens-Bereich einzudringen, so ist im Hinblick auf die Interaktion von Text und Bild das Bilderbuch »The Quangle Wangle's Hat« von Edward Lear mit den Bildern von Helen Oxenbury (London, o.J.) zu nennen. (Meine deutsche Nachdichtung unter dem Titel »Der Quingelwingelquie« erschien 1969 bei Sellier.) Dieses auf der Höhe des englischen Nonsens stehende Gedicht mit seinen Gibt-es-nicht-Worten und bizarren Vorstellungen war literarisch ganz sicher ein Vorbild für Dr. Seuss. Es entführt die Leser/Betrachter in ein kurioses Reich hoch oben im »Crumpetty Tree« (im »Krumpelbaum«), wohin dann einige absonderliche Tiere wie »the Fimble Fowl (The Fimble Fowl with a corkscrew leg)« oder »the Attery Squash« pilgern, um dort oben mit dem Quangle Wangle ein Fest zu feiern. Die Art und Weise, wie die englische Künstlerin die skurrilen Bilder und Vorstellungen des Autors aufgreift und ins Bild bringt, halb realistisch, halb verrückt übertreibend, das ist kongenial zu Lears Text (siehe Tabbert, Wie malt man einen Quingelwingelquie).

Ebenfalls im Bereich des Nonsens und der Sprachspielereien ist das Bilderbuch »Pampelmusensalat« mit meinen Gedichten und Bildern von Günther Stiller (bei Julius Beltz, 1965). Die Gedichte – das muß man mir glauben – sind spontan und im Frischdrauflos-Schreiben entstanden, natürlich ausgelöst vom spielenden Umgang mit den eigenen Kindern, die gerade im Bilderbuchalter waren. Und frisch drauflos und spontan hat auch Stiller seine Bilder gezeichnet und gemalt, aber nicht auf Papier, sondern – als gelernter Offsetdrucker – direkt auf die Aluminium-Platten für den Druck; das bedeutete, er mußte jede der vier Farben (rot, gelb, blau, schwarz) auf jeweils eine andere Alu-Platte zeichnen/malen, und erst nach dem Druck konnte er seine Bilder sehen. Dieses auch für den Verleger gewagte Verfahren ersparte nicht nur die teuren Reproduktionskosten, sondern garantierte dem Künstler auch die gewünschte Spontaneität im bildnerischen Ausdruck. Zur weiteren Bild-Text-Interaktion kommt noch die Art und Weise, wie Stiller einzelne Begriffe der Verse aufgreift und ins Bild setzt, nämlich durch frei in der Fläche verteilte Bild-(Text-)Vokabeln; und das alles auf durchgehend rotem Grund, weshalb das Buch im jährlichen Wettbewerb der »50 schönsten Bücher« glatt durchfiel – mit der Begründung: »Man kann ein Bilderbuch nicht mit durchweg roten Seiten machen!« Nun, man konnte, und das Rot als wirksame Affektion hat zum Erfolg des Buches beigetragen. Die Kehrseite der Medaille, also der besonderen Art der Herstellung: Nach gewisser Zeit waren die Bilder auf den Alu-Platten beim Drucken »abgequetscht«, eine (damals heftig geforderte) Neuauflage hätte nur über eine teure Reproduktion erfolgen können.

Hier noch eine Begegnung zweier bedeutender Künstlerpersönlichkeiten im Bilderbuch: die Malerin (Setzerin und Pressendruckerin) Roswitha Quadflieg und der bekannte Kinderbuch-Autor Michael Ende im Bilderbuch »Lirum Larum Willi Warum« (1978 Verlag Urachhaus). Das Buch sei hier auch deshalb genannt, weil es ebenfalls im Nonsensbereich angesiedelt und auf einem Bild eine Stadt im Baum errichtet ist (wie bei Lear der Quangle Wangle mit seinen Gästen). Das Buch stellt einen köstlich-witzigen Warum-Dialog zwischen dem fragenden Neffen Willi und dem antwortenden Onkel dar. Das ist zunächst einmal typographisch-farblich hervorra-

»Lirum Larum Willi Warum«, Roswitha Quadflieg, 1978

gend gemacht (bei Schumacher-Gebler, München), indem – immer auf den rechten Seiten (mit Ausnahme der ersten Textseite) die Antwort des Onkels oben in blauer Kursivschrift und die Frage des Neffen unten in roter gedruckt ist, dazwischen steht immer das kleine Bild, das in nur wenigen Abwandlungen den Jungen im Dialog mit seinem Onkel zeigt. Auf den linken Seiten stehen die immer gleichgroßen Vollbilder der Künstlerin, und sie nehmen in kongenialer Komik die lustigen Einfälle aus den spritzigen Reim-Versen von Michael Ende auf. Als gegen Schluß von Krawatten die Rede ist, heißt es:

Nachdenklich hört man den Willi fragen:
»Dann kannst du also niemals mehr
Krawatten oder Schlipse tragen?
Warum gabst du sie alle her?«

»Ach, solchen Halsschmuck brauch ich keinen«,
lacht fröhlich Onkel Eduard,
»denn niemand sähe ihn bei meinem
so schönen, langen, weißen Bart.

»Das Märchen vom kleinen Moritz«, Kurt Mühlenhaupt, 1972

Die Männer von der Müllabfuhr schimpfen weil der Schnee gar nicht alle wurde.

176

Doch damit sind wir sozusagen
dort angelangt, wo es beginnt,
denn willst du nun noch weiter fragen –
dann fängt's von vorne an, mein Kind!«

Von einem der schönsten Bilderbücher der letzten
Jahre, »Das Märchen vom kleinen Herrn Moritz«
(1972) von Wolf Biermann mit den Bildern von Kurt
Mühlenhaupt soll jetzt die Rede sein. Von dessen
Kunst war im Kapitel »Das Künstlerische im Bilderbuch« bereits die Rede. In diesem Buch kommt die
trist erscheinende winterliche Vorstadt Mühlen-
haupts der märchenhaften Geschichte von Biermann
in unwahrscheinlicher Form entgegen: In eben dieser
tristen Welt, in der alle Leute mißmutig gebückt ein-
hergehen, wachsen dem kleinen Herrn Moritz plötzlich Blumen aus dem Kopf, weil er vom Sommer
träumt, und die Leute freuen sich darüber und
pflücken sich die Blumen, und der kleine Herr Moritz läßt das gütig lächelnd geschehen, bis ein Polizist
ihn wegen Unfugs aufschreibt und der kleine Herr
Moritz nach Hause geht. Als er bemerkt, daß er keine
Blumen und keine Haare mehr auf dem Kopf hat,
nimmt er das gelassen hin. Die Übereinstimmung in
Text und Bild liegt hier vor allem im Atmosphärischen.

In ihrem Referat über das Buch von Biermann/
Mühlenhaupt schreibt Susanne Schmidt: »Die entscheidende Szene ist, wenn die Passanten anfangen,
miteinander zu kommunizieren. Aus schimpfenden
Leuten werden freundliche Leute. Die Botschaft des
Autors an seine Leser ist eindeutig, man soll sich
nicht durch äußere Umstände beeinflussen lassen
und soll seine Meinung, seine Gefühle selbst bestimmen. Die eigene Anschauung ist wichtig«; und sie
stellt nach den Übungen mit Grundschulkindern
fest, wie wichtig es ist, daß Erwachsene oder nur
einer ein Bilderbuch zusammen mit den Kindern betrachtet (Referat bei mir).

177

Eines der besten und interessantesten Beispiele vollkommener innerer Stimmigkeit von Sprache und Bild bietet das Bilderbuch »Wind« mit dem lyrischen Prosa-Text von Sarah Kirsch und den Bildern von Koto Taniuchi (1979). In meinem Seminar »Meisterwerke von Lyrik und Sprache im Bilderbuch« haben sich Christine Schad und Susanne Wiesemüller eingehend mit diesem Buch befaßt, auch Rezeptionsuntersuchungen dazu mit Kindern der Eingangsstufe einer Grundschule angestellt. Wie in den anderen Bilderbüchern, die Taniuchi zusammen mit Sarah Kirsch veröffentlicht hat (»Ein Sommerregen«, 1978, und »Schatten«, 1979), sind auch in »Wind« die Bilder in ihren Szenen- oder Landschaftsdarstellungen weitestgehend reduziert, dafür aber von fein nuancierten Farbklängen bestimmt, hier vornehmlich Grün und im letzten Bild Gelb. Die Referentinnen schreiben: »Zunächst gelingt es Taniuchi, mit der kalten Farbe Grün die Macht und Stärke des Windes, die sich hier bis zur Übermacht und Bedrohung steigert, einzufangen. Dabei wird das Grün nicht ganz kontinuierlich, aber deutlich dunkler, d.h. der kalte, blaue Farbanteil nimmt gegenüber dem warmen, gelben erheblich zu, und am Himmel sind Töne zu erkennen, die schon weit zum Blauen hin tendieren. Die Figur des Mädchens, bzw. der kleinen Person, es könnte auch ein Junge sein, wird im Verlauf der Bilder immer kleiner und muß ihren Hut festhalten, während sie gegen den Wind ankämpft. Nach dieser Entwicklung, die sich über zehn Bilder erstreckt, kommt ein Bild, auf dem die kleine Person deutlich in den Mittelpunkt gerückt ist. Der gesichtslose Kopf – ein Charakteristikum von Taniuchis Bildern – ist dem Betrachter zugewandt, und der grüne Hintergrund wirkt nicht mehr ganz so dunkel und bedrohlich. Wenn man nach diesem Bild weiterblättert, stößt man auf eine doppelseite Darstellung eines Kornfeldes – ganz in warmem Gelb gehalten. Die kalten Grüntöne sind bis an den äußersten Bildrand

zurückgedrängt.« Hier liegt eine kongruente Spra-
che-Bild-Dramaturgie vor: die Steigerung des Winds
zum Sturm, die Gefühle und Ängste des Kindes »in
seiner direkten Kommunikation mit dem Wind« bis
zum erlösenden letzten Bild: »Das Kornfeld! – die
Belohnung, die Erfüllung, das Erlebnis, das keiner
Worte mehr bedarf, mit Worten nicht faßbar ist.« Zur
Rezeption durch die Kinder schreiben die Referentinnen: »Wir waren überrascht von den starken Emotionen und positiven Reaktionen, die das Kornfeld
hervorrief. Vielleicht wirkten die vorherigen Bilder
mit den dunklen Farben bedrohlich auf die Kinder.
Das Kornfeld wirkt im Gegensatz zu den anderen
Bildern freundlich, hell und klar. Außerdem war es
sehr auffällig, daß sich alle Kinder in ihren Bildern [in
der dritten, der Erinnerungssitzung] ganz genau an
die im Buch vorgegebenen Farben hielten. Die Bilder
schienen für die Kinder insgesamt sehr einprägsam«
(Referat bei mir). Hier noch das Gedicht von Sarah
Kirsch, das durch das Bilderbuch hindurch zeilen-
weise und am Schluß des Buchs noch einmal ganz
und ohne Bild auf der Gegenseite abgedruckt ist:

Als ich eines Tages unterwegs war,
wurde die Stromleitung laut

Die kleinen Graswellen
waren plötzlich groß

Ich dachte schon, ich bin unterwegs
aufs Meer

Und es brüllt,
der Sturm wütet

Nicht, daß ich Angst hab –
aber, Wind, laß mich weiter,
ehe die Sonne versinkt

Wind, so hör doch

Bist du taub? Ich hab's eilig, muß
auf mein Kornfeld

Ich will mein Kornfeld
im Sonnenuntergang sehn, ich komme
an einem anderen windigen Tag

Es wurde oben einmal vermerkt, daß nicht jeder gute
Schriftsteller und Maler ein gutes Bilderbuch für
Kinder machen kann; um das zu können, muß etwas
vom Kind in ihm lebendig sein. Da gibt es ein gutes
Negativ-Beispiel für zwei Bilderbücher, die zweifel-
los in der künstlerischen Qualität der Texte und Bilder sehr hoch stehen und dennoch an den Kindern
vorbei gestaltet sind: Eugene Ionesco »Geschichte
Nummer 1« und »Geschichte Nummer 2«, beide mit
Bildern von Etienne Delessert (1968 und 1970, jeweils ein Jahr später in deutschen Übersetzungen
von Herbert Asmodi im Middelhauve Verlag). Im
Sommersemester 1989 behandelten wir in meinem
Seminar das Thema »Meisterwerke von Lyrik und
Prosa im Bilderbuch der Gegenwart«. Die Studierenden Ariana Grube und Silvia Multinu referierten
über »Geschichte Nummer 1« und Kerstin Licht
über die zweite Geschichte, beide Referate wieder
verbunden mit Rezeptionsübungen mit Kindern in
mehreren Sitzungen. Die in Beschreibung, Analysen
und Auswertung sehr sorgsam arbeitenden Studierenden stellten zu beiden Büchern fest, daß die den
beiden Bilderbüchern mitgegebenen Untertitel »Für
Kinder unter drei Jahren« absolut unsinnig sind, weil
die Bücher weit über die Köpfe der Kinder in dieser
und in einer späteren Altersstufe hinausgehen, wie
die Rezeptionsübungen erwiesen haben; die »Geschichte Nummer 1« wurde mit fünf 7jährigen Kindern betrachtet, die zweite Geschichte mit zwei Kindern im Alter von knapp drei Jahren. Zum Text der

ersten Geschichte vermerken die Referentinnen (4):
»Die Geschichte ist frei interpretierbar und eröffnet
dem Leser unendlich viele Möglichkeiten des Um-
gangs mit der Geschichte, oder aber der Leser
resigniert vor einer so großen Anzahl von Verarbei-
tungsmöglichkeiten, so daß er sie als ›uninterpretier-
bar‹ und ›sinnlos‹ abtut.« Zu den Bildern von Delessert
schreiben sie: »Der gravierendste Vorwurf, der
Delessert zu machen ist, besteht in der Überstrapa-
zierung von erwachsener Symbolik und allegori-
schen Mustern, die von Kindern nicht verstanden
werden können« (9). »Über-, nicht nur Unterforde-
rung kann Kindern die Bilderbuchlektüre verleiden«
(8). Kerstin Licht stellt zur zweiten Geschichte fest:
»Ionesco geht falsch in der Annahme, daß ein Kind
unter drei Jahren seiner Geschichte so folgen kann,
daß es sie als Spielzeug versteht« (26), und sie beurteilt das Buch »als ein ganz exzellent konstruiertes
und durchgeführtes Buch, das durch Etienne Deles-
serts Illustration ein kleines Kunstwerk für Erwachsene geworden ist« (28, beide Referate bei mir).

Es hat dagegen schon manchen erwachsenen Betrachter erstaunt zu hören, daß ein so spröde und
herb gemaltes Bilderbuch wie »Ein dicker Mann
wandert« von Günter Bruno Fuchs (1967 bei Middelhauve) großen Gefallen bei Kindern findet. Darüber berichten die Studierenden Regina Bruder und
Ute Schlagehan in ihrem Referat im gleichen Sommersemester 1989 (Referat bei mir). Sie ordnen das
Bilderbuch von Fuchs, der außer den Graphiken
auch die Typographie selbst gestaltet, inhaltlich in die
Reihe der phantastischen Bilderbücher ein. »Alles
entspringt der heiteren Phantasietätigkeit des Günter
Bruno Fuchs. Reales und Irreales stehen ganz selbstverständlich nebeneinander« (3). Für seine Bilder »in
Umdrucktechnik und Schablonentechnik benutzt
der Künstler ausschließlich die klaren Farben blau,
grün, gelb, rot, schwarz und weiß und setzt sie in un-
realistischer Weise ein, z.B. grüner Kopf des dicken

Mannes. ... Ein durchgängiges Stilmittel ... ist die Aneinanderreihung von Hauptsätzen. Durch diese Parataxe wirkt der Text sehr einfach, schlicht und überschaubar und erhält einen ruhigen durchgängigen Rhythmus. ... Wie ein roter Faden durchzieht die Formel ›Er macht einen Schritt und noch einen Schritt und noch einen Schritt‹ das Bilderbuch. Durch alle diese Stilmittel erhält der Text einen hohen Grad an Eingängigkeit« (4f.). »Die geradlinige Handlung schien für die Kinder leicht nachvollziehbar zu sein, sie kamen nicht auf die Idee, Reales und Irreales trennen zu wollen. Auch die unrealistische Farbgebung irritierte sie nicht« (7). »Dieses Bilderbuch GBFs konnte von den Kindern [sechs Kinder, 5–6] in idealer Weise rezipiert werden« (8).

Sonja Toepfer-Franz, die im gleichen Seminar auch das Buch von G. B. Fuchs beschrieben und mit den Kindern betrachtet hat, berichtet über ihre Erfahrung, daß nämlich die Kinder ihrer Gruppe im Vorschulalter wesentlich mehr auf die Bilder als auf die Texte ansprachen. Ihr Referat bereicherte sie durch einige Zitate aus dichterischen Texten von Fuchs (Referat bei mir).

VII. Das Viktorianische im Bilderbuch der Gegenwart

Unter diesem Titel stand die Seminar-Arbeit im Sommersemester 1982 an der Johann Wolfgang Goethe-Universität in Frankfurt am Main unter meiner Leitung. Die hier vorgetragenen Gedanken und Erkenntnisse sind in der Gemeinschaftsarbeit des Seminars (Gruppen-Referate und Diskussionen) entstanden. Bereits im Mai 1980 hatte ich in einem Lichtbildervortrag im Goethe-Institut in Tokio erstmalig auf eine deutliche Hinwendung gegenwärtiger Bilderbuchkünstler zum Stilgebaren der viktorianischen Ära aufmerksam gemacht (Königin Victoria, England; Regierungszeit 1837–1901).

Der Trend in diese Richtung, zurück ins 19. Jahrhundert, war schon seit Jahren erkennbar, am deutlichsten und besonders früh im Oeuvre des weltbekannten Bilderbuchkünstlers Maurice Sendak (USA). Zum Beweis genügt da, neben vielen Vergleichsmöglichkeiten, der Vergleich einer Illustration des englischen Malers und Illustrators Arthur Hughes (1832–1915) zu dem Buch »Princess and the Goblin« mit einer Illustration von Sendak zu seinem Buch »Higglety Pigglety Pop! or There Must be More To Life« (1967). Eine Landschafts-Doppelseite aus dem gleichen Buch oder auch die 1966 erschienenen Illustrationen von Sendak zu Isaac Bashevis Singers »Zlateh the Goat and Other Stories« oder seine Illustrationen zu Randall Jarrells »Fly by Night« (1976) sind so stark an den viktorianischen Stil angelehnt, daß es schwerfällt, diese Bilder als in unserer Gegenwart entstanden zu vermuten. Als weitere Künstler der viktorianischen Ära könnten zu Vergleichen herangezogen werden: Thomas Bewick (1753–1828), der den Holzstich neu entwickelte; W. Mulready (1786–1863); G. Cruikshank (1792–1878); Edwin Landseer (1802–1873); E. Evans (1826–1906) und Sir John Tenniel (1820–1914) (Muir,

»Princess and the Goblin«,
Arthur Hughes, 1872

»Higgelti Piggelti Pop! ...«,
Maurice Sendak, 1967

McLean). Selbstverständlich hat Selma G. Lanes in ihrem großen Werk über die Kunst Maurice Sendaks (New York 1980) auf diese viktorianische Komponente wiederholt hingewiesen, und sie zitiert dabei auch Sendak selbst, wie er auf Einflüsse von George Pinwell (1842–1875) und Arthur Hughes verweist. Sendak: »I keep going back to roughly two decades between 1790 and 1810 for all my source material. … it is like the center of myself is situated in the early nineteenth century – it's very strange« (Dougherty, 18). Als viktorianischen Schriftsteller, der ihn stark beeinflußt hat, nennt Sendak George Macdonald (Haviland, Questions, 277). Sendak verleugnet auch niemals die anderen künstlerischen Quellen, aus denen sein Schaffen gespeist wurde, wie beispielsweise Wilhelm Busch oder Winsor McCay, von dessen Comic-Serien »Little Nemo« (1905–1912) Sendak ganze Bildfolgen oder Figuren direkt übernahm, als er an dem Bilderbuch »In the Nightkitchen« (1970) arbeitete. Auf das Eklektische in seinem Werk wurde im Kapitel »Metasprache …« bereits hingewiesen. Mit dem Viktorianischen besonders bei Sendak befaßte sich Kirsten Otto in ihrer wissenschaftlichen Hausarbeit für das Lehramt an Grundschulen (o.J., etwa 1982); außerdem ging aus dem Frankfurter Seminar eine grundlegende und detaillierte Magisterarbeit unter dem Titel »Gibt es ›Viktorianische‹ Stilmittel im Bilderbuch der Gegenwart?« von Gaby Lauterberg und Elke Rubenschuh hervor (1984).

Nun könnte Sendaks historisierendes Stilgebaren ausschließlich aus seiner Biographie, aus seiner besonderen psychischen Konstellation und aus seinen Äußerungen heraus begründet werden, was Selma G. Lanes auch tut, ohne daß man dabei einen allgemeinen Trend heranzieht. Das Gleiche gilt auch für den ebenso weltbekannten Künstler, Cartoonisten und Bilderbuch-Illustrator Edward Gorey (USA) und seine ganz im Viktorianischen wurzelnde Kunst. In ihrem Artikel »Die bösen Geheimnisse von Edward

»Zuckerträume«,
Edward Gorey, 1979

Gorey« in der »Frankfurter Allgemeinen Zeitung« vom 20.2.1982 hat Brigitte Ashoff unter anderem auf Goreys Zyklus »Der Westflügel« (1963) hingewiesen, eine Folge von dreißig Blättern, »in denen er beinahe menschenleere Räume eines spätviktorianischen Hauses ausstellt«. »Schon in den frühen fünfziger Jahren benutzte er die fein gestrichelten Grauwerte, aber auch reine Umrisse und fast holzschnitthafte Hell-Dunkel-Kontraste«, schreibt Brigitte Ashoff, und weiter: »Gorey erweist sich als ein mit Anachronismen virtuos spielender Zeitgenosse. Hinter antiquiertem Dekor und viktorianischen Verkleidungen ist sehr wohl Gegenwärtiges zu entdecken. Das 19. Jahrhundert dient als Camouflage für eine Auseinandersetzung mit zeitgemäßen, brisanten Themen.«

Eben dieses Zeichnen in kleingestrichelten Grauwerten, die aus mehr oder weniger dichten Schraffen erzeugten Licht-Kontraste, dazu kleinteilig dargestellte Pflanzen-Details, Faltenwürfe oder Landschaftsszenen sind die Merkmale des Viktorianischen, wobei in jener Zeit, also in der Mitte und zweiten Hälfte des 19. Jahrhunderts, vor allem die Technik des für die Reproduktion notwendigen Holzstichs dieses Stilverhalten begründete. Wenn ein Sendak, ein Gorey oder so viele andere Künstler der Gegenwart heute genauso zeichnen, ohne sich mühsam mit dem Stichel im harten Hirnholz voranarbei-

»Forgotten Children's Books« (Antiquariats-Kat.), 1898/99

»Higgelti Piggelti Pop! …«, Maurice Sendak, 1967

ten zu müssen, auch ohne an die mühsame Arbeit der nach ihren Zeichnungen arbeitenden Holzstecher denken zu müssen, so ist ihre Bewußtheit des Spiels mit anachronistischen Stilmitteln deutlich genug, sei es nun aus parodistischen, camouflierenden oder sonstwelchen Motivationen heraus. Zum Trend und zum allgemeinen historisierenden Verhalten wird das Übernehmen solcher Vorbilder indes, wenn man die große Zahl weiterer bedeutender Bilderbuchkürstler der Gegenwart hinzunimmt.

»Die Bauern im Brunnen«,
Friedrich Karl Waechter,
Zürich 1978

Friedrich Karl Waechter bedient sich dieser Mittel ebenso konsequent und gekonnt, wie es etwa Janosch, Erwin Moser, Tatjana Hauptmann und Helga Gebert tun, also deutsche Künstler, die in den letzten Jahren weithin bekannt und teilweise mit Preisen ausgezeichnet wurden. Bei ihnen finden sich auch, neben den oben skizzierten Merkmalen, übereinstimmende Form-Kürzel, etwa für die Bezeichnung von Gras auf den Wiesen oder von Blattwerk in den

Bäumen, also zeichnerische Kürzel, die im Akademiebetrieb des 19. Jahrhunderts gelehrt und von den Künstlern angewandt wurden. Aber auch die Szenarien selbst, Interieurs und Landschaftsausschnitte bei den genannten Künstlern der Gegenwart sind einer vergangenen, im Anschein heilen, mitunter romantisch gestimmten, auf jeden Fall von aller modernen Zivilisation völlig unberührten Welt entnommen, auch wenn die Themen solcher Illustrationen ironisch, karikierend oder gesellschaftskritisch und somit durchaus gegenwartsbezogen sind.

Die Liste der in diesen Stilkreis einzubeziehenden Bilderbuchkünstler der Gegenwart läßt sich erweitern: Tomi Ungerer, berühmt sowohl als bissiger Cartoonist wie als Bilderbuchmaler, geht in zahlreichen seiner Illustrationen im 19. Jahrhundert spazieren, dieses mitunter liebevoll parodierend, wie seine köstlichen Illustrationen in »Das große Liederbuch« (Zürich 1975) beweisen. Hans Traxler in »Es war einmal ein Mann« (1979) und in »Fünf Hunde erben eine Million« (1978) kommt aus der Tradition des 19. Jahrhunderts, wie die engen Strichlagen seiner Zeichnungen und auch die Requisiten zeigen. Der 1954 geborene Österreicher Erwin Moser bedient sich in seinem Erstlingsbilderbuch »Die Geschichte von Philip Schnauze« (1982) und weiteren Büchern der viktorianischen Manier des Kleingestrichelten und gibt sich in seinen Bildern romantisch, besonders in der Nachtstimmung. Klaus Ensikat, mehrfach prämierter Illustrator der Bilderbuchszene, oder der 1908 geborene Engländer John S. Goodall, besonders in seinem Bilderbuch ohne Worte »The Adventures of Paddy Pork« (1968), verweisen ins späte 19. Jahrhundert. »Operation Hedgehog« von Margaret Lane mit den Illustrationen von Patricia Casey (London 1981) zeigt Landschaftsbilder in ausgesprochen »heiler« Welt und romantischer Stimmung von viktorianischer Prägung. Aus den USA wären – neben vielen anderen – die Illustrationen von Dirk Zimmer zu

»The Adventures of Paddy Pork«, John S. Goodall, 1968

»Egon von Larry Bograd« (New York 1980) zu zitieren, kleinstteilig gezeichnete Gräser, Rinden und Blätter in Schwarz-Weiß, tief verankert im 19. Jahrhundert. Um einen französischen Künstler mit einzubeziehen: Jean Claverie (geb. 1946) in »Der glückliche Prinz« von Oscar Wilde (1981). 1994 erschien das Buch »Mowglis Brüder« von Rudyard Kipling mit den Illustrationen von Christopher Wormland, wozu es in der Legende zum Bild in der »Frankfurter Allgemeinen Zeitung« vom 12.11.1994 heißt: Der Verlag »hat den englischen Holzschneider Christopher Wormland für Illustrationen im Stil des 19. Jahrhunderts gewonnen ...«.

Es können noch viele weitere in jüngster Zeit erschienene Bilderbücher von verschiedenen Künstlern aus europäischen Ländern und aus Übersee als Belege zitiert werden. Doch es war nicht die Absicht der Seminar-Arbeit, einen Katalog von viktorianisch inspirierten Bilderbüchern der Gegenwart zusammenzustellen; Absicht war vielmehr, das entsprechende Stilphänomen zu erkennen, zu beschreiben und vor allem nach einer Erklärung oder Begründung zu fragen.

Ohne Zweifel läßt sich das historisierende Stilgebaren leicht in die seit etwa zwanzig Jahren zunehmend zu beobachtende »nostalgische Zeitströmung« einordnen und aus ihr begründen. Die rapide Ausbreitung von Trödel- und Flohmärkten, die sich steigernde liebevolle Hinwendung junger Menschen zu Großmutters Hausrat und Mode, die in den siebziger Jahren geradezu unheimlich ansteigende Flut von Faksimile- und Reprint-Ausgaben alter Kinder- und Jugendbücher, immer häufigere Ausstellungen von alter Kinderliteratur, dazu aber auch die Dracula-Renaissance und das neu erwachte (und entfachte) Interesse an Schauergeschichten des 19. Jahrhunderts in vielen Disziplinen, in der Literatur auch die Wiederentdeckung von Autoren wie Edward Lear und Lewis Carroll – dies alles bezeichnet einleuchtend den kulturellen Rahmen, in den das oben skizzierte historisierende Stilverhalten im Bilderbuch der Gegenwart paßt. Indes, man muß tiefer sehen und auch einzelne Spielarten dieses Stils deutlich voneinander abgrenzen.

Da gibt es, erstens, die Gruppe solcher Bilderbuchkünstler, die einfach dem modischen Trend des Nostalgischen folgen, auf den gegenwärtigen Zeitgeschmack eingehen, in ihren Inhalten aber meist unverbindlich und ohne besondere Aussage sind. Die Zahl solcher Bilderbücher ist sehr groß.

Dann gibt es, zweitens, eine Gruppe von höchst talentierten Künstlern, deren Bilderbücher-Illustrationen eine eskapistische Note haben, eine Flucht vor den Realitäten der Gegenwart in die »heile Welt«, in die Idylle beinhalten. Als künstlerisch hervorragendes Beispiel dafür sei die Londoner Malerin Nicola Bayley mit ihrem Bilderbuch »Siebenundsiebzig

Tiere und ein Ochse« (1977 in England, 1979 in der Bundesrepublik erschienen) genannt. Die landschaftliche Stimmung und historisierende Detailschilderung ist so sehr 19. Jahrhundert, daß das Bild den Text geradezu widerlegt: Da ist von Fröschen die Rede, die per Autostop weiterkommen wollen; doch an die Erfindung des Autos ist in dieser romantisch gestimmten Welt überhaupt noch nicht zu denken. Solche eskapistischen Aspekte kennzeichnen schon im 19. Jahrhundert das künstlerische Schaffen eines Ludwig Richter, dessen absolut heile Welt das drohende Aufkommen von Industrialisierung und damit verbundener proletarischer Arbeitswelt, von Kinderarbeit und Elendsquartieren am Rand der Großstädte nicht das Geringste ahnen läßt. Es ist, als wolle der Künstler durch die Beschwörung der sogenannten »guten alten Zeit« und Idylle das gefürchtete Neue bannen.

Eine dritte Gruppe von Künstlern schließlich ist der eingehenderen und tieferen Betrachtung wert, und sie vermag wohl am deutlichsten diese eigenartige Affinität an eine über hundert Jahre zurückliegende Zeit zu beleuchten und zu begründen. Zu diesen Künstlern gehören Sendak und Gorey, Ungerer und Helga Gelbert, um nur einige zu nennen. Wenn sie auch mit den oben genannten Gruppen die bewußte Distanzierung zur Wirklichkeit der Gegenwart gemein haben, so ist ihre Distanzierung jedoch keine eskapistische, sondern vielmehr eine regressive mit dem Ziel, die Gegenwart gewissermaßen von der Rückseite her zu begreifen. Sie sind die eigentlichen Entdecker-Künstler, die zu wesentlichen Quellen des vergangenen Jahrhunderts zurückgehen, um nährende Ströme des Heute zu finden.

Bezeichnenderweise trägt das dritte literarisch bedeutsame Werk des englischen Schriftstellers Ch. L. Dodgson (Lewis Carroll, 1832–1898), bekannt vor allem durch das Buch »Alice's Adventures in Wonderland« (1865), den Titel »Through the Looking

»Schorschis Schatz«, Edward Gorey, erzählt von Florence Parry Heide, Diogenes Verlag, Zürich 1982

Glass« (1872). Gorey und Sendak – sie beide gehen durch das historische Spiegelbild ihrer selbst hindurch, um von der Rückseite her das sich spiegelnde Selbst zu erfahren. Das ist die Logik des Absurden, wie sie Carroll als Exponent des Irrealen meisterhaft formulierte. Nicht von ungefähr spielt Gorey mit seinem eigenen Namen, indem er Buchstaben verschlüsselnd vertauscht (A. Awdrey-Gore, Edward Blutig, Regera Dowdy, Raddory Gewe, O. Müde, Hyacinthe Phipps, Edward Pig, Ogdred Weary, Dreary Wodge) – genau wie bei Dodgson/Carroll. Und es ist höchst auffällig wie auch bedeutsam, auf welche Weise Sendak und Gorey, unabhängig voneinander, die eigene Kindheit von der »anderen Seite« her sehen und zu entdecken suchen, nämlich von der schreckensreichen Seite, von jener Position aus, von der Ängste, Unterdrückungen und Mißverstehen, dazu die schwierige Balance von Realität und Traum, das sensible Kind statt in die »heile Welt« in eine Kette von Leidenssituationen drängen. Gorey: »Ich erinnere mich sehr genau an meine Kindheit, an das, was mich damals in Angst und Schrecken versetzt hat« (Ashoff). »Im Buch ›Die Kleinen von Marksrohlingen‹ erzählt er zum Beispiel von 26 Kindern, die alle, in alphabetischer Reihenfolge, von einem furchtbaren Verhängnis dahingerafft werden« (Mason, 84); Hans Ries weist in seinem Artikel im Lexikon der KJL auf das »hoffnungslose Kleinsein gegenüber der Erwachsenenwelt«, etwa in »Schorschi schrumpft«. Daß Kindheit nicht »schön« im herkömmlichen Sinn ist, zieht sich wie ein roter Faden durch Sendaks wichtigste Bücher. Sendak: »And often, I am trying to draw the way children feel – or, rather, the way I imagine they feel. It's the way I know I felt as a child. And all I have to go on is what I know – not only about my childhood then, but about the child I was as he exists now« (Lanes, 27). In ihrem Gespräch mit Sendak fragte Virginia Haviland: »Some other college students asked if you, as a writer in this post-Freudian era, can resolve the problem of not consciously manipulating the unconscious. Mr. Sendak: (After a pause) Well, that's a problem. The Victorians were very fortunate. ›Alice in Wonderland‹ is full of images and symbols, which are extremely beautiful and sometimes frightening. We know that Carroll had no Freud, and the book came pouring out of his unconscious, as happened with George Macdonald in ›Princess and the Goblin‹. These authors touched on some primal images in quite a fascinating way. It is more difficult for us to do because we do know so much, we've read so much. I hope, I don't consciously manipulate my material. ... The things I've written in which there are conscious unconscious things are very – you can't put your finger on it, certainly children can put their fingers on it, they are the most critical audience in the world, they smell a rat instantly. You cannot fool them, you really cannot fool them« (Haviland, Questions, 266).

Dabei ist betont auf ein Phänomen hinzuweisen, das beiden Künstlern (Sendak und Gorey) durchgängig gemeinsam ist: Die von ihnen in ihren Kinderbüchern gezeichneten Kinder sind immer kleine Erwachsene, das heißt also Abbilder ihrer Erwachsenen-Position, von der aus sie ihr Kindsein betrachten – oder, umgekehrt, das Aufoktroyieren ihrer Erwachsenen-Ängste in das Kindergemüt. Auch hier wieder die enge und tiefgreifende Begegnung mit Dodgson/Carroll und seiner Alice, bei der »nichts ist, wie es ist«. Vielleicht ist bei Carroll zum erstenmal ein Kind als Kind so ernstgenommen worden wie ein Erwachsener oder – wieder in Umkehrung – hat ein Erwachsener den Mut, die Welt in kindlicher Verkehrung aller Perspektiven zu sehen, was man lange Zeit einengend mit dem Begriff des »Nonsens« etikettiert hat.

Die englische Unsinnsliteratur begann mit Edward Lears »Book of Nonsense« (1846) und endete mit Carrolls Tod am 14.1.1898. Der viktorianische Unsinn schuf sich »keine Gegenwelt, sondern eine andere, die aus den Teilen dieser Welt, wie aus ihren Trümmern, zusammengesetzt ist« (Reichert, 10). Das System des englischen Nonsens ist eine Entstellung des Altbekannten und dessen (verschobene) Reorganisation (nach Reichert), also eine Vorform der Collage.

Hier sollte einflechtend auf das System der eklektischen Montage und Collage bei Sendak, Gorey, Ungerer und anderen Künstlern hingewiesen werden, auf das Benutzen vorgeformter Ideen, Bildformen oder Stilmittel zu einer neuen kombinierten Eigenaussage. Regina Humbert bietet einen hervorragenden Beleg für Sendaks direkten, kopierenden Rückgriff auf C.J. Reinhardts »Der heilige Hieronymus« (um 1800) in Sendaks Zeichnung zu Randall Jarrells »Die Tierfamilie«, 1965 (Humbert, 107).

Literaturhistorisch gesehen ist Unsinnsdichtung also ein Sproß der Romantik. Es gibt gemeinsame Motive der Romantik und des Nonsens wie Weltangst, Weltflucht, Interesse am Traum, an den Nachtseiten der Seele. Kirsten Ott (55) zitiert A. Hauser (Sozialgeschichte der Kunst und Literatur, II, 1953): »… daß aus dem Chaos – das heißt dem Unbewußten, dem Irrationalen, dem Traum, den unbeherrschten Regionen der Seele – eine neue Erkenntnis, eine neue Wahrheit …« entstehen würde.

Klaus Reichert weist auf die »Rolle« der Alice hin. Dieses Kindspielen, Spielenmüssen, ist die Umkehr eines Motivs, das zu den zentralen Motiven der viktorianischen Epoche gehört: Kinder in der Rolle (und Kompetenz) von Erwachsenen. Kinder sind nicht Kinder, sie sind Babys oder geschrumpfte Erwachsene, den Übergang gibt es kaum. Unter diesem Aspekt sollte man sich das 1981 erschienene Bilderbuch »Outside Over There« von Maurice Sendak genau ansehen. »Je größer die Gefährdungen der

Kinder, desto rühmenswerter, wenn sie damit fertig werden. Sendak liebt Gretel und Marleenken, die tapferen Mädchen aus Grimms Märchen. ›Sie hat soviel mit angesehen‹, sagt er von Marleenken aus der Machandelbaumgeschichte, die er als kleine alte Frau dargestellt hat. ›Kinder, die viel Schreckliches erleben, haben diese Gesichter. Aber sie ist trotzdem entschlossen. Sie bewahrt ihre Hoffnung. Sie ist absolut treu. Es ist meine liebste weibliche Märchenfigur« (Tabbert, Maurice Sendak, 17).

Unter den neueren Bilderbuchkünstlern zeigt Nikolaus Heidelbach in seinen Büchern »monströse, häßliche Kinder, eigentlich Karikaturen von Kindern. Heidelbach stört und zerstört mit seinem Vorstellungsbild vom Kind das Heile-Welt-Bild, in dem bereits Kinder über Filme, Zeitungen, insbesondere durch Werbung, zu permanenter Schönheit und zu Wohlverhalten verurteilt sind« (Humbert, 334). Auch Annette Michel weist in ihrer Untersuchung von Heidelbachs Bilderbüchern auf »boshaft-ironische Kinderbilder« hin. »Die Überzeichnung der Fi-

»Prinz Alfred«,
Nikolaus Heidelbach, 1983

guren läßt sie oftmals unkindlich erscheinen … Die Gesichter tragen die Züge von Erwachsenen« (Michel, 26). »Die Überhöhung der Realität bekommt in seinen Bildern kafkaeske Züge. Das Irreale ist wirklich, und im Realen tun sich Abgründe auf, wenn man nur genau hinschaut« (Michel, 28).

Die vorliegende essayistische Betrachtung wollte nur Anstöße geben, Stilphänomene der Gegenwart genau zu sehen und nach ihren Ursachen zu fragen. Keinesfalls konnte in diesem Rahmen der Charakter einer wissenschaftlichen Abhandlung angestrebt werden, noch wurde auf andere künstlerische Äußerungen der Gegenwart im Sinne viktorianischer Reminiszenzen verwiesen. Doch ein Hinweis ist hier angebracht, weil er das spezifische Verhalten bedeutender Bilderbuchkünstler der Gegenwart mit zu erhellen vermag: 1977 datiert einer der eigenartigsten Filme des bedeutenden Filmers Claude Chabrol, er trägt den Titel »Alice ou la derniere Fugue«. In diesem Film heißt Alice mit Nachnamen Carroll. Der Film benutzt und verwandelt eine Reihe von Motiven und Ideen aus Carrolls »Alice in Wonderland« von 1865. Da gibt es im Film einen jungen Mann, der (wie das Kaninchen im Vorbild) Alice rät, nicht den Regeln der Vernunft zu folgen, nicht der Logik. Das Spiegel-Motiv ist im Film von gleich großer Bedeutung wie das Motiv des erwachsenen Kindes. Es gibt »Unsinns«-Sätze, die den wahren Sinn der englischen Nonsens-Literatur erhellen, zum Beispiel (aus der Erinnerung zitiert): »Es ist unmöglich, von hier fortzukommen, und trotzdem werden Sie bald in der anderen, in Ihrer Welt sein!« – Oder: »Sie müssen erst nach unten gehen, durch die Hölle, dann können Sie von hier fortgehen, als Sie selbst.«
Der bewußt regressive Weg (durch die Hölle der Kindheit) so »moderner« Künstler wie Sendak und Gorey, die hier stellvertretend für andere so häufig zitiert werden, da sie besonders exemplarisch sind,

ist nur dem Anschein nach ein eklektisch historisierender; in Wahrheit knüpfen sie am Fortschrittlichen jener viktorianischen Epoche an, nämlich an dem ersten mutigen Vorstoß in die eigentliche und komplizierte Kinderseele, die so schwer ergründbar und befragbar, indes aus eigener Erfahrung ahnbar ist. Was nach Freud die Psychoanalyse der kindlichen Seele an Geheimnissen entlockt hat, vor allem mit dem Ziel der diagnostischen Erkenntnis und therapeutischen Funktion, das haben moderne Bilderbuchkünstler in künstlerischer Intuition ausgelotet. Ihr ernsthaftes Ringen um den Ausgleich von Traum und Realität im kindlichen Gemüt und ihre höchst ernsthafte wie tiefgreifende Einschätzung der Macht und Kraft kindlicher Phantasie sollten hier scharf und deutlich abgegrenzt werden von modischem Stilgebaren nach viktorianischer Machart. (Der hier nur geringfügig abgewandelte Essay wurde 1983 und 1984 veröffentlicht; Halbey, Das Viktorianische … .)

VIII. Zeitgeist im Spiegel der Bilderbuch-Illustration

Die folgenden Anmerkungen stützen sich auf einen Lichtbildervortrag, den ich am 7.5.1987 in der Bayerischen Akademie der Schönen Künste im Rahmen einer von der Deutschen Akademie für Kinder- und Jugendliteratur veranstalteten Tagung unter dem Thema »Zeit und Zeitgeist in der Jugendliteratur« gehalten habe. Sie sind besonders interessant im Hinblick auf das hier vorangegangene Kapitel über das Viktorianische im Bilderbuch der Gegenwart.

Wenn sich heutige Künstler in ihrem Stil-Gebaren nach rückwärts orientieren, so sagen diese Bilder nichts über den heutigen Zeitgeist aus; es sei denn, daß die in solchen Illustrationen verborgene Sehnsucht nach einer »heilen Welt« eines Ludwig Richter doch etwas vom heutigen Zeitgeist erkennen läßt, nämlich die uneingestandene Angst vor der bedrohlich wirkenden technischen Entwicklung, vor der elektronisch akzentuierten Zukunft; und diese Angst führt zur Flucht in die Idylle oder Schein-Idylle; dafür stehen die Bilderbücher von Janosch. So haben Illustrationen nach der Mitte des 19. und der des 20. Jahrhunderts diese eskapistische Note gemein; denn auch Richter und seine Zeitgenossen flüchteten sich unter der bedrohlich sich entwickelnden hektischen Industrialisierung mit den Folgen der Kinderarbeit, Armut und des Proletariats in ihre sie selbst und, so vermeinten sie, ihre Betrachter schützende heile Welt. Zu diesem Begriff sagt Thiele (Heile Welt, 27): »Damit erfüllt das Bild – allen künstlerischen und kunstpädagogischen Einwänden zum Trotz – die wichtige Funktion der Entlastung und Konfliktverringerung im kindlichen Alltag«, fragt aber kurz darauf (28): »Kann man im Übergehen von Problemen Probleme lösen?« (Zur Idylle bei Ludwig Richter siehe auch Thiele, Ort der Liebe, 47f.)

Eine eminent eskapistische Note hatte die Kunst

197

nach der Mitte und besonders gegen Ende des 19. Jahrhunderts in England in den Werken der Präraffaeliten, die sich eine idealisierte Welt erdachten und in wunderbaren Farben malten. In der Bilderbuch-Illustration ragen die Bilder der Engländerin Kate Greenaway heraus, in denen Kinder, gekleidet wie Erwachsene und auch deren Gebaren übernehmend, in einer völlig ungefährdeten, friedlichen Welt leben. Aus dem Umkreis der präraffaelitischen Bruderschaft wuchsen auch die zauberhaften Bilder des Engländers Arthur Rackham, in zarten Farbtönungen gehaltene Illustrationen zu Märchen oder zu Shakespeares »Sommernachtstraum«.

Zeitgeist in verblüffender Konzentration drückt sich dann in der Zeit um und nach 1900 in den Bilderbuch-Illustrationen des Schweizers Ernst Kreidolf aus, der die im Art Nouveau (die deutsche Variante heißt »Jugendstil«) in allen Künsten vielfältig bezeugte Sehnsucht nach oben, den Traum vom jugendlichen Aufbruch ins Neue, von der Befreiung aus dem Erdgebundenen zum Thema hatte, ohne sich dessen bewußt zu sein, wie sehr er mit seinen Bildern den Zeitgeist offenbarte. Und es ist hochin-

»Die Nibelungen«,
Carl Otto Czeschka, 1909

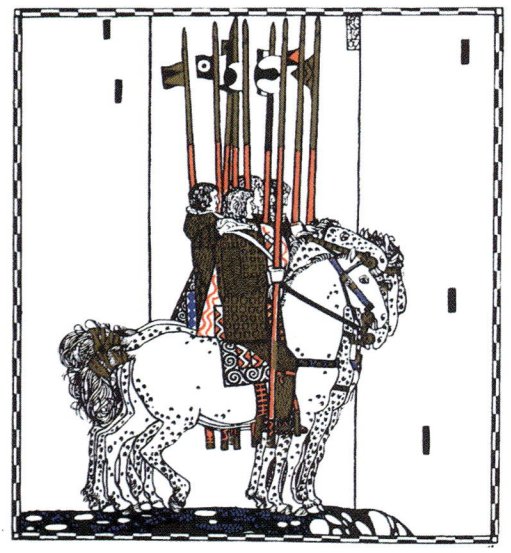
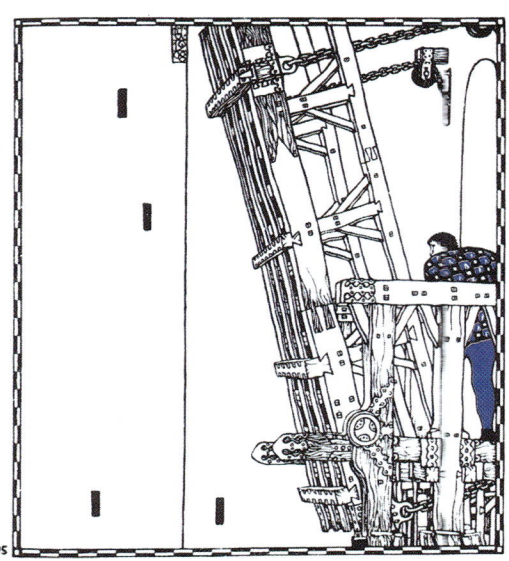

teressant zu sehen, wie sich gleichzeitige österreichi-
sche Künstler wie Heinrich Lefler und Joseph
Urban, etwa im Bilderbuch »Kling Klang Gloria«
(1907), oder Hanns Pellar in »Der kleine König«
(1909) nicht in diesem Jugendstil-Formenreigen verlieren, sondern in tektonischem Bildbau und großer
Prachtentfaltung im Farblichen einem grandios-de-
korativen Stil huldigen wie so viele andere Künstler
in Wien ab 1900, darunter Maler, Bildhauer, Kunst-
handwerker und Architekten. Auch das berühmte
kleine Bändchen »Die Nibelungen« von Carl Otto
Czeschka (1909) aus Gerlachs Jugendbücherei ist
hier stellvertretend für viele andere zu nennen.

Eigenartigerweise fand der im Expressionsismus
sich in den Künsten heftig äußernde Zeitgeist in der
Bilderbuchkunst nur geringen Niederschlag (siehe
dazu Halbey, Das Bilderbuch in Deutschland).

Um so beunruhigender spiegelt sich Zeitgeist in
den Illustrationen von Bilder- und Kinderbüchern,
besonders auch in Fibeln und Schulbüchern während
der Nazi-Herrschaft. Daß ein Bilderbuch den Zeit-
Ungeist in heute noch aufwühlender Weise – in raffi-
nierter Anlehnung an Meggendorfers Bilderbuch-
Stil – zu spiegeln vermag, zeigt das Bilderbuch aus
dem Stürmer-Verlag »Trau keinem Fuchs auf grüner
Heid und keinem Jud bei seinem Eid« (1933).

Aussagen über die Spiegelung von Zeitgeist in Bilderbüchern der jüngsten Vergangenheit zu suchen ist
mangels eines gewissen Zeitabstands noch sehr
schwer. Ganz gewiß spiegeln Kinder- und Jugendbücher von Autoren wie Kirsten Boie, Peter Härtling
und Christine Nöstlinger (hier stellvertretend für
viele andere) eine in der KJL ganz neue Offenheit in
der thematischen Behandlung auch schwieriger Probleme, wie sie Heranwachsende zu bewältigen
haben. Und in der Bilderbuch-Illustration stehen die
Bilder von Nikolaus Heidelbach für die neuartige
Offenheit auch für das Unschöne, das Unheile. Mit
dem Bilderbuch »Abschied von Rune« von Wencke

Øyen und Marit Kaldhol ist zum ersten Mal in der Bilderbuchliteratur das Thema Tod und seine Bewältigung durch ein Kind in überzeugender Form in Text und Bild aufgegriffen worden.

»Abschied von Rune«, Wencke Øyen, 1988

Dieses kurze Kapitel mit seinen wenigen Beispielen will eigentlich mehr Anstoß geben als in Überschau darstellen; Anstoß nämlich, solche Fragen in der Forschung noch vertiefend aufzugreifen und umfassender zu behandeln. Erst wenn das Bilderbuch als ernst zu nehmender Bestandteil der Literatur in den wissenschaftlichen Disziplinen erkannt ist, wird man ihm auch weitergreifende und tiefere Aussagen über ihre Zeit und den jeweiligen Zeitgeist zutrauen.

Es fällt in dem vorliegenden Buch auf, daß die meisten der behandelten, also für die einzelnen Kapitel relevanten Bilderbücher aus den fünfziger und mehr noch aus den sechziger bis achtziger Jahren stammen. Das hängt damit zusammen, daß seit den späten achtziger Jahren immer weniger einzelne Verlegerpersönlichkeiten ihr Verlagsprogramm mit dem Mut zur besonderen Qualität, mit Risikobereitschaft

und entsprechender Verantwortung bestimmten und die wesentlichen Entscheidungen trafen. An ihre Stelle traten Verlags-Managements (von wenigen Ausnahmen abgesehen, beispielsweise Beltz & Gelberg unter der Leitung von H.-J. Gelberg), die überdies – der steigenden Herstellungskosten wegen – zunehmend zu Coproduktionen mit ausländischen Verlagen gezwungen wurden, was automatisch zu Kompromiß-Entscheidungen zugunsten gefälliger Werke im Bereich mittlerer Qualitäten führte.

»Abschied von Rune«,
Wencke Øyen, 1988

Ludwig Richter

IX. Ansätze zu einer Theorie der Bilderbuch-Literatur

Wenn – nach Jauß (s.o.) – Literatur aus dem bedruckten Papier plus dem rezipierenden Leser besteht und dieser das Gedruckte auf seine eigene Weise und anders als ein anderer Leser das gleiche Gedruckte liest, so ist es beim Bilderbuch erheblich komplizierter: In ihm liest der Rezipient nicht nur den Text (oder er wird ihm vorgelesen), sondern er betrachtet und »liest« auch das Bild zum Text. Nun kann das Bild den Text erläutern, ergänzen, deuten oder auf gleicher künstlerischer Ebene begleiten, ja, sogar die Botschaft des Texts verstärken – oder umgekehrt: Das Bild kann die Botschaft des Texts verzerren, verändern, verfälschen, vermindern oder negieren, verbergen.

Bedenkt man überdies, daß das Bilderbuch in den ersten Lebensjahren dem Kind durch einen Vermittler nahegebracht wird, sei es durch Vorlesen und/oder gemeinsames Betrachten, so führt dieses (oben schon skizzierte) Kommunikationssystem zu einer ganz anderen und wesentlich komplexeren Interaktion von Buch und Rezipient. Hans-Heino Ewers (Theorie, 18) weist auf Zohar Shavits Theorie vom »ambivalenten Status eines Teils kinderliterarischer Texte« hin, also auf Texte, »mit doppelter Adressierung, nämlich einer (offiziellen) an kindliche, einer (inoffiziellen) an erwachsene Leser« (ebenda). Ewers möchte »die stete Adressiertheit von Kinderliteratur auch an Erwachsene noch einmal in zwei verschiedene Ausprägungen« unterteilen. Der Erwachsene kann zwei verschiedene Leserollen übernehmen: die eine als Vermittler, des »Mitlesers«, d.h. er versucht von der Warte des kindlichen Rezipienten mitzulesen. In der anderen Rolle ist er der eigentliche Leser, unterscheidet sich also rollenmäßig nicht vom kindlichen Leser. Er schlägt vor, von zwei »eigentlichen«, im Falle einer Doppeladressierung von zwei »offizi-

»Von dem Fischer un syner
Fru«, Eugen Sporer, 1955/56

ellen« Adressaten zu sprechen. Kinderbücher, die
in nennenswertem Maße erwachsene (eigentliche)
Leser gefunden haben (Alice-Bücher z.B.) vermag –
nach Ewers – Zohar Shavit nur als Pseudokinderlite-
ratur anzusehen. »Dem habe ich den Begriff des
›doppelsinnigen Kinderbuches‹ entgegengestellt, das
an zwei eigentliche Leser gerichtet ist und folglich,
insofern es sich um zwei verschieden geartete, nicht
zuletzt auch unterschiedlich kompetente Leser handelt, zwei prinzipiell differente Lektüren zulassen
muß« (ebenda, 19).

Im Hinblick auf den dominierenden Bild-Anteil in
der Bilderbuchliteratur müßte der folgende Satz von
Ewers (Vorüberlegungen …, 62) um einen Begriff erweitert werden: »Für mich ist Kinderliteraturtheorie
nicht die Theorie kindlicher Literaturrezeption, sondern die Theorie eines poetischen bzw. literarischen
Textkorpus, wie schwer er auch immer einzugrenzen
sein mag.« Zu erweitern wäre der Satz um den Begriff
des »Bildkorpus«. Das ist insofern von Belang, als
man sich wohl darauf verständigen muß, daß die Bilder von den kleinen Kindern »gelesen« werden und
daß man deshalb die Bilder unter die »Lesungen«
(lectures) einordnen muß, wozu Roland Barthes allein schon durch den Titel eines seiner Aufsätze auffordert: »Rhetorik des Bildes«.

Es wurde in den vorangegangenen Kapiteln, besonders im Kapiel »Metasprache«, dargestellt, daß
die »Lesungen« ein und derselben Redeweise (Lexie)
individuell verschieden sind und auch bei der gleichen Person im Ablauf der Zeit Schwankungen auf-
weisen können. Barthes sagt dazu: »Diese Schwankungen hängen von dem unterschiedlichen in das
Bild investierten Wissen (praktisches, nationales,
kulturelles, ästhetisches Wissen) ab, und dieses Wissen kann klassifiziert und typologisiert werden. Es
ist, als ob das Bild von verschiedenen Personen gelesen würde, und diese Personen können in einem einzigen Individuum koexistieren. Ein und dieselbe Re-

204

deweise (lexie) mobilisiert unterschiedliche Leseweisen (lexiques)« (Rhetorik, 111f.). Spätestens hier wird offenbar, warum ich im Kapitel »Metasprache« die Rezeptions-Untersuchungen nicht nur methodisch begründet und genau beschrieben, sondern darüber hinaus die wichtigsten Spontan-Äußerungen der Rezipienten wiedergegeben habe. Es ist nicht schwer, aus ihnen heraus klassifizier- und typologisierbare Gruppen zu bilden.

Barthes fragt (ebenda, 112): »Was ist eine Leseweise? Sie erfaßt einen Ausschnitt der symbolischen Anlage (Sprache), die ihrerseits einer Gesamtheit von Praktiken und Techniken entspricht. Das trifft genau auf die unterschiedlichen Betrachtungsweisen des Bildes zu, jedes Zeichen korrespondiert einem Komplex von ›Haltungen‹: dem Tourismus, dem Haushalt, der Kunstkenntnis – wovon die eine oder andere natürlich dem Individuum fehlen kann. In einem einzigen Menschen finden sich also ein Pluralismus und eine Koexistenz von Leseweisen. Die Anzahl und Identät dieser Leseweisen bilden gewissermaßen die ›ideolecte‹ eines jeden. In seiner Konnotation würde das Bild sich also aus einer Architektur von Zeichen zusammensetzen, die einer variierenden Tiefe von Leseweisen (bzw. ideolectes) entnommen sind. … Die Veränderlichkeit der Betrachtungsweise kann somit nicht die ›Sprache‹ des Bildes bedrohen, wenn man anerkennt, daß diese Sprache sich aus ideolectes, Leseweisen und Subcodes aufbaut.« Die Methode und die Ergebnisse der im Kapitel »Metasprache« behandelten Rezeptionsforschung bestätigen die Überlegungen von Roland Barthes, die er anhand seiner kritischen Analyse eines bild-/textlichen Werbeplakats anstellt und vorträgt.

Ein literaturtheoretischer Ansatz für das Bilderbuch liegt also in der Erkenntnis beschlossen, daß Rezeptionsforschung ein eminent wichtiges Instrument zur hermeneutischen Erschließung eines Kunstwerks ist und daß sie die komplexen kommu-

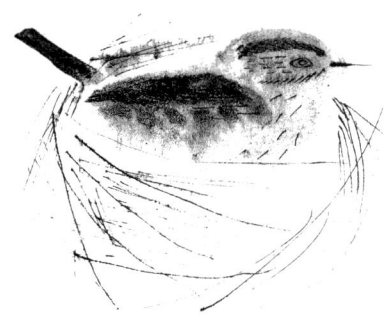

»Herr Minkepatt und seine Freunde«, Josef Wilkon, erzählt von Ursula Gerazino, 1965

nikativen Bezüge der Rezipienten offenlegt, seien es direkte oder vermittelnde Rezipienten; und daß Rezeptionsforschung ein wichtiges literaturtheoretisches Verfahren unter anderen ist.

Das hat sich auch bei Verstehens-Untersuchungen im poetischen Bereich als hilfreich erwiesen. In seiner Auseinandersetzung mit Zohar Shavit und Maria Lypp geht Ewers auch auf den Theorie-Entwurf von Maria Lypp ein, der zwei Ausgangspunkte hat, wovon in diesem Zusammenhang der erste interessiert: die »Unterscheidung von Umgangssprache und poetischer d.i. Verssprache« (Theorie, 22). »Die Erfahrbarkeit von Poesie setze [so Lypp] die Beherrschung der Umgangssprache voraus, und je mehr dieses primäre Zeichensystem angeeignet sei, umso leichter gestalte sich der Umgang mit dem sekundären Zeichensystem. Weil die kindlichen Rezipienten erst noch mit dem Erwerb der Umgangssprache befaßt seien, d.h. das primäre Zeichensystem nur unvollkommen beherrschten, besitze die poetische Rede für sie einen vergleichsweise höheren Kompliziertheitsgrad als für den Erwachsenen, für den die Umgangssprache bereits zur ›natürlichen Sprache‹ geworden sei« (ebenda).

Ewers hält gegen Lypp daran fest, »daß die poetische Rede zumindest in gewissen elementaren Ausprägungen dem kindlichen Rezipienten näher ist als die prosaische, daß sich auf der Stufe des Spracherwerbs, der ›sprachlichen Ontogenese‹, das ikonische Zeichen gegenüber dem konventionsbedingten als das einfachere, früher zugängliche erweist« (ebenda, 22/23).

»Für den kindlichen Rezipienten sind gewisse elementare abbildende sprachliche Zeichen – Geräusch- und Stimmen-imitation etwa – früher, so meine ich, beherrschbar als konventionsbedingtes sinnhaftes Sprechen. … Denn für sie [Maria Lypp] konstituiert sich der Kinderreim auch in seinen einfachsten Ausprägungen mittels einer geradezu bewußten Absetzung von einer Deformation und Verdunkelung der Umgangssprache – und zwar als eine dezidiert andere Rede. Dem möchte ich entgegenhalten, daß Kinder bereits über ein-, zwei- oder gar mehrzeilige Lautformeln aus der Welt des Kinderreims spielerisch verfügen, längst ehe sie umgangssprachliche Äußerungen von vergleichbarer Länge hervorzubringen in der Lage sind. Gegenüber dem sinnhaften Sprechen mittels konventionsbedingter Zeichen ist der Kinderreim in seinen elementarsten Erscheinungsformen, entgegen Maria Lypp, als ontogenetisch früher einzustufen« (ebenda, 23).

Den Gedanken von Hans-Heino Ewers möchte ich hier zustimmen und einige Sätze von Peter Rühmkorf aus seinem poetologisch so relevanten Buch »agar agar – zaurzaurim. Zur Naturgeschichte des Reims und der menschlichen Anklangsnerven« (1981) zur Bestätigung zitieren: »Durch den Reimvers regeln sich die Beziehungen der Kinder untereinander im Guten wie im Bösen« (34). »Die Bereitschaft, auf Reime zu reagieren, aufreizende oder einlullende, scheint jedenfalls in allen uns bekannten Kulturen angelegt und die Lust an verbalen Echoeffekten sehr allgemein in Literatur und Umgangssprache nachzuweisen. Fragt sich bloß immer noch – und jetzt vielleicht sogar um eine Schraubenwindung dringender –, ob Poesie und der Nerv dafür einen angeerbten Resonanzkörper voraussetzen oder ob wir hier eher einen musikpädagogischen Schulungserfolg der Menschheit zu bestaunen haben« (ebenda, 37). »Da sollte man aber in einem zweiten Rundgang um die Welt noch einmal den Bogen zu schlagen suchen von den ersten Zauberwörtern unserer Kindheit bis zu den edlen Rückbeschwörungskünsten unserer Liederfinder und Reimpoeten« (ebenda, 45). Und mit Rühmkorfs folgendem Satz: »Statt von einer Primärsprache redet man herablassend von ›Ammensprache‹« (ebenda, 54), wären wir beinahe wieder am Ausgangspunkt dieses Buchs, nämlich der herablassenden und ausgrenzenden Behandlung von Kinderliteratur.

Nicht nur die Untersuchungen von Gudrun Schulz über die metaphorische Kompetenz der Kinder (s.o.), sondern auch die vielen Rezeptions-Untersuchungen der Studierenden meines Seminars, besonders im Umgang mit Reim und Lyrik, haben in oft verblüffender Weise gezeigt, wie verständig, emotional beteiligt und kreativ Kinder mit lyrischen Gebilden umgehen. Noch einmal Ewers: »Sinnfällig tritt der Kunstcharakter bei versifizierten Texten hervor. Bei Prosatexten dagegen ist er geradezu verborgen, versteckt, ähneln doch diese rein äußerlich der Umgangssprache; die Wahrnehmung ihres Kunstcharakters erweist sich als vergleichsweise schwierig« (Theorie, 24). Und doch haben Kinder diese Schwierigkeit entweder nicht empfunden oder sie »spielend« (auch sprachspielend) überwunden, etwa im Hören, Verstehen und Nachempfinden eines lyrischen Prosatexts wie der von Elisabeth Borchers in »Und oben schwimmt die Sonne davon«, in dem der Kunstcharakter zugleich (im oberflächlichen Begegnen) verborgen und (im vertiefenden Begegnen) offen ist.

Mit seinem Buch »agar agar ...« hat Peter Rühmkorf noch einen weiteren literaturtheoretischen Aspekt aufgerufen: Wenn man an die oben zitierte doppelte Adressierung denkt (an die offizielle, an den kindlichen, und an die inoffizielle, an den erwachsenen Leser), so müßte dem eine dritte Adressierung hinzugefügt werden, nämlich die an den erwachsenen Leser, der beim Lesen von Kinderreimen, Verballhornungen und dergleichen unmittelbar in die Kindheit zurückversetzt ist, also auch »kindlicher« Adressat anderer Art geworden ist.

Nach Wellek/Warren, die »das Studium der Prinzipien der Literatur, ihrer Kategorien, Kriterien und dergleichen als ›Literaturtheorie‹« bezeichnen, die auch Literaturkritik und Theorie der Literaturgeschichte einschließt, ist auch eine Psychologie der Literatur Bestandteil der Literaturtheorie; darunter kann Verschiedenes verstanden werden wie die psychologische Untersuchung des Dichters als Typ und als Individuum, die Untersuchung des Schaffensprozesses und die der Wirkungen auf ihre Leser (Publikumspsychologie; Wellek/Warren, 66). Die eingehende Beschäftigung mit dem Bilderbuch »Die Nachtküche« hat viel über die psychische Konstitution des Autors erbracht und zwar vornehmlich aus der intensiven Betrachtung des Werks selbst und aus dem tieferen Eindringen in die verschiedenen Aussagegeschichten. Psychologisch bedeutsame Aussagen über den Schaffensprozeß der »Nachtküche« und anderer Werke Sendaks fördert Selma G. Lanes in ihrem Sendak-Buch zutage. Und Publikumspsychologie, wieder auf dieses Bilderbuch bezogen, ist bei den Rezeptionsuntersuchungen in Ansätzen erkennbar und könnte systematisch vertieft werden.

»Taro and a Bamboo Shoot«, Yasuo Segawa, von Masako Matsuno, Fukuinkan-Shoten, 1963

Wellek/Warren (67) zitieren Äußerungen von Sigmund Freud, die hier in bezug auf Maurice Sendak von Bedeutung sind: »Der Künstler ist ursprünglich ein Mensch, welcher sich von der Realität abwendet, weil er sich mit dem von ihr zunächst geforderten Verzicht auf Triebbefriedigung nicht befreunden kann und seine erotischen und ehrgeizigen Wünsche im Phantasieleben gewähren läßt. Er findet aber den Rückweg aus dieser Phantasiewelt zur Realität, indem er dank besonderer Begabungen seine Phantasien zu einer neuen Art von Wirklichkeiten gestaltet, die von den Menschen als wertvolle Abbilder der Realität zur Geltung zugelassen werden. Er wird so auf eine gewisse Weise wirklich der Held, König, Schöpfer, Liebling, der er werden wollte, ohne den gewaltigen Umweg über die wirkliche Veränderung der Außenwelt einzuschlagen« (vgl. dazu auch Groeben, 44f.). Und Wellek/Warren vermerken später (73): »Jede moderne Untersuchung des Schaffensprozesses wird sich mit der Frage beschäftigen müssen, welche Rolle das Bewußtsein und welche das Unbewußte dabei spielt.« Die Decodierung der verschiedenen Botschaften in der »Nachtküche« hat die Macht und Bedeutung des Bewußtseins und des Unbewußten im Schaffensprozeß des Künstlers deutlich gemacht, sie hat überdies mächtige und bedeutsame Wirkungen auf einige Rezipienten offengelegt. In diesem Zusammenhang muß betont auf den Beitrag von Thomas Kleinspehn hingewiesen werden: »… die waren sich gar nicht ähnlich«, Bilderbücher aus psychoanalytischer Sicht, Anthony Browne: »Der Tunnel«.

Ein wesentlicher Bestandteil einer Bilderbuchliteraturtheorie ist der kunstwissenschaftliche Aspekt. Was Wellek/Warren über ein Gedicht sagen, ist direkt auf das Bild übertragbar; auch sie setzen sich eingehend mit dem Phänomen des individuellen Verstehens eines Texts auseinander und schließen diese Betrachtung mit dem Satz: »Jedes individuelle Erlebnis eines Gedichts enthält einen rein persönlichen Zusatz« (125). Allerdings: »In jedem individuellen Erlebnis kann nur ein kleiner Teil als dem wahren Gedicht entsprechend angesehen werden. Daher muß das wirkliche Gedicht als eine Struktur von Normen verstanden werden, die in den Erlebnissen seiner vielen Leser nur zum Teil realisiert werden. Jedes einzelne Erlebnis (Lesen, Rezitation usw.) ist nur ein mehr oder weniger gelungener und vollständiger Versuch, diese Normen oder Standards zu erfassen. … Die Normen, die wir im Sinne haben, sind in einem Werk implicite enthalten. Sie müssen jedem individuellen Erlebnis eines Kunstwerks abgewonnen werden und ergeben zusammen das Ganze eines wirklichen Kunstwerks« (129f.). Im kunstwissenschaftlichen Verständnis müßte man unter »Normen« die von Konventionen gefaßten Begriffe wie »realistisch«, »surrealistisch«, »phantastisch«, »abstrahierend«, »abstrakt« und dergleichen in direktem

Zusammenhang mit den Stoffen, den Inhalten, den erkennbaren Oberflächen-Informationen und Tiefenschicht-Botschaften sehen – und dies alles in direktem Zusammenhang mit den Anmutungsmodulationen in Formen und Farben. Für eine Bilderbuch-Literaturtheorie heißt das, die Zeichen-Systeme (Bilder) unter allen hier aufgeführten Aspekten genau zu sehen, zu beschreiben und, wo nötig und möglich, zu klassifizieren und ihre Rezeptionsweisen aufzuzeigen.

Natürlich gibt es noch keine Theorie der Buch-Illustration, weil sich bis heute nur wenige Kunstwissenschaftler mit Illustrationen befassen; der dafür notwendige zweigleisige Weg der Betrachtung und des Lesens, sowie der Analyse von Text und Bild scheint viele Fachkollegen davon abzuschrecken. Der Begriff »Illustration« wird zumeist von »freien« Malern und Graphikern als »literarische Kunst« abgetan, ein wenig analog zum Begriff der »Programm-Musik« als mindere Spielart der Kompositionskunst. Um in Distanz zum »Illustrieren« zu gehen, habe ich in vielen entsprechenden Aufsätzen den Begriff der »Graphischen Reflexion« gebraucht. Aber letztlich ist auch das nur eine Hilfsvokabel. Ob man Kubins Zeichnungen zum Propheten Daniel (1911) oder Lithographien von Hans Fronius zu Kafka »Ein Landarzt« (1966) nimmt, um nur zwei der bedeutendsten Illustratoren des 20. Jahrhunderts zu nennen, immer ist das einzelne Blatt aus einer Folge zunächst einmal Kunst, freie, absolute Kunst. Halbey (Literatur in graphischer Reflexion, o.P.): »Jedes einzelne Blatt … ist für sich und ohne Bindung an das Thema ein Meisterwerk. Die Blattfolgen leben also nicht als Beispiele tiefgreifender Interpretation eines großen literarischen Werks, sondern sie sind lebendig als Zeugnisse hoher graphischer Qualität und beeindruckender Aussagekraft. Genauso wie Rembrandts Bilder im alttestamentlichen Themenkreis zuallererst Meisterwerke der Malkunst sind und erst in der genaueren Analyse die tiefe Problematik ihrer thematischen Bindung erhellen und damit den erschütternden Einblick in das Ringen eines einzelnen um die religiöse Existenzmöglichkeit gewähren. Alle Kunst ist Reflexion auf die sinnlich und seelisch erfahrbare Welt. Reflektiert werden die emotionalen Erregungen, die Zustände unter den Daseinsbedingungen oder die lebensgestaltenden Fakten, sei es in meditativer Einsicht oder im selbstzerstörenden Zweifel. Was und wie auch immer, es ist unerheblich, ob der Antrieb zur künstlerischen Reflexion aus dem direkten Ich-Bezug zur Welt kommt oder aus der Begegnung mit einem auf andere Weise bereits künstlerisch gestalteten Werk. Sofern der auf solche Begegnung reflektierende Künstler sein Ich auf seine ganz eigene Weise verwirklicht (Rodin in der Auseinandersetzung mit Michelangelo, William Blake in der eklektisch scheinenden ›Verwendung‹ michelangelesker Gestalten), ist sein Werk doch absolut und künstlerisch autonom. Das sollte bei der Betrachtung von graphischen Werken zu literarischen Themen als Voraussetzung verstanden werden!«

Diese Überlegungen gelten selbstverständlich auch für Bildfolgen zu literarischen Texten im Bilderbuchbereich. Wenn im Kapitel »Erzählhaltung und Anmutung« eine bestimmte bildkünstlerische Erzählhaltung der Illustration mittels komparatistischer Methode ermittelt wurde, natürlich in bezug auf das jeweilige literarische Werk, so hat man nur *einen*, wenn auch wesentlichen Aspekt der bildnerischen Text-Reflexion erfaßt. Ein anderer hermeneutischer Angang müßte in der vom literarischen Vorwurf losgelösten Betrachtung des jeweiligen malerischen oder/und graphischen Oeuvres des betreffenden Künstlers liegen, um zum einen wertende und deutende Aussagen zum speziellen bildnerischen Werk machen zu können und zum anderen die Motivation zur Begegnung mit dem speziellen literarischen Vorwurf und zur Art der bildnerischen Reflexion zu verstehen. Der Wissenschaftler, der – in Verantwortung vor dem kindlichen Rezipienten – ein Bilderbuch analytisch deutet und wertet, kann im Grund nicht umhin, sowohl die Genese und Eigenständigkeit des literarischen Vorwurfs als auch der bildkünstlerischen Reflexion genau zu erfassen und zu beschreiben, um so – und über Rezeptionsuntersuchungen – zu erfahren, womit der kindliche Rezipient Umgang haben kann (siehe oben »Nachtküche«).

Ist der malende/zeichnende Künstler mit dem Autor identisch, so wirkt nur eine künstlerische Persönlichkeit auf den Rezipienten ein, wenn auch auf zwei Aussage-Ebenen; und für den wertenden und deutenden Wissenschaftler ist es leichter und weniger kompliziert, wenn er sich mit nur einer Person und ihrem Werk befassen muß. Wo aber Autor und Illustrator verschiedene Persönlichkeiten sind, ist der wissenschaftliche Umgang mit ihnen weitaus komplizierter und schwieriger. In nicht allzu vielen Fällen kann man in der Bilderbuchkunst von konstellativen Sternstunden sprechen, etwa bei der Konstellation Wolf Biermann (Autor) mit Kurt Mühlenhaupt (Illustrator). Es ist eine glückliche Fügung, daß sie zu ihrem Bilderbuch (»Das Märchen vom kleinen Herrn Moritz«) zusammenfanden, auf welchen Wegen oder Umwegen auch immer; beide im gleichen Wurzelgrund aufgewachsen und beheimatet, im ärmeren Berliner Hinterhof-Milieu, beide kommunistisch-sozialistisch geprägt und beide mit einer Erzählkraft begabt, die wahrhaftig ist und voller Wärme und Liebe zu all denen, die ihre Geschichte hören, lesen und betrachten wollen.

Im Bereich der Autor-Illustrator-Beziehung offenbart sich wohl am deutlichsten die Komplexität der Bilderbuch-Aspekte, die im Hinblick auf den noch nicht verbal reflexionsfähigen Rezipienten ungleich vielfältiger und vielschichtiger ist als etwa eine für erwachsene Leser geschriebene Novelle. Eine

213

umfassender ausgreifende Theorie der Bilderbuch-Literatur müßte anhand weiterer geeigneter Beispiele als den in diesem Buch vorgestellten diese Vielfalt und Vielschichtigkeit durchschaubar machen; einige Ansätze dazu liegen hiermit vor.

Es liegt auf der Hand, und Wellek/Warren sagen es mehrfach deutlich, daß zur Literaturtheorie natürlich auch eine Theorie der Literaturgeschichte gehört. Diesen Ansatz wollte das vorliegende Buch nicht angehen, wie überhaupt eine Bilderbuch-Literaturtheorie noch vieler weiterer vertiefender Angänge und Untersuchungen bedarf.

Doch eines darf eine Bilderbuch-Literaturtheorie nicht anvisieren oder gar ausweisen, nämlich daß sie eine ganz und gar eigene, gattungsspezifische sei; Ewers weist betont darauf hin: »Die in der Kinderliteratur zur Anwendung gelangenden literarischen Verfahren sind grundsätzlich von denen der sonstigen Literatur nicht verschieden« (Vorüberlegungen, 62). Zu dieser Erkenntnis wollte das Buch »Bilderbuch: Literatur« schon im Titel und in seinen Kapiteln beitragen und überdies die bekannten Verfahren um die bildliterarischen bereichern.

»Die Männchen und die Fräuchen«, Paul Flora im Roman von Hilde Janzárik, Zürich 1964

Literaturverzeichnis

Abkürzungen:
KJL   Kinder- und Jugendliteratur
IJB   Report Internationale Jugendbibliothek
       München
FAZ   Frankfurter Allgemeine Zeitung
UTB   Uni-Taschenbücher

Aley, Peter (siehe: Doderer 1972)
Andresen, Ute: Versteh mich nicht so schnell. Gedichte lesen mit Kindern. Weinheim/Berlin 1992
Apitzsch, Ursula (siehe: Michael Müller)
Ashoff, Brigitte: Die bösen Geheimnisse des Edward Gorey. In: FAZ Nr. 43 v. 20.2.1982
Bamberger, Richard: Jugendlektüre. Wien 1965 (1. Aufl. 1955), (Schriftenreihe des Buchklubs der Jugend, Bd. I)
ders.: Das Bilderbuch. In: Bamberger, Jugendlektüre, 1965, S. 86–113
Bang, Ilse: Die Entwicklung der deutschen Märchenillustration. München 1944
Barthes, Roland: Mythen des Alltags. Frankfurt/Main 1964 (edition suhrkamp 92)
ders.: Rhetorik des Bildes. In: Alternative, 10. Jg., H. 94, Juni 1967
ders.: Das Reich der Zeichen. Frankfurt/Main 1981 (edition suhrkamp 1077)
Baumgärtner, Alfred Clemens: Realistische Literatur für Kinder. Möglichkeiten und Grenzen (Vortr., als Ms. bei mir, o.J.)
ders. (Hrsg.): Aspekte der gemalten Welt, 12 Kapitel über das Bilderbuch von heute. Weinheim/Basel 1968
ders.: Das Bilderbuch – ein vernachlässigtes Bildungsmittel. In: Aspekte, hrsg. v. Baumgärtner, S. 7–10
ders.: Erzählung und Abbild. Zur bildnerischen Um-

setzung literarischer Vorlagen. In: Aspekte, hrsg. v. Baumgärtner, S. 65–80

ders.: Bilderbuch und Bildung. Anmerkungen zu einem vernachlässigten Bildungsmittel. In: Bertelsmann Briefe, 1968, H. 55, S. 10–17

ders.: Perspektiven der Jugendlektüre. Beiträge zur Leseerziehung. Weinheim/Berlin/Basel 1969

ders.: Die Welt der Comics. Probleme einer primitiven Literaturform. Bochum 1971 (4. Aufl.)

ders. (Hrsg.): Jugendliteratur im Unterricht. Weinheim 1972

ders. (Hrsg.): Deutsches Jugendbuch heute, unter Mitarb. v. Marianne Exner u. Dorothea Otto. Velber 1974

ders.: Jugendbuch und Literatur. Überlegungen zu einem umstrittenen Phänomen. In: Kinder- und Jugendliteratur, hrsg. v. Gorschenek u. Rucktäschel. München 1979 (UTB 742), S. 9–19

ders.: Das Bilderbuch. In: Bilderbücher im Blickpunkt verschiedener Wissenschaften und Fächer, hrsg. v. Bettina Paetzold u. Luis Erler. Bamberg 1990, S. 4–23

ders. (Hrsg. zus. mit Max Schmidt): Text und Illustration im Kinder- und Jugendbuch. Würzburg 1991 (Schriftenreihe der Deutschen Akademie für Kinder- und Jugendliteratur, Volkach e.V., Bd. 11)

Becher, Hartmut (siehe: Achim Schnurrer)

Beisbart, Ortwin: Nicht nur ein Augenschmaus. Das Bilderbuch als Literatur. In: Bilderbücher im Blickpunkt verschiedener Wissenschaften und Fächer, hrsg. v. Bettina Paetzold u. Luis Erler. Bamberg 1990, S. 23–47

Beitl, Diomira: Das Bilderleben im frühen Kindesalter. In: Jugendliteratur, 8. Jg., 1962, H. 8, S. 339–363 u. 384

Beitl, D. Margarita: Die Bedeutung des Bilderbuchs in der vorschulischen Erziehung. In: Jugendliteratur in einer veränderten Welt. Bad Heilbrunn 1972, S. 105–120

Belting, Hans: Das Ende der Kunstgeschichte? München 1983

Benjamin, Walter: Aussicht ins Kinderbuch. In: Walter Benjamin, Über Kinder, Jugend und Erziehung. Frankfurt/Main 1969 (edition suhrkamp 391), S. 47–54

Berger, Manfred: Umweltzerstörung und Umweltschutz – thematisiert im Bilderbuch. In: Inform. des Arbeitskreises für Jugendliteratur, 1/1983, S. 34ff.

ders.: Kriterien zur Beurteilung geschlechtsspezifischer Verhaltensweisen in Bilderbüchern. Überlegungen zur Wirkung von Bilderbüchern. In: Inform. des Arbeitskreises für Jugendliteratur, 3/1984, S. 47–64

Bertels, Susanne: Lyrik für Kinder in Westdeutschland nach 1970. Mag.Arb., Frankfurt/Main 1994. Kurzfassung in: Mitt. des Inst. f. Jugendbuchforschung, H. 1, 1994, S. 26–44

Bertrand-Rettig, Eva: Les enfants et l'enfance dans la littérature de jeunesse contemporaine à visée réaliste de langue allemande et française, Diss. Clermont-Ferrand 1995

Bettelheim, Bruno: Kinder brauchen Märchen. Stuttgart 1977 (3. Aufl.)

Binder, Lucia (Hrsg.): Neue Formen der Kinder- und Jugendliteratur und ihre Aufnahme durch die Jugend. Wien o.J. (wohl 1977) (Schriften zur Jugendlektüre, Bd. 25)

dies. (Hrsg.) (siehe: Halbey, Trends)

Blaich, Ute: Ein poetischer Rebell. Gespräch mit dem Märchen-Illustrator Maurice Sendak. In: FAZ v. 28.12.1974

Blankenburg, William (siehe: David Clark)

Bodensohn, Anneliese: Im Spielraum der Lyrik. Kinderreim und Kindergedicht als lyrische Vorformen. Frankfurt/Main 1965 (Untersuchungen z. Jugendlit., hrsg. v. A. Bodensohn, Bd. 5)

Bödecker, Hans: Forschungsaufgaben auf dem Gebiet des Bilderbuchs. In: Jugend und Buch, 15. Jg., 1966, H. 1, S. 3–7

Born, Monika: Moderne Bilderbuchklassiker. Fiktionale Bilderbücher zwischen 1950 und 1985. Was ist geblieben? In: JuLit, Inform. 3/95 (21. Jg.), Arbeitskreis für Jugendliteratur. München 1995, S. 2–22

Bornemann, Ernest: Unsere Kinder im Spiegel ihrer Lieder, Reime, Verse und Rätsel. Olten/Freiburg i. Br. 1973 (Studien zur Befreiung des Kindes, I)

Bourdieu, P.: Elemente zu einer soziologischen Theorie der Kunstwahrnehmung. In: Zur Soziologie der symbolischen Form. Frankfurt/Main 1974

Braun, Reinhart: Zwischen Alltag und Sonntag. Jürgen Spohn als Plakatgestalter. In: Jürgen Spohn, Drunter & Drüber, hrsg. v. Jens Thiele. Oldenburg 1994, S. 141–153

Braun, Saul (über Maurice Sendak). In: The New York Times Magazine, June 7, 1970, Section 6, p. 34ff.

Braun, Werner: Zur Erzählhaltung in Hartmanns »Gregorius« und im »Erwählten« Thomas Manns. Kiel 1963 (Schreibmasch. Ms., bei mir)

Bredekamp, Horst (Mithrsg.) (siehe: Michael Müller)

Brunner, Reinhard: Ergebnisse der Entwicklungspsychologie und ihre Bedeutung für die Kinder- und Jugendliteratur. In: Kinder- und Jugendliteratur, hrsg. v. M. Gorschenek u. A. Rucktäschel, S. 73–93

Buber, Martin: Die Erzählungen der Chassidim. Zürich 1949, 1992 (12. Aufl.)

Buber, Martin: Deutung des Chassidismus. Drei Versuche. Berlin 1935

Buch – Bibliothek – Leser, Festschrift für Horst Kunze zum 60. Geburtstag, hrsg. v. Werner Dube, Ottmar Feyl, Gotthard Rückl unter Mitarb. v. Hans-Erich Teitge. Berlin 1969

Bürger-Ellermann, Heike: Formen des Realismus im

Bilderbuch. In: Detlef Hoffmann u. Jens Thiele (Hrsg.), Künstler illustrieren Bilderbücher. Oldenburg 1986, S. 98–104

dies.: Schonraum Kindheit? Die soziale Realität von Kindern im Spiegel gegenwärtiger Bilderbuchproduktionen. In: Thiele (Hrsg.), Bilderbücher entdecken, S. 19–55

Capaldi, E. John (siehe: F.H. Sanford)

Cech, John: Von der Buchkunst zur Bühnenkunst. In: Reinbert Tabbert (Hrsg.), Maurice Sendak Bilderbuchkünstler. Bonn 1987, S. 119–126

Chambers, Aidan: Comic Strip into Art (über Sendak). In: Times Educational Supplement, 21.5.1971

Chassidische Legenden, Een suite van H.N. Werkman. Einführung, Biogr. u. Bibliogr. v. Jan Martinet. Groningen 1985

Conrady, Peter (Hrsg.): Literatur-Erwerb. Frankfurt/Main 1989

Criegern, Axel von: Zur Ikonographie des Unbewußten. In: Reinbert Tabbert (Hrsg.), Maurice Sendak Bilderbuchkünstler. Bonn 1987, S. 105–118

Dahrendorf, Malte: Kinder- und Jugendliteratur im bürgerlichen Zeitalter. Königstein 1980

Davis, David D.: Wrong Recipe Used In the Night Kitchen. In: Elementary English, publ. by the National Council of Teachers in English, USA, p. 856–864 (keine weiteren Angaben auf der mir zugesandten Ablichtung)

Dehn, Hille/Jens Thiele: Bilder entdecken. Anregungen zur Beurteilung von Illustrationen. In: Thiele (Hrsg.), Bilderbücher entdecken, S. 142–164

Dierks, Margarete: Vom Bilderbuch zum Arbeitsbuch. Reutlingen 1965 (Jahresgabe des Verlags Ensslin & Laiblin)

Dinges, Ottilie: Chance und Herausforderung des Bilderbuches – Thesen zu einer kind- und zeitgemäßen Auswahl. In: Informationen III'78, hrsg. v. Arbeitskreis für Jugendliteratur. München 1978, S. 68–82

dies.: Fragen über Fragen um das Bilderbuch – und eine Spielregel dazu oder Hermeneutische Fragestellungen zu einer umfassenden Ästhetik und Didaktik des Bilderbuches. In: Aspekte der Vermittlung von Jugendliteratur, hrsg. v. Helmut Fischer/Reinhard Stach. Essen 1980 (jugendbuchmagazin extra 1), S. 63–69

dies.: Kinderlegende und Holocaust. Wilhelm Grimms Brief an die »Liebe Milli« und Maurice Sendaks Vision von der bedrohten Kindheit. In: Thiele (Hrsg), Neue Erzählformen …, (1991), S. 131–163

Doderer, Klaus (Hrsg.): Jugendliteraturforschung international – Schwerpunkte und Richtungen. Frankfurter Kolloquium 1969 (Jugendliteratur heute, H. 5). Weinheim 1969

ders. (Hrsg.): Klassische Kinder- und Jugendbücher. Weinheim 1970

ders.: Fabeln. Formen – Figuren – Lehren. Zürich/Freiburg i. Br. 1970

ders. (Hrsg.): Bilderbuch und Fibel. Eine kritische Analyse der Literatur für Lese-Anfänger, unter Mitarb. v. Peter Aley/Manfred Geiss und anderen. Weinheim 1972

ders. (Hrsg., zus. mit Helmut Müller): Das Bilderbuch. Geschichte und Entwicklung. Weinheim/Basel 1973

ders. (Hrsg.) (siehe: Lexikon der Kinder- und Jugendliteratur)

ders.: Ästhetik der Kinderliteratur. Plädoyer für ein poetisches Bewußtsein. Weinheim/Basel 1981 (Jugendliteratur heute, Schriftenreihe des Instituts für Jugendbuchforschung der Johann Wolfgang Goethe-Universität Frankfurt am Main, hrsg. v. Klaus Doderer)

ders./Cornelia Riedel: Der Deutsche Jugendliteraturpreis. Eine Wirkungsanalyse. Weinheim/München 1988

Doornkaat, Hans ten: PR – TV – Exit. Vom Leben aus zweiter Hand und vom Fliehen auf eigene Faust. »Aufstand der Tiere oder die neuen Stadtmusikanten« von Jörg Müller und Jörg Steiner. In: Thiele (Hrsg.), Neue Erzählformen …, 1991, S. 50–75

Dougherty, Mary Anne: A Chat With Maurice Sendak. In: John & Mary's Journal, publ. by Dickinson College Friends of Library, Carlisle, PA, No. 8, Winter 1983, p. 15–23

Dube, Werner (Mithrsg. v. Buch – Bibliothek – Leser)

Dück-von Essen, Anne: Man kann ja ruhig zugeben, daß man Angst hat! Kindliche Ängste und ihre Darstellung im Bilderbuch. In: Thiele (Hrsg.), Bilderbücher entdecken, S. 107–141

Ehmer, Hermann K. (Hrsg.): Visuelle Kommunikation. Beiträge zur Kritik der Bewußtseinsindustrie. Köln 1971

ders.: Prolegomena (in Stichworten) zu einer Typologie des Bildes im Bilderbuch (zum Projekt »Bilderbuch« an der Universität Gießen im WS 1973/74; MS. bei mir)

ders.: Zur Metasprache der Werbung – Analyse einer DOORNKAAT-Reklame. In: Visuelle Kommunikation, hrsg. v. Ehmer, S. 162–178

Ellwanger, W./A. Grömminger: Märchen – Erziehungshilfe oder Gefahr? Beispiele zur Märchenbegegnung in Elternhaus, Kindergarten, Grundschule. Freiburg i. Br. 1979

Erler, Luis (Mithrsg.) (siehe: Paetzold)

Ewers, Hans-Heino: Gattungen der Kinder- und Jugendliteratur. In: Die Schiefertafel, Jg. IV, H. 1/2, 1981, S. 96–127

ders.: Anmerkungen zu einer neuen Studie zur Kinder- und Jugendliteratur. In: Die Schiefertafel, Jg. V, H. 2, 1982, S. 87–90 ders.: Anmerkungen zum aktuellen Stand der Kinderliteraturforschung. In: Germanistik und Deutschunterricht im Zeitalter der Technologie. Selbstbestimmung und Anpassung. Vorträge des Germanistentages, Berlin 1987, Tübingen 1988 (Literatur- und Literaturunterricht in der Moderne, Bd. 3 (zit. b. Bertrand-Rettig, Tome I, S. 14)

ders.: Vorüberlegungen zu einer Theorie der Kinderliteratur. In: Literatur-Erwerb, hrsg. v. Peter Conrady. Frankfurt/Main 1989, S. 61–79

ders. (hrsg. mit Maria Lypp/Ulrich Nassen in Verbindung mit der Arbeitsgemeinschaft Kinder- und Jugendliteratur-Forschung, Kinderliteratur und Moderne). Weinheim/München 1990

ders.: Theorie der Kinderliteratur zwischen Systemtheorie und Poetologie. Eine Auseinandersetzung mit Zohar Shavit und Maria Lypp. In: Kinderliteratur im interkulturellen Prozeß. Studien zur allgemeinen und vergleichenden Kinderliteraturwissenschaft, hrsg. v. Ewers, Gertrud Lehnert und Emer O'Sullivan. Stuttgart/Weimar 1994, S. 16–25

Ewert, Otto M.: Die gemalte Welt als Entwicklungsanstoß. Psychologische Aspekte des Bilderbuchs. In: Aspekte, hrsg. v. Baumgärtner, S. 82–87

Ferenczi, S.: Entwicklungsstufen des Wirklichkeitssinnes. In: Internat. Zeitschr. f. ärztl. Psychoanalyse, hrsg. v. Sigmund Freud, 1. Jg., 1913, S. 124–146

Feyl, Otmar (Mithrsg. v. Buch – Bibliothek – Leser, 1969)

Fischer, Erika: Das Bilderbuch in seiner integrativen Bedeutung für Erziehung und Unterricht. In: jugendbuchmagazin 1994/1, S. 18ff.

Fischer, Helmut (Mithrsg.; siehe: Dinges (Hrsg.): Aspekte der Vermittlung …, 1980)

Flaherty, Joe: A Christmas Valentine to Maurice Sendak. In: The Village VOICE, Dec. 24, 1970

Flemming, Klaus: Einleitung zum Katalog »Die Bilderwelt ...«, hrsg. v. Albert Schug. Köln 1988, S. 12–19

Fljorina, A. J.: Die Wahrnehmung eines Bildes durch das Kind. In: Beiträge zur Kinder- und Jugendliteratur 40. Ostberlin 1976

Flügge, Johannes: Die Entfaltung der Anschauungskraft. Ein Beitrag zur pädagogischen Anthropologie. Heidelberg 1963 (»Anthropologie und Erziehung«, hrsg. v. Otto F. Bollnow, Josef Derbolav, Andreas Flitner, Gottfried Hausmann, Martinus J. Langeveld und Ernst Lichtenstein, 6)

Franz, Kurt: Kinderlyrik. München 1979 (UTB 855)

ders. (Hrsg.): Kinderlyrik zwischen Tradition und Moderne, hrsg. v. Kurt Franz und Hans Gärtner. Hohengehren 1996 (Schriftenreihe der Deutschen Akademie für Kinder- und Jugendliteratur Volkach e.V., Bd. 17)

Fredel, Jürgen (siehe: Michael Müller)

Freud, Sigmund: Die Traumdeutung. Über den Traum. Frankfurt/Main 1968 (4. Aufl.) (Sigmund Freud, Gesammelte Werke, 2. u. 3. Bd.)

Fuchs, W. J. (siehe: R. C. Reitberger)

Gärtner, Hans (Mithrsg.; siehe: Kurt Franz, Kinderlyrik zwischen ...)

Geiss, Manfred (Mitarb. b. Doderer (Hrsg.), Bilderbuch und Fibel)

Gelberg, Hans-Joachim: Auch andere Väter und Mütter sind Menschen. Familienbilder in der Kinderlyrik – mit Hinweis auf Hans Manz. In: JuLit 3/91, S. 29–42

Genske, Klaus: Nachkriegszeit. In: Kat. »Die Bilderwelt ...«, hrsg. v. Albert Schug, 1988, S. 47–51

Gesänge der Chassidim, ges., erl. und hrsg. v. A. Z. Idelsohn. Leipzig 1932 (Hebr.-Orient. Melodienschatz, Bd. X)

Gorschenek, Margareta/Annamaria Rucktäschel (Hrsg.): Kinder- und Jugendliteratur. München 1979 (UTB 742)

Grenner-Quint, Birgit: Die moderne Bilderbuchillustration. Versuch einer Skizzierung zeitgenössischer Stile. In: Buch und Bibliothek 35 (1983), H. 2, S. 148–157

Grigoteit-Pippardt, Danielle: Traum-Bilderbücher von 1945–1990. In: Literarische und didaktische Aspekte ..., S. 103–105

dies.: Der Traum im Bilderbuch nach 1945. Diss., Frankfurt/Main 1994

Griswold, Jerome: Sendaks Bilder zu Randall Jarrells Kinderbüchern. In: Reinbert Tabbert (Hrsg.): Maurice Sendak Bilderbuchkünstler, S. 35–50

Groeben, Norbert: Literaturpsychologie. Stuttgart/Berlin/Köln/Mainz 1972 (Sprache und Literatur 80)

Grömminger, Arnold: Bilderbücher in Kindergarten und Grundschule. Freiburg i. Br. 1978

ders. (Mitautor; siehe: Ellwanger, 1979)

Grünewald, Dietrich (Mithrsg.; siehe: Kinder- und Jugendmedien, 1984)

ders.: Zur Bildwahrnehmung von Kindern. In: Literatur-Erwerb, hrsg. v. Peter Conrady. Frankfurt/Main 1989, S. 107–129

ders.: Kongruenz von Wort und Bild. Rafik Schami und Peter Knorr: »Der Wunderkasten«. In: Thiele (Hrsg.): Neue Erzählformen ..., 1991, S. 17–49

ders.: Anmerkungen zu Fantastik und Realismus im Bild. In: JuLit 17/1991, H. 4, S. 59–72

ders.: DENK-PROVOKATION. Zu Funktion und Wirkung von Illustrationen im Kinder- und Jugendbuch. In: Baumgärtner/Schmidt (Hrsg.): Text und Illustration ..., 1971, S. 47–59

Gutter, Agnes: Jugendliteratur für das Kleinkind. In: INFORMATIO. Solothurn 1966–73 (in Fortsetzungen)

dies.: Es ist ein Band von meinem Herzen. Zur Bedeutung des Märchens »Der Froschkönig oder der eiserne Heinrich« für die Psychohygiene. Solothurn 1976 (Schriften zur Kinder- und Jugendliteratur; ohne weitere Angaben)

Haas, Gerhard: Kinder- und Jugendliteratur. Zur Typologie und Funktion einer literarischen Gattung. Stuttgart 1974

ders.: Von der Lust des Entdeckens oder Ein Versuch, für die Verleihung des Volkacher Talers Dank zu sagen. In: Volkacher Bote, Nr. 53, 1994, S. 5f.

ders.: Märchen, Sage, Schwank, Legende, Fabel und Volksbuch als Kinder- und Jugendliteratur. In: Kinder- und Jugendliteratur, hrsg. v. G. Haas. Stuttgart 1974, S. 144–177

Härtling, Peter: Die Wirklichkeit der Kinder. Rede aus Anlaß der Verleihung des Deutschen Jugendbuchpreises 1969 am 7. November 1969 in Bayreuth (als kleines Heft gedruckt)

Halbey, Hans Adolf: Literatur in graphischer Reflexion. In: Heinrich Richter, Ausst. Kat. Städt. Museum Schloß Morsbroich, Leverkusen, 4.11.1966–8.1.1967 (ohne Pag.)

ders.: Wir fordern Qualität im Bilderbuch! In: Jugend und Buch, 17. Jg., 1/1968, S. 17f.

ders.: Das Bilderbuch in Deutschland. Versuch einer kunstgeschichtlichen Orientierung. In: Baumgärtner (Hrsg.): Aspekte …, 1968, S. 11–31

ders.: Das kleine Blau und das kleine Gelb. Die erfreuliche Geschichte eines anspruchsvollen Bilderbuchs. In: Gebt uns Bücher gebt uns Flügel (Almanach des Verlags Friedrich Oetinger). Hamburg 1969, S. 125–129

ders.: Die offene und geschlossene Form im Bilderbuch. In: Buch – Bibliothek – Leser, 1969, S. 533–538

ders.: Das Bilderbuch im Jugendstil. In: Das Bilderbuch, hrsg. v. Klaus Doderer und Helmut Müller, 1973, S. 225–272

ders.: Trends und Forschungsfragen zum modernen Bilderbuch. In: Literatur oder Massenware? Was lesen Kinder wirklich?, hrsg. v. Lucia Binder und Gertrud Pott, Wien 1980 (Schriften zur Jugendlektüre, Bd. 31), S. 62–73

ders.: Zur Grammatik der Typographie. In: Richard von Sichowsky Typograph, hrsg. v. Bertold Hack und Otto Rohse. Hamburg 1982, S. 13–26

ders.: Zur Buchillustration der Lieselotte Schwarz. In: Alexander Hildebrand (Hrsg.), Lieselotte Schwarz Malerbücher. Wiesbaden 1981 (Kat. z. Ausstellung im Gutenberg-Museum Mainz 1982), S. 19–22

ders.: In der Nachtküche – zur Metasprache im Bilderbuch. In: Reinbert Tabbert (Hrsg.), Maurice Sendak ..., S. 61–68

ders.: Das deutsche Bilderbuch der Gegenwart. In: Deutsches Jugendbuch heute, hrsg. v. Baumgärtner, S. 37–60

ders.: Das Viktorianische im Bilderbuch der Gegenwart. In: Festschrift für Carl Wilhelm Clasen zum 60. Geburtstag, hrsg. v. Winrich C.-W. Clasen. Rheinbach-Merzbach 1983, S. 125–138; auch in: DE ARTE ET LIBRIS, Festschrift Erasmus 1934–1984. Amsterdam 1984, S. 217–223

ders.: Begriffe und Gedanken zur Märchen-Illustration (Lichtbild-Vortr. in gekürzter Fassung). In: Informationen des Arbeitskreises für Jugendliteratur, 3/1989, S. 24–32

ders.: Phantastisches in Bilderbüchern. In: Literarische und didaktische Aspekte ..., S. 99–101

Hammel, Lisa: Maurice Sendak: Thriving on Quiet. In: The New York Times, Jan. 5, 1973, p. 36

Hann, Ulrich: Die Entwicklungsgeschichte des deutschsprachigen Bilderbuches im 20. Jahrhundert. Diss., Göttingen 1977

Hansen, Wilhelm: Die Entwicklung des kindlichen Weltbildes. München 1965 (6. neubearb. Aufl.)

Haviland, Virginia: Questions to an Artist Who is Also an Author. In: Quarterly Journal of the Library of Congress, Vol. 28, No. 4, Oct. 1971, p. 263–280 (bei mir in verklein. Ablichtung vorh.)

dies.: Children and Literature. Views and Reviews. Brighton 1973

Hildebrand, Alexander (Hrsg.): Lieselotte Schwarz Malerbücher. Wiesbaden 1981 (Kat. z. Ausstellung im Gutenberg-Museum Mainz 1982)

Hildesheimer, Wolfgang: Ungeheuerliche, böse Welt: Sendak und Grimms Märchen. In: Tabbert, Maurice Sendak …, S. 69–71

Hinkel, Hermann: Bilderbuch. In: Grünewald/Kaminski (Hrsg.): Kinder- und Jugendmedien. Weinheim/Basel 1984

Hinz, Bertold (siehe: Michael Müller)

Hoffmann, Detlef/Jens Thiele (Hrsg.): Künstler illustrieren Bilderbücher. Oldenburg 1986 (Kat. zur gleichnam. Ausstellung in Oldenburg)

ders.: Immer ein Stiefkind der großen Kunst. Malerei, Buchillustration und Kinderbuch im 19. Jahrhundert. In: Detlef Hoffmann/Jens Thiele, Künstler illustrieren …, S. 17–34

Hofmann, Ludwig: Bilderbuch und Kinderzeichnung. Zur Frage der Kindertümlichkeit von Bilderbüchern. In: Baumgärtner (Hrsg.), Aspekte …, S. 56–64

Holešovský, František: Bild und Bildverständnis im Kindergarten. Zur Arbeit mit dem Bilderbuch im Kindergarten. In: Baumgärtner (Hrsg.), Aspekte …, S. 88–95

Hünnebeck, Adelheid: Einwirkungen der modernen Kunst auf die Illustration in Kinderbilderbüchern. Hausarb. d. Staatl. anerk. Bibliotheksschule, Bonn 1968 (Schreibmaschinen-Ms.)

Humbert, Regina: Maurice Sendak – Denkmäler und Zitate. In: Hoffmann/Thiele, Künstler illustrieren …, S. 105–110

Idelsohn, A. Z. (siehe: Gesänge der Chassidim)

Inhelder, Bärbel (siehe: Piaget)

Jauß, Hans Robert: Literaturgeschichte als Provokation. Frankfurt/Main 1973, 3. Aufl. (edition suhrkamp 418)

Jones, Ernest: Der Gottmensch-Komplex. Der Glaube, Gott zu sein und die daraus folgenden Charaktermerkmale. In: Internat. Zeitschr. f. Ärztl. Psychoanalyse, hrsg. v. Sigmund Freud, 1. Jg., 1913, S. 313ff.

Jurgensen, Manfred: Deutsche Literaturtheorie der Gegenwart. München 1973 (UTB 215)

Kaminski, Winfried (Mithrsg.; siehe: Kinder- und Jugendmedien)

Kinder- und Jugendliteratur. Zur Typologie … (siehe: Haas)

Kinder- und Jugendliteratur, hrsg. v. Margareta Gorschenek und Annamaria Rucktäschel. München 1979 (UTB 742)

Kinder- und Jugendmedien, hrsg. v. Dietrich Grünewald und Winfried Kaminski. Weinheim/Basel 1984

Kingman-Garduhn, Rachel: Surrealismus für Kinder. Anmerkungen zu den Bildern von Anthony Browne und Almut Gernhardt. In: Hoffmann/ Thiele (Hrsg.), Künstler illustrieren …, S. 111–114

Kleinspahn, Thomas: … die waren sich gar nicht ähnlich. Bilderbücher aus psychoanalytischer Sicht. Anthony Browne: »Der Tunnel«. In: Thiele (Hrsg.), Neue Erzählformen …, S. 164–186

Kleßmann, Eckart: Das Bilderbuch-Alter. In: Gebt uns Bücher gebt uns Flügel (Almanach des Verlags Friedrich Oetinger). Hamburg 1969, S. 75–82

Kliewer, Heinz-Jürgen: Elemente und Formen der Lyrik. Hohengehren 1974

ders.: »Und so«. Zur Kinderlyrik Jürgen Spohns. In: Thiele (Hrsg.), Jürgen Spohn …, S. 75–99

Klingspor, Karl: Über Schönheit von Schrift und Druck. Frankfurt/Main 1949

Klotz, Astrid: Die Verse des Jürgen Spohn in der deutschsprachigen Kinderlyrik der Gegenwart.

Wiss. Hausarb. f. d. Lehramt … Johann Wolfgang Goethe-Universität. Frankfurt/Main 1983

Knecht, Susanne: Poesie in Bildern: Ein Interview über die Illustrationen zu Grimms Märchen. In: Tabbert (Hrsg.), Maurice Sendak …, S. 73–77

Kraft, Heike: Bilderbücher und Illustratoren. Vom Markt und seinen Trends. In: Fundevogel 1994/110, S. 5ff.

Krahé, Hildegard: Neue Bilderbuchformen. In: Neue Formen der Kinder- und Jugendliteratur und ihre Aufnahme durch die Jugend, hrsg. v. Lucia Binder. Wien o.J. (wohl 1977) (Schriften zur Jugendlektüre, Bd. 25, S. 17–26)

dies.: Die Emanzipation des Kinderbilderbuches. Stationen auf dem Weg zu einer eigenständigen Buchgattung. In: Bilderbücher, hrsg. v. Dieter Pesch, bearb. v. Annemarie Verweyen. Köln/Bonn 1980 (Schriften des Museumsvereins Dorenburg e.V., Bd. 31, S. 40–50)

Kreidler, Richard: Kleinkind-Bilderbücher. In: Die Bilderwelt im Kinderbuch, hrsg. v. Schug, S. 100f.

Kristeva, Julia: Die Revolution der poetischen Sprache. Frankfurt/Main 1978 (edition suhrkamp 949)

Krüger, Anna: Zur Sprache des Bilderbuchs. In: Jugendliteratur und gesellschaftliche Wirklichkeit. Bad Heilbrunn/Obb. 1974 (2. Jahrb. des Arbeitskreises für Jugendliteratur, S. 98–116)

Künnemann, Horst: Irrend im Dschungel der Ismen. Das moderne Bilderbuch im Spiegel der Kritik. In: Baumgärtner (Hrsg.), Aspekte …, S. 123–133

ders.: Von fröhlicher Gelehrsamkeit oder: Geglückte Versuche, die Kinderliteratur aus dem selbstverschuldeten Ghetto herauszuführen. In: Buch-Bibliothek-Leser, S. 555–565

ders., unter Mitarb. v. Ingeborg K.: Kinder und Kulturkonsum. Überlegungen zu bewältigten und unbewältigten Massenmedien unserer Zeit. Weinheim/Basel 1972 ders.: Profile zeitgenössischer Bilderbuchmacher. Weinheim 1972

ders.: Das Bilderbuch. In: Kinder- und Jugendliteratur, hrsg. v. Haas, S. 98–125

ders., u. Katharina Schirrmacher: Binette Schroeder – Bilderbuchmalerin. In: Bulletin Jugend + Literatur 1994/4, S. 29ff.

ders.: Störenfried – Spielverderber – Provokateur. Versuche über Jürgen Spohn als Bilderbuchmacher. In: Thiele (Hrsg.), Jürgen Spohn, S. 49–71

Kuiper, P. C.: Die seelischen Krankheiten des Menschen. Psychoanalytische Neurosenlehre. Bern/Stuttgart 1969 (2. Aufl.) (Schriften z. Psychoanalyse u. Psychosomatischen Medizin, hrsg. v. Dr. Wolfgang Loch, Prof. Dr. Alexander Mitscherlich, Prof. Dr. Thure von Uexküll, Bd. 6)

Lanes, Selma G.: Down the Rabbit Hole. New York 1971

dies.: The Art of Maurice Sendak. New York 1980

Lange, Günter: Higgleti Piggleti Pop! Oder: Es muß im Leben mehr als alles geben – ein religionspädagogischer Zugang. In: Tabbert (Hrsg.), Maurice Sendak, S. 51–60

ders. (siehe: Literarische und didaktische Aspekte)

Latsch, Annegret: Das Bilderbuch als Kommunikations-Medium im Vorschulalter. Köln 1979 (Sozialwissenschaftl. Forum 6) (als Schreibmasch.-Ms. bei mir)

Lauterberg, Gaby/Elke Rubenschuh: Gibt es »Viktorianische« Stilmittel im Bilderbuch der Gegenwart? Magisterarbeit. Frankfurt/Main 1984

Lehnert, Gertrud (Mithrsg.; siehe: Ewers (Hrsg.), Kinderliteratur im interkulturellen Prozeß)

Lexikon der Kinder- und Jugendliteratur, hrsg. v. Klaus Doderer. Weinheim/Basel 1975–1982 (in 3 Bdn. + Erg.- u. Registerbd.)

Lichtenberger, Sigrid: Das realistische Bilderbuch. In: Kinder- und Jugendliteratur, hrsg. v. Haas, S. 242–263

Liewald, Gudrun: Bilderbuch und kindliche Phantasie. Magisterarbeit. Frankfurt/Main 1990

Lietzmann, Sabine: Maurice Sendak. In: FAZ Magazin, H. 210 v. 9.3.1984, S. 10–22

Lionni, Leo: Meine Bücher für Kinder. Das Nach-
wort des Buchgestalters. In: Baumgärtner (Hrsg.):
Aspekte …, S. 165–170

ders.: Warum ich für Kinder schreibe. In: Bilderbücher, hrsg. v. Pech, S. 118–124

Literarische und didaktische Aspekte der phantastischen Kinder- und Jugendliteratur, hrsg. v. Günter
Lange u. Wilhelm Steffens, Würzburg 1993
(Schriftenreihe der Deutschen Akademie für Kin-
der- und Jugendliteratur Volkach e.V., Bd. 13)

Lorbe, Ruth: Kinderlyrik. In: Kinder- und Jugendliteratur, hrsg. v. Haas, S. 178–219

Lütcke, Johanna: Das Bilderbuch. Untersuchungen
über die Bilderbuchliteratur für Kinder bis zu 6
Jahren. Langenberg 1956

Lypp, Maria: Einfachheit als Kategorie der Kinderliteratur. Frankfurt/Main 1984 (Jugend und Medi-
en, hrsg. v. Winfried Kaminski, Bd. 9)

dies. (Mithrsg.; siehe: Ewers (Hrsg.), Kinderliteratur
und Moderne, 1990)

Maier, Karl Ernst: Jugendschrifttum. Bad Heilbrunn
1973

Maletzke, Gerhard: Psychologie der Massenkom-
munikation. Theorie und Systematik. Hamburg
1963

ders. (Hrsg.): Einführung in die Massenkommunika-
tionsforschung. Berlin 1972

Mason, Stanley: Edward Gorey. In: GRAPHIS
Nr. 223, 1983, S. 82–87

McLean, Ruari: Victorian Book Design & Colour
Printing. London 1963

Michel, Annette: Realismus und Geschlechtsspezifik
in den Bilderbuchfiguren von Nikolaus Heidelbach. Magisterarbeit. Frankfurt/Main 1988

Minke, Fromut: Kleinkind und Bilderbuch. Empiri-

sche und theoretische Untersuchung des Bilderbuchs aus psychologischem und pädagogischem
Aspekt. Diss. München 1958

Müller, Helmut (siehe: Doderer, Das Bilderbuch)

Muir, Percy: Victorian Illustrated Books. London
1971

Nassen, Ulrich (Mithrsg.; siehe: Ewers, Hrsg., Kinderliteratur und Moderne)

Nickel, Horst: Die visuelle Wahrnehmung im Kindergarten und Einschulungsalter. Bern/Stuttgart
1967 (Abhandlungen zur Pädagogischen Psychologie, hrsg. v. K. Mierke und M. J. Hillebrand,
Bd. IX)

Niehus, Hans: Realismus als Darstellungsprinzip:
Zur komplexen Bildsprache in den Illustrationen
von Jörg Müller. Diplomarbeit zur Prüfg. f.d. Stu-
diengang Öffentl. Bibliothekswesen, Köln 1995
(Schreibmasch.-Ms. bei mir)

Oerer, Rudolf: Moderne Entwicklungspsychologie.
Donauwörth 1973 (12. Aufl.)

Offenbacher Haggadah, hrsg. v. Siegfried Guggen-
heim, Verlag des Herausgebers Dr. Guggenheim.
Flushing N. Y. 1960 (in Kommission bei Otto
Harrassowitz, Wiesbaden)

O'Sullivan, Emer (Mithrsg.; siehe: Ewers, Hrsg.,
Kinderliteratur im interkulturellen Prozeß)

Ott, Kirsten: Das Viktorianische im Bilderbuch der
Gegenwart, dargestellt an Werken von Maurice
Sendak. Wiss. Hausarb. f. d. Lehramt …, Frank-
furt/Main o.J.

Otto, Gunter: Stilformen der Gegenwartskunst und
das moderne Bilderbuch. Bemerkungen auf
Grund zweier Befragungen und einer Analyse von
148 Bilderbüchern. In: Baumgärtner (Hrsg.),
Aspekte …, S. 43–55

Paetzold, Bettina/Luis Erler (Hrsg.): Bilderbücher
im Blickpunkt verschiedener Wissenschaften und
Fächer. Bamberg 1990

Pesch, Dieter (Hrsg.): Bilderbücher, im Auftr. des

Museumsvereins Dorenburg e.V., hrsg. v. Pesch, bearb. v. Annemarie Verweyen. Köln/Bonn 1980 (Schriften des Museumsvereins Dorenburg, Bd. 31)

Petschek, Willa: Mickey and the dream cake. In: The Guardian, London, vom 26.5.1971

Peukert, Kurt Werner: Zur Anthropologie des Kinderbuches. In: Kinder- und Jugendliteratur, hrsg. v. Haas, S. 79–97

Piaget, Jean/Bärbel Inhelder: Die Psychologie des Kindes. Olten/Freiburg i. Br. 1972

ders.: Das Weltbild des Kindes. Stuttgart 1978

Pott, Gertrud (Hrsg.; siehe: Halbey, Trends)

Raecke, Renate: Luftschiffers Traum. Chris Van Allsburg: »Das Wrack der Zephir«. In: Thiele (Hrsg.), Neue Erzählformen …, S. 210–224

Ramseger, Ingeborg: Das Bilderbuch. In: Kinder- und Jugendliteratur, hrsg. v. Gorschenek u. Rucktäschel, S. 165–203

Reichert, Klaus: Lewis Carroll. Studien zum literarischen Unsinn. München 1974

Retter, Hein: Beurteilung von Bilderbüchern. Pädagogische Probleme und empirische Befunde. Seelze-Velber 1989 (Materialien zur Spiel- und Bildungsmittelberatung, hrsg. v. Retter, Bd. 1)

Riedel, Cornelia (Mitautorin; siehe: Doderer, Der Deutsche Jugendliteraturpreis)

Ries, Hans: Paraphrasierende Märchen-Illustration (Vortrag, Schreibmasch.-Ms. bei mir)

ders.: Der gestiefelte Kater. In: Jugendliteratur, Zeitschr. des Schweizer. Bundes f. Jugendliteratur, Nr. 3, August 1983, S. 5

ders.: Der Fischer un syne Fru. In: Jugendliteratur, Zeitschr. des Schweizer. Bundes f. Jugendliteratur, Nr. 3, August 1983, S. 4

ders.: Rotkäppchen. In: Die Bilderwelt im Kinderbuch, hrsg. v. Schug, S. 83

ders.: Grundsätzliche Überlegungen zur Illustration

von Kinder- und Jugendliteratur. In: Baumgärt-
ner/Schmidt (Hrsg.), S. 9–19

Ritz, Hans: Die Geschichte vom Rotkäppchen. Göttingen 1992 (10. neubearb. Aufl.)

Röhrig, Lutz: Wage es, den Frosch zu küssen. Das
Grimmsche Märchen Nr. 1 in seinen Wandlungen.
Köln 1987

Rubenschuh, Elke (siehe: Lauterberg)

Rucktäschel, Annamaria (Mithrsg.; siehe: Gorschenek)

Rückl, Gotthard (Mithrsg.; siehe: Buch – Bibliothek
– Leser)

Rühmkorf, Peter: agar agar zaur zaurim. Zur
Naturgeschichte des Reims und der menschlichen Anklangsnerven. Reinbek b. Hamburg
1981

Scharioth, Barbara: Realismus zwischen Kunst und
Auftrag. Zum Bild des Kindes im Bilderbuch. In:
JuLit 14/1988, H. 1, S. 22–30

Scheiner, Peter: Bilderbücher – Schlüssel zur Welt.
In: JuLit 3/1992, S. 85–97

Scherf, Walter: Die Haltung des Bilderbuchkünstlers. In: Zeitschr. f. Jugendliteratur, 2. Jg., 1968,
H. 1, S. 28–32

ders.: Strukturanalyse der Kinder- und Jugendliteratur. Bauelemente und ihre psychologische Funktion. Bad Heilbrunn 1978 (Schriften des Arbeitskreises für Jugendliteratur, hrsg. v. Karl Ernst
Maier)

ders.: Zur Illustration von Märchen und phantastischen Erzählungen. In: Baumgärtner/Schmidt
(Hrsg.), S. 21–34

Schirrmacher, Katharina (Mitautorin; siehe: Künnemann …, Binette Schroeder)

Schlierkamp, Helga: Maler-Dichter in der Bilderbuch-Literatur. Magisterarbeit. Frankfurt/Main
1985, 2 Bde.

Schlote, Wilhelm: Forderungen an ein künftiges Kin-
der- und Jugendbuch. Aus der Sicht des Bilder-

buchautors. Die Aufgaben des Bilderbuchautors. In: Gorschenek/Rucktäschel (Hrsg.), S. 361–364

Schmidt, Eva: Funktion und Stilformen des Bilderbuchs. Wien 1965

Schmitz, Ursula: Das Bilderbuch in der Erziehung. Donauwörth 1993

Schroeder, Binette: Der Froschkönig oder der eiserne Heinrich. Ein Werkstattbericht. In: IJB Report 4/1989, S. 3–17 (mit Bibliogr. der von Schroeder illustrierten Bücher)

Schug, Albert (Hrsg.): Die Bilderwelt im Kinderbuch. Kinder- und Jugendbücher aus fünf Jahrhunderten. Kat. z. Ausstellung der Kunst- und Museumsbibliothek und des Rheinischen Bildarchivs der Stadt Köln, 17.6.–11.9.1988

Schulz, Gudrun: Der Mond der ist gestorben ... (F. Garcia Lorca). Kinder auf dem Weg zu metaphorischer Kompetenz. In: Imaginative und emotionale Lernprozesse im Deutschunterricht, hrsg. v. Kasper H. Spinner. Frankfurt/Main 1995 (Beitr. z. Gesch. des Deutschunterrichts, hrsg. v. Joachim S. Hohmann, Bd. 20, S. 87–100. Auch in: Kinderlyrik zwischen Tradition und Moderne, hrsg. v. Kurz Franz und Hans Gärtner, Hohengehren 1996 (Schriftenreihe der Deutschen Akademie für Kinder- und Jugendliteratur Volkach e.V., d. 17)

Schwarcz, Joseph: Die Übertragung metaphorischer Sprache in die Illustration – ästhetisch und pädagogisch gesehen. In: Ästhetik der Kinderliteratur, hrsg. v. Klaus Doderer, 1981, S. 106–123

ders.: Ways of the Illustrator. Visual Communication in Children's Literature. Chicago 1982

ders.: Sendaks Trilogie. In: Tabbert (Hrsg.), Maurice Sendak ..., S. 93–104

Maurice Sendak: Little Nemo. In: New York Times Book Review, Nov. 25, 1973, p. 3f.

(Betr. Sendak): Unbekannter Verfasser: The Land of the Young. In: TIME, Dec. 29, 1980, p. 66

Maurice Sendak: Collection of books, posters and original drawings. New York 1984

Stach, Reinhard (Mithrsg.; siehe: Dinges, Hrsg., Aspekte der Vermittlung)

Steffens, Wilhelm (siehe: Literarische und didaktische Aspekte)

Strack, Heike: Aspekte der Dramaturgie im Bilderbuch. Magisterarbeit. Frankfurt/Main 1990

Tabbert, Reinbert (Hrsg.): Maurice Sendak Bilderbuchkünstler. Bonn 1987 (Sammlung Profile, hrsg. v. Rudolf Wolff, Bd. 26)

ders.: Nonsens, Phantastik und Abenteuer. Modelle abweichender Kinderliteratur. In: Reinbert Tabbert, Kinderbuchanalysen. Autoren – Themen – Gattungen. Frankfurt/Main 1990, S. 98–106

ders.: Wie malt man einen Quingelwingelquie? In: Reinbert Tabbert, Kinderbuchanalysen ... II, Frankfurt/Main 1991, S. 40–48

Teitge, Hans-Erich (Mitarb.; siehe: Buch – Bibliothek – Leser)

Thiele, Jens: »Heile Welt« oder »die Welt heilen«? Aspekte der Bilderbuchillustration zur Konfliktbewältigung und Friedenserziehung. In: Inform. des Arbeitskreises für Jugendliteratur 4/1982, S. 24–34

ders.: Zwischen Kunst und Klischee. Illustrationen für Kinder. In: Kinderliteratur in der Bundesrepublik Deutschland, Sonderheft der Inform. des Arbeitskreises f. Jugendliteratur. München 1983, S. 15–21

ders. (Hrsg.): Bilderbücher entdecken. Untersuchungen, Materialien und Empfehlungen zum kritischen Gebrauch einer Buchgattung. Oldenburg 1985

ders.: »Die Reise mit der Jolle«. Die Geschichte eines prämierten Bilderbuchs. In: Thiele (Hrsg.), Bilderbücher entdecken, S. 165–202

ders. (Mitautor; siehe: Dehn)

ders.: Eltern – Kinder – Bilderbücher. Hinweise zu

einem alltäglichen, aber wichtigen Erfahrungsbereich. In: Thiele (Hrsg.), Bilderbücher entdecken, S. 7–18

ders. (Mithrsg.; siehe: Hoffmann)

ders.: Getrennt von Kind und Kunst. Zu den ungeschriebenen Gesetzen der gegenwärtigen Bilderbuchillustration. In: Hoffmann/Thiele (Hrsg.), Künstler illustrieren ..., S. 9–16

ders.: Dornröschens verschlungene Wege durchs Bilderbuchland. Künstlerillustrationen zu den Märchen der Brüder Grimm. In: Hoffmann/Thiele (Hrsg.), Künstler illustrieren ..., S. 35–50

ders.: »Es war einmal eine kleine süße Dirne ...« – Rotkäppchen-Illustrationen zwischen Sittlichkeit und Sinnlichkeit. In: Fundevogel, Nr. 29/30, Sept./Okt. 1986, S. 17–21

ders.: Bildideen diesseits und jenseits der magischen Grenze. Zur Dramaturgie von Maurice Sendaks »Als Papa fort war«. In: Tabbert (Hrsg.), Maurice Sendak ..., S. 79–91

ders.: Über den Umgang mit Bilderbüchern. Anmerkungen zur Bilderbuchkritik. In: Jugend Literatur 4/1988, S. 2–11

ders.: Das Bilderbuch in der Medienwelt des Kindes. In: Paetzold/Erler (Hrsg.), S. 68–91

ders.: Wurzelkinder und Honigpumpe. Zum Verhältnis von Kunstmoderne und Bilderbuch. In: Ewers/Lypp/Nassen (Hrsg.), Kinderliteratur, S. 141–174

ders.: »Ort der Liebe – Ort der Angst«. Familiäre Schauplätze in den Illustrationen für Kinder. In: JuLit 3/91, S. 43–61

ders. (Hrsg.): Neue Erzählformen im Bilderbuch. Untersuchungen zu einer veränderten Bild-Text-Sprache. Oldenburg 1991

ders.: Bilderbücher verstehen. Neue Überlegungen zu einem alten Anspruch. In: Thiele (Hrsg.), Neue Erzählformen ..., S. 7–16

ders.: Die Illustratorin als Märchenerzählerin. Binette Schroeder erzählt den »Froschkönig« neu. In: Thiele (Hrsg.), Neue Erzählformen …, S. 97–130

ders.: Entdeckungen im Grenzbereich bildnerischer Kategorien. Zu den künstlerischen Experimenten Květa Pacovskás. In: Fundevogel, 84/85, März/April 1991, S. 11–14

ders.: Augenschmaus. Zwölf Bausteine zu einer Definition des Trivialen im Bilderbuch. In: JuLit Information 3/92, S. 31–46

ders.: Theoretische Positionen zum Bilderbuch in Nachkriegszeit und Gegenwart (Vortr., Schreibmasch.-Ms. bei mir), 1993 oder 1994

ders.: Heidelbachs »Kinderparadies«. Visionen fern der heilen Welt. In: Eselsohr 7/94, S. 15

ders.: Jürgen Spohn – Drunter & Drüber. Illustrationen, Holzschnitte, Plakate. Kat. z. Ausstellung in Oldenburg und 1995 in Mainz, Gutenberg-Museum. Oldenburg 1994

ders.: Der Künstlichkeit eine neue Kunst entgegengesetzt. Zur Modernität der Bilderbücher Jürgen Spohns. In: Thiele (Hrsg.), Jürgen Spohn, S. 17–47

Ulrich, Anna Katharina: Anmerkungen zur internationalen Bilderbuchszene – Ausblick auf die Weiterentwicklung der Bilderbuchkunst. In: Pesch (Hrsg.): Bilderbücher, S. 75–87

Verweyen, Annemarie (Bearb.; siehe: Pesch, Hrsg., Bilderbücher)

dies.: Bilderbücher – lesen, lieben, sammeln. In: Pesch (Hrsg.), Bilderbücher, S. 96–117

Visuelle Kommunikation (siehe: Ehmer (Hrsg.))

Waldmann, Elisabeth und Richard: Wohinaus so früh, Rotkäppchen? Veränderungen eines Volksmärchens dargestellt mit Bildern und Büchern aus der Sammlung Elisabeth und Richard Waldmann. Zürich 1985 (Arbeitsbericht Nr. 5 des Schweizerischen Jugendbuch-Instituts)

Warren, Austin (siehe: Wellek)

Wegehaupt, Heinz: Kinderliteratur und wissenschaftliche Bibliothek. Wandlungen ihrer Wertschätzung dargestellt am Beispiel der Deutschen Staatsbibliothek. In: Buch – Bibliothek – Leser, S. 331–344

Weidenmann, Bernd: Psychische Prozesse beim Verstehen von Bildern. Bern/Stuttgart/Toronto 1988

Wellek, René/Austin Warren: Theorie der Literatur. Frankfurt a.M./Berlin 1963 (Ullstein Buch Nr. 420/421)

Ziersch, Amélie (Hrsg.): Bilderbuch – Begleiter der Kindheit. Kat. z. Ausstellung üb. d. Entw. des Bilderbuchs in drei Jahrhunderten (München, Villa Stuck, 1986/87), München 1986

»Die Geschichte von den beiden
bösen Mäusen«, Beatrix Potter,
1973

Verzeichnis der im Buch genannten und ausführlicher behandelten Bilderbücher

(in alphabetischer Reihenfolge der Titel)

»A Book of Nonsense« von Edward Lear, McLean, London 1846

»Abschied von Rune« von Marit Kaldhol, Bilder von Wencke Gøyen, Verlag Ellermann, München 1988 (4. Aufl.)

»Alice's Adventures in Wonderland« von Lewis Carroll mit Illustrationen von John Tenniel, Macmillan, London 1871

»Alle Jahre wieder saust der Preßlufthammer nieder oder Die Veränderung der Landschaft« von Jörg Müller und Jörg Steiner, Verlag Sauerländer, Aarau 1973

»Amüsierpapiere oder Bilder aus Phantasus' Bauchladen« von Christoph Meckel, Verlag Heinrich Ellermann, München 1969

»Andromedar SR!« von Hans Stempel und Martin Ripkens mit Bildern von Heinz Edelmann, Verlag Friedrich Middelhauve, Köln 1970

»Aufstand der Tiere oder die neuen Stadtmusikanten« von Jörg Müller und Jörg Steiner, Verlag Sauerländer, Aarau 1989

»Das Fischlein« von Dick Bruna, Otto Maier Verlag, Ravensburg 1968

»Das große Liederbuch« mit Illustrationen von Tomi Ungerer, Diogenes Verlag, Zürich 1975

»Das kleine Blau und das kleine Gelb« von Leo Lionni, deutsche Verse von Günter Strohbach, Oetinger Verlag, Hamburg 1962

»Das Märchen vom gestiefelten Kater« in den Bearbeitungen von Straparola, Basile und Ludwig Tieck, mit Radierungen von Otto Speckter, Brockhaus Verlag, Leipzig 1843

»Das Märchen vom kleinen Herrn Moritz« von Wolf

Biermann mit Bildern von Kurt Mühlenhaupt, Parabel Verlag, München 1972

»Der Froschkönig oder der eiserne Heinrich« mit Bildern von Binette Schroeder, Nord-Süd Verlag, Hamburg 1989

»Der gestiefelte Kater« mit Illustrationen von Hans Fischer (fis), Artemis Verlag, Zürich 1966. 1996 neu ersch. im Nord-Süd Verlag AG, Sossau Zürich, Hamburg und Salzburg

»Der glückliche Prinz« von Oscar Wilde mit Bildern von Jean Claverie, Nord-Süd Verlag, Mönchaltorf 1980

»Der Hahnepeter: Familie Hahnepeter«, typographisch gestaltet von Käte Steinitz und Kurt Schwitters, 1924

»Der Katz mit dem Latz«, Dr. Seuss, übers. v. H. A. Halbey, Carlsen Verlag, Reinbek b. Hamburg 1979

»Der kleine König« von Fritz von Ostini mit Bildern von Hanns Pellar, Maximilian Dietrich Verlag, München 1909

»Der Quingelwingelquie« von Edward Lear, deutsche Nachdichtung von H.A. Halbey, Sellier Verlag, Freising 1969

»Der Spielbaum« von Jürgen Spohn, Sigbert Mohn Verlag, Gütersloh 1966

»Die Bauern am Brunnen« von Friedrich Karl Waechter, Diogenes Verlag, Zürich 1978

»Die Geschichte von Philip Schnauze« von Erwin Moser, Verlag Beltz & Gelberg, Weinheim 1982

»Die glücklichen Eulen« von Klaus Winter und Helmut Bischoff, Georg Lentz Verlag, München 1962; ab 1984 im Verlag Julius Beltz, Weinheim

»Die Kinder im Dschungel« von Astrid Lindgren und Leif Krantz mit Illustrationen von Ulf Löfgren, Verlag Oetinger, Hamburg 1973

»Die Lokomotive« von Julian Tuwim in deutscher Nachdichtung von Helene Lahr mit Bildern von

Jan Lenica, N. J. Hoffmann Verlag, Köln/Berlin 1957

»Die Nibelungen«, wiedererz. von Franz Klein, Bilder von Carl Otto Czeschka, Wien/Leipzig 1909 (Gerlachs Jugendbücherei, 22)

»Die Scheuche«, typographisch gestaltet von Käte Steinitz, Kurt Schwitters und Theo van Doesburg, Aposs-Verlag, Hannover 1925

»Die Schnipfen« von Dr. Seuss in deutscher Nachdichtung von Hans Adolf Halbey, Otto Maier Verlag, Ravensburg 1973

»Die Sternenmühle«, Gedichte von Christine Busta mit Bildern von Johannes Grüger, Otto Müller Verlag, Salzburg/Wien/Freilassing 1959

»Dornröschen« von Lieselotte Schwarz, Verlag Heinrich Ellermann, München 1967

»3 x 3 an einem Tag« mit Versen von James Krüss und Bildern von Eva Johanna Rubin, Annette Betz Verlag, München 1963

»Ein dicker Mann wandert« von Günter Bruno Fuchs, Verlag Friedrich Middelhauve, Köln 1967

»Eledil und Krokofant« von Jürgen Spohn, Sigbert Mohn Verlag, Gütersloh 1967

»Es war einmal ein Mann« von Hans Traxler, Insel Verlag, Frankfurt/M. 1979 (Insel tb 454)

»Eulenglück« von van Tine, übersetzt und hrsg. von Erwin Burckhardt, mit Bildern von Celestino Piatti, Artemis Verlag, Zürich 1963

»Feder Franz sucht Feder Frieda« von Robert Gernhardt mit Bildern von Almut Gernhardt, Insel Verlag, Frankfurt/M. 1985

»Florian und der Traktor Max« von Binette Schroeder, Nord-Süd Verlag, Mönchaltorf 1971

»Ferdinand der Stier« von Munroe Leaf mit Illustrationen von Werner Klemke, Alfred Holz Verlag, Berlin 1974

»Fly by Night« von Randall Jarrell, illustriert von Maurice Sendak, Farrar, Straus & Giroux, 1976

»Förster Pribam« von Klaus Winter und Helmut Bischoff mit Versen von Hanns Dieter Hüsch, Gerhard Stalling Verlag, Oldenburg 1959

»Frederick« von Leo Lionni, Verlag Friedrich Middelhauve, Köln 1967

»Fünf Hunde erben eine Million« von Hans Traxler, Insel Verlag, Frankfurt/M. 1978

»Fünf Versmärchen für Kinder« von Friedrich Rückert mit Holzstichen von Otto Rohse, Grillen-Presse, Hamburg 1954

»Geschichte Nummer 1« und »Geschichte Nummer 2« von Eugene Ionesco mit Bildern von Etienne Delessert, Verlag Friedrich Middelhauve, Köln 1969 und 1970

»Hans im Glück« von Warja Lavater-Honegger, Basilius Presse, Basel 1965

»Heidelbachs Kinderparadies« von Nikolaus Heidelbach, Verlag Beltz & Gelberg, Weinheim 1994

»Hier fällt ein Haus, dort steht ein Kran und ewig droht der Baggerzahn oder Die Veränderung der Stadt« von Jörg Müller und Jörg Steiner, Verlag Sauerländer, Aarau 1976

»Higglety Pigglety Pop! or There Must be More to Life« von Maurice Sendak, Harper & Row, New York 1967

»In der Nachtküche« von Maurice Sendak, deutsch von Hans Manz, Diogenes Verlag, Zürich 1971

»In the Nightkitchen« von Maurice Sendak, Harper & Row, New York 1970

»Inch by Inch« von Leo Lionni, Ivan Obolensky, New York 1960

»Joggelit wott go Birli schüttle« mit Bildern von Felix Hoffmann, Verlag Sauerländer, Aarau 1963

»Kinder- und Hausmärchen, ges. durch die Brüder Grimm, mit Bildern von versch. Künstlern, darunter Otto Speckter, hrsg. von Karl Martin Schiller, F. W. Hendel Verlag, Meersburg/Leipzig 1930

»Kinder- und Hausmärchen«, ges. durch die Brüder Grimm, illustriert von Gerhard Oberländer,

Büchergilde Gutenberg, Frankfurt/M. 1958 (2 Bde.)

»Kinderreime«, gesammelt und ausgewählt von Ruth Dirx mit Bildern von Lieselotte Schwarz, Büchergilde Gutenberg, Frankfurt a.M./Wien/ Zürich 1963

»Kling Klang Gloria«, deutsche Volks- und Kinder- lieder, ausgewählt und in Noten gesetzt von W. Labler, Bilder von Heinrich Lefler und Joseph Urban, Tempsky Verlag, Wien, und Freytag Ver- lag, Leipzig 1907

»Kolo kolo mlýnské« von Antonin Strnadel, Alba- tros Verlag, Prag 1969

(Kreidolf, Ernst: Seine Bilderbücher nur pauschal er- wähnt)

»Le petit chaperon rouge« von Warja Lavater-Ho- negger, Maeght, Paris 1965

»Leiermann dreht goldne Sterne« von Lieselotte Schwarz, Verlag Heinrich Ellermann, Hamburg/ München 1959

»Lirum Larum Willi Warum« von Michael Ende mit Bildern von Roswitha Quadflieg, Verlag Urach- haus, Stuttgart 1978

»little blue and little yellow« von Leo Lionni, Mc- Dowell, Obolensky, New York 1959

»Little Nemo 1906« von Winsor MacCay, Melzer Verlag, Darmstadt 1972

»Lupinchen« von Binette Schroeder, Nord-Süd Ver- lag, Mönchaltorf 1969

»Märchen der Brüder Grimm«, Bilder von Nikolaus Heidelbach, Verlag Beltz & Gelberg, Wein- heim/Basel 1995

»Märchen der Brüder Grimm« mit Illustrationen von Maurice Sendak, Diogenes Verlag, Zürich 1974 (2 Bde.)

»Mein Pappi, nur meiner! oder Besucher, die zum Bleiben kamen« von Anthony Browne, Bilder von Annalena McAfee, deutsch von Abraham Teuter, Alibaba Verlag, Frankfurt/M. 1984

»Mowglis Brüder« von Rudyard Kipling mit Illustrationen von Christopher Wormland
»Operation Hedgehog« von Margaret Lane mit Illustrationen von Patricia Casey, London 1981
»Outside Over There« von Maurice Sendak, Harper & Row, New York 1981
»Pampelmusensalat«, Verse von Hans Adolf Halbey, Bilder von Günter Stiller, Verlag Julius Beltz, Weinheim 1965
»Prinz Alfred« von Nikolaus Heidelbach, Verlag Beltz & Gelberg, Weinheim/Basel 1983
»Řikadla« von Josef Lada, Albatros Verlag, Prag 1961
»Rotkäppchen« mit Bildern von Dick Bruna, Otto Maier Verlag, Ravensburg 1966
»Rotkäppchen« mit Bildern von Edward Gorey, Diogenes Verlag, Zürich 1974
»Sabine und ihre Puppe« von Kurt Mühlenhaupt, Parabel Verlag, München 1971
»Siebenundsiebzig Tiere und ein Ochse« mit Bildern von Nicola Bayley, Insel Verlag, Frankfurt/M. 1979
»Stück für Stück« von Leo Lionni, deutsch von James Krüss, Friedrich Middelhauve Verlag, Köln 1963
»Swimmy« von Leo Lionni, deutsch von James Krüss, Friedrich Middelhauve Verlag, Köln 1963
»The Adventures of Paddy Pork« von John S. Goodall, Macmillan, London/Melbourne/Toronto 1968
»The Princess and the Goblin« mit Illustrationen von Arthur Hughes, London 1872
»The Quangle Wangle's Hat« von Edward Lear, Bilder von Helen Oxenbury, Heinemann, London o.J. (1969)
»The Sneetches and other stories« von Dr. Seuss, Random House, New York 1961
»Through the Looking Glass« von Lewis Carroll, 1872

»Trau keinem Fuchs auf grüner Heid und keinem Jud bei seinem Eid«, Verlag Der Stürmer, Nürnberg 1933

»Uilen-Geluk« von van Tine, Illustrationen von Th. van Hoijtema, C. M. van Gogh, Amsterdam 1895

»Und oben schwimmt die Sonne davon«, Texte von Elisabeth Borchers mit Bildern von Dietlind Blech, Verlag Heinrich Ellermann, München 1965

»Valek und Jarosch«, Text und Bilder von Janosch, Georg Lentz Verlag, München 1960

»Volksmärchen der Deutschen« von J. K. A. Musäus, hrsg. von Karl Martin Schiller, mit Illustrationen von Ludwig Richter, A. Schrödter, R. Jordan, G. Osterwald, F. W. Hendel Verlag, Leipzig 1926

»Von dem Fischer un syner Fru« mit Illustrationen von Marcus Behmer, Insel Verlag, Leipzig 1920

»Von dem Fischer un syner Fru« mit Holzschnitten von Gerhard Marcks, Grillen-Presse, Hamburg 1955

»Widele Wedele«, Kinderreime mit Bildern von Sofie Frenzel, Dr. Hans Peters Verlag, Hanau 1966

»Wind« von Sarah Kirsch mit Bildern von Kota Taniuchi, Friedrich Wittig Verlag, Hamburg 1979

»Wo die wilden Kerle wohnen« von Maurice Sendak, Diogenes Verlag, Zürich 1967

»Zlateh The Goat and Other Stories« von Isaac Bashevis Singer, übersetzt vom Autor und Elisabeth Shub, illustriert von Maurice Sendak, Harper & Row, New York 1966

»Zuckerträume« von Edward Fenton mit Illustrationen von Edward Gorey, Diogenes Verlag, Zürich 1979

»Zwergenspuk« von Mitsumasa Anno, Atlantis Verlag, Zürich 1972